UN MONDE
SANS
SOUVERAINETÉ

Du même auteur

Les Deux États, Paris, Fayard, 1987.
L'État importé, Paris, Fayard, 1992.
Culture et Politique, Paris, Economica, 1993 (3e éd.).
Le Développement politique, Paris, Economica, 1994 (5e éd.).
La Fin des territoires, Paris, Fayard, 1995.

Bertrand Badie

UN MONDE SANS SOUVERAINETÉ

Les États entre ruse et responsabilité

Fayard

Introduction

Les relations internationales doivent beaucoup au hasard :
la rigueur souvent mécanique des sciences sociales tend à nous
le faire oublier. Pourtant chaque dogme a son histoire et ses
événements fondateurs : les systèmes politiques ne sont souverains ni par principe ni par nécessité. Valeur présentée par chacun comme absolue, sacrée et non négligeable, la souveraineté
des États marque des épisodes de la vie internationale, parmi
d'autres. A-t-elle été jamais acquise ? Hier, elle a été revendiquée dans la souffrance et dans le sang ; aujourd'hui, elle inspire
des combats qui se parent d'un néologisme impressionnant,
celui de « souverainiste », unissant de façon étrange les nationalistes du Vieux Continent frappés de nostalgie, les élites
tiers-mondistes déjà chargées d'espoirs déçus, les juristes intran-
sigeants, les républicains rigoureux, les adversaires de la mondialisation, les sceptiques de la régionalisation. Sait-on cependant ce
qu'est un « État souverain », ce que signifie l'« égalité souveraine » des États solennellement proclamée par la charte des
Nations unies ? Que veulent dire au juste ceux qui réclament
aujourd'hui que la France conserve sa souveraineté monétaire
dans ce monde d'économies interdépendantes ? À quoi pensent
diplomates et hommes d'État lorsqu'ils glorifient le respect de
la souveraineté des États alors que se multiplient les interventions humanitaires, les plans d'ajustement ou les plaidoyers en
faveur des droits de l'homme et de la promotion des biens communs de l'humanité ?

La nouveauté est dans la densité du débat et du malaise qu'il suscite[1] : elle n'est pas dans l'équivoque. L'idée de souveraineté des États n'a été claire que pour ceux qui en faisaient la cause de leurs sacrifices et pour ceux qui y ont prosaïquement trouvé leurs avantages. La pratique a fait loi, mais la thèse a toujours cultivé l'ambiguïté jusqu'à entretenir la fiction. De Jean Bodin qui inspira les monarques absolutistes jusqu'à Hans Morgenthau qui forma Henry Kissinger, la définition était forte, peut-être trop forte : « puissance absolue et perpétuelle d'une république », « pouvoir centralisé qui exerce son autorité suprême sur un territoire », la souveraineté était là pour rappeler que chaque État était en même temps détenteur d'un pouvoir illimité, indépendant des autres, faisant ses propres lois, créant son ordre propre sans avoir à en rendre compte à quiconque au-dehors : la souveraineté conduisait immanquablement à l'irresponsabilité vis-à-vis de l'autre, celui qui est à l'extérieur et qui ne relève à son tour que de sa propre souveraineté. Que d'étrangetés ou d'approximations dans un tel énoncé !

De qui parle-t-on d'abord ? De l'État ou du Prince ? De la nation ou du peuple ? Du dedans ou du dehors ? La rhétorique de la souveraineté s'est constituée à la charnière de tous ces plans : ceux-ci ne sont pas incompatibles, mais renvoient à des histoires différentes, à des conquêtes qui se sont opérées à des moments distincts et qui ont forgé des pratiques diverses. Le discours sur la souveraineté interne a favorisé la constitution d'une communauté politique et a parfois inspiré des contrats sociaux ; le discours sur la souveraineté externe a, au contraire, produit de l'altérité, parfois des alliances mais tantôt aussi des abandons de souveraineté...

1. On peut, entre autres, se reporter à T. Biersteker et C. Weber éd., *State Sovereignty as Social Construct*, Cambridge, Cambridge University Press, 1996 ; R. Ashley « Untying the Sovereign State », *Millenium*, 17, 1988, p. 227-262 ; J. Camilleri et J. Falk éd., *The End of Sovereignty?*, Londres, Elgar, 1992 ; R.B.J. Walker et S.H. Mendlovitz éd., *Contending Sovereignties*, Boulder, Lynne Rienner, 1990 ; R.B.J. Walker, *Inside, Outside*, Cambridge, Cambridge University Press, 1993 ; G. Lyons et M. Mastanduno, *Beyond Westphalia*, Baltimore, The Johns Hopkins University Press, 1995.

Ceux-ci prêtent aussi à confusion et suggèrent une autre ambiguïté : un monde policé suppose le droit, l'agrément et la concorde. Chaque société l'a compris en suscitant précisément le souverain hobbesien qui prive contractuellement chaque individu d'une part de ses libertés pour lui assurer un minimum de sécurité. Dans la vie internationale, le processus est différent : chaque État consent de lui-même quelques pertes de souveraineté pour respecter les obligations internationales et notamment les traités qu'il a signés. La souveraineté ne serait-elle plus alors un principe absolu ? Ces pertes seraient au moins « consenties » – mais est-ce bien vrai ? Un État est-il réellement libre d'adhérer à l'ordre international dominant ? Au-delà même des discours un peu vieillots sur la dépendance ou l'impérialisme, un État est-il libre ou non d'adhérer à l'OMC ou de se mettre en dehors de l'ordre commercial ou juridique international ? L'irrévérence à l'égard de ceux-ci vaut précisément mise en quarantaine, exclusion, intervention...

Souveraineté et puissance, deux concepts familiers aux internationalistes, n'ont du reste jamais fait bon ménage. La seconde apparaît évidemment comme condition de la première : décidément, la souveraineté n'est donc plus un principe fondateur mais accessoire, subordonné, dépendant. L'ambiguïté est ici immense, puisque précisément les plus faibles ont toujours été les plus attachés aux valeurs souverainistes destinées à les protéger et les garantir contre l'initiative des puissants. Ambiguïté lourde puisque la protection ne vaut que si elle est souverainement admise et reconnue par les plus puissants...

Souveraineté de qui, de quoi : d'un État sur un territoire, d'un prince sur son peuple, d'une culture sur une façon d'être ou de penser, d'un régime sur la société concernée ? L'internationaliste a toujours eu du mal à établir la différence. Au nom de la souveraineté, la France pouvait-elle s'opposer au droit de regard de la communauté internationale sur la guerre d'Algérie ? Et l'Union soviétique à ce qu'on dénonce le goulag ? La Chine aux appels en faveur des droits de l'homme ? La « géoculture » nous prépare aujourd'hui un monde où chaque culture serait, dit-on, souveraine, prête à se distinguer absolument de chacune des autres. Pol Pot avant-hier, Khomeyni hier et

Karadzic aujourd'hui ont su défendre et illustrer la thèse souverainiste contre les valeurs universelles ou contre la paix. Difficile compromis entre la réalité des conflits et l'idée même d'un ordre international. Curieuse réconciliation d'États faibles et de régimes prétotalitaires et totalitaires dans l'exaltation des vertus souverainistes.

Principe ambigu et utilisé de façon contradictoire par des acteurs aux rationalités les plus opposées, la souveraineté est donc d'abord une fiction, dans le sens plein du terme : au lieu de s'adresser au réel, elle fait appel à l'imaginaire et nous livre une construction logique qui donne à la vie internationale une apparence de cohérence. Ses vertus conciliatrices ne sont pas négligeables : elle réconcilie l'un avec le multiple en faisant de la vie internationale un assemblage d'États souverains; elle réunit le faible et le puissant; elle offre un dénominateur commun au philosophe qui a su la penser et au juriste qui en a fait la clef de voûte de son système; au praticien qui en fait un usage contrôlé mais fonctionnel et au théoricien qui, à travers le paradigme réaliste, en a fait un instrument privilégié de la compréhension du monde contemporain; elle est acceptable simultanément par toutes les cultures puisqu'elle permet d'ériger chacune d'elles en un absolu que nul ne saurait contraindre. Elle a pu surtout convenir aux trois mondes de la Guerre froide – au monde occidental, puisqu'elle participait de ses valeurs fondatrices, au monde socialiste, puisqu'elle le protégeait de l'intrusion et lui garantissait le droit de concevoir son propre système, au tiers-monde issu de Bandoeng et de la décolonisation, puisqu'elle lui donnait un argument d'émancipation et un emblème de résistance face aux plus forts.

Cette fiction est-elle pour autant tenable aujourd'hui, est-elle même utile? Ses pièges ne sont-ils pas trop connus pour servir encore? On pourrait aisément rappeler que les progrès de la mondialisation ont fait de l'interdépendance un principe actif du jeu international qui contredit directement l'idée même de souveraineté. Le franc français dépend du mark allemand, du billet vert tout comme il a subi, même indirectement, les effets de la crise du peso mexicain. L'emploi dans l'Hexagone est fonction de la politique budgétaire allemande, comme de l'évolution du commerce international. Surtout États et

firmes sont de plus en plus en interaction, tandis que les stratégies d'investissement deviennent de plus en plus complexes,
mêlant action publique et action privée sur un mode qui se
prête de moins en moins à la visibilité. Délocalisations d'entreprises, flux financiers, flux de communication et flux migratoires n'obéissent plus à la grammaire de la souveraineté,
même s'ils ne marquent pas la mort de l'État[1]. Les conflits ne
sont pas épargnés : plus aucun d'entre eux n'est vraiment civil
ni vraiment international. Les États ont perdu le monopole des
guerres au profit d'entrepreneurs multiples, religieux, tribaux,
ethniques, claniques mais aussi économiques ou mafieux qui
n'ont que faire de la souveraineté[2]. À l'heure de la privatisation de la violence et de la criminalisation de la politique, plus
aucune république n'est une et indivisible... Hommage de la
vertu au vice, aucun conflit n'est plus totalement privé, l'État y
intervenant explicitement ou de façon cachée.

Tout un chacun peut ouvrir aujourd'hui une entreprise d'acteur international sans avoir à se soucier de déclarer immédiatement sa qualité de souverain. Cette déréglementation inouïe
de la vie internationale abolit une part importante des institutions postmédiévales : elle fait vaciller le principe de souveraineté et semble même susciter, çà et là, des espaces de nature
non policée qui évoquent une anarchie jusqu'ici non répertoriée, puisqu'il ne s'agit plus de cette libre lutte entre États mais
d'une scène désormais peuplée d'un nombre presque infini
d'acteurs.

Cette interdépendance n'est pourtant pas une régression :
elle suscite aussi des constructions solidaristes de tous ordres,
réseaux informels, conférences mondiales, organisations non
gouvernementales, valeurs communément partagées, exaltation

---

1. Cf. S. Sassen, *Losing Control. Sovereignty in an Age of Globalization*, New York, Columbia University Press, 1996 ; pour un point de vue
plus radical, N. Keith, *Reframing International Development : Globalism,
Postmodernity and Difference*, Londres, Sage, 1997 ; T. Risse-Kappen éd.,
Bringing Transnational Relations Back In, Cambridge, Cambridge University Press, 1995.
2. Cf. M. Van Creveld, *The Transformation of War*, New York, Free
Press, 1991 ; K. Holsti, *The State, War, and the State of War*, Cambridge,
Cambridge University Press, 1996.

des biens communs de l'humanité, matériels ou symboliques, justifiant et nécessitant une gestion globale qui récuse d'elle-même l'idée de souveraineté. La protection de l'environnement, la prise en compte des questions démographiques, de la pauvreté, de l'habitat ne sont plus compatibles avec une gestion particulière des biens publics : elles appellent d'autres méthodes que le droit et même la pratique ont bien du mal à désigner face à l'effet de résistance des principes postmédiévaux. C'est bien ici que notre question dépasse le problème de la compatibilité pour atteindre celui de l'efficacité : l'idée de souveraineté est-elle utile pour l'action, au moment où l'on invente de plus en plus de formules d'intégration et de gestion «mondialisée», et reste-t-elle un bon instrument d'analyse et d'intelligence pour celui qui veut comprendre les relations internationales d'aujourd'hui ? Autrement dit, cette fiction, naguère si salutaire, est-elle encore nécessaire de nos jours ?

Les formes renouvelées de régionalisation parlent d'elles-mêmes : approcher la construction européenne en faisant usage du paradigme souverainiste relève souvent de la quadrature du cercle ; faire état, à l'instar de Stanley Hoffmann et de Robert Keohane, d'un «pool de souverainetés[1]» pour désigner les institutions européennes ajoute à la complexité et à l'embarras : jadis absolue et fondatrice, la souveraineté serait-elle devenue un principe relatif supportant le partage et la mise en commun ? Et que dire des formes nouvelles de régionalisation qui prennent leur essor en Asie orientale à l'initiative des acteurs privés, investisseurs, hommes d'affaires et diasporas ? On y voit coexister des États jaloux d'une souveraineté exerçant sa rigueur sur l'échiquier de la géopolitique et des flux transnationaux qui suscitent des dynamiques d'intégration relevant déjà d'une grammaire de la globalisation.

Au pays du *yin* et du *yang*, la contradiction est presque naturelle : elle dépasse pourtant de beaucoup la culture extrême-orientale. Même démasquée, tenue pour fiction ambiguë, contradictoire ou inadaptée, la souveraineté n'a pas été abolie. On en est d'ailleurs très loin : l'Algérie ou le Viêt-nam hier, la

---

1. S. Hoffmann et R. Keohane, *The New European Community*, Boulder, Westview Press, 1991, p. 13.

Palestine aujourd'hui montrent qu'elle constitue une valeur réellement mobilisatrice, tandis que le droit continue à la protéger, l'exalter, chacun en faisant d'ailleurs usage au gré de ses besoins. C'est probablement dans cette œuvre de bricolage que réside la principale difficulté : la souveraineté prétendait autrefois régner en maître absolu ; elle n'est plus aujourd'hui qu'un principe parmi d'autres dont plusieurs la contredisent directement. Il est probable que l'âge d'or de la souveraineté n'a jamais existé : fictive et fragile dans sa nature, celle-ci a toujours été aisément contournée, voire, dirait-on, «violée». De nos jours cependant, la violation ne fait même plus sens : personne ne s'étonne qu'on en remontre au Brésil quand il pratique la déforestation massive, qu'une conférence internationale se soucie de la démographie ou de la condition féminine chez «l'autre» immédiat ou lointain. On s'indignerait au contraire que les puissances occidentales n'aillent point faire la police quand un massacre se produit dans l'Afrique des Grands Lacs, que les forces de l'OTAN n'arrêtent pas Radovan Karadzic pour le faire juger par un tribunal international, comme on s'impatientait naguère quand les États-Unis hésitaient à employer le gros bâton pour restaurer le président Aristide en Haïti. Plus encore, la légitimité souverainiste est officiellement concurrencée par deux autres, celle issue du marché qui valorise les principes utilitaires et d'ouverture, celle issue du primordialisme culturel qui valorise l'identité et l'exclusion. L'État souverain ne peut probablement plus tenir l'équilibre entre ces deux constructions contradictoires qui sont étrangement promues l'une et l'autre par la mondialisation. Aussi transige-t-il, compose-t-il, bricole-t-il selon des figures qui peuvent parfois paraître incohérentes.

Double exercice périlleux donc qui, peut-être, est en train de recomposer la vie internationale : l'État est appelé à l'extraversion, d'aucuns diraient à l'intrusion, voire à l'ingérence, et il se trouve de plus en plus concurrencé dans l'accomplissement de cette mission par des acteurs qui, paradoxalement, lui sont de plus en plus liés. L'État est ainsi amené à agir en contradiction avec le principe qui le fonde et en acceptant de coexister avec des acteurs qui échappent à sa souveraineté.

Les jeux sont ouverts. Un regard optimiste et quelque peu

normatif oppose à l'idée de souveraineté celle de responsabilité des États[1] : celle-ci est-elle d'ailleurs appelée à s'opposer à celle-là ou à la compléter ? L'hypothèse est forte et part d'un constat d'évidence : les États sont de plus en plus responsables de l'ordre mondial, puisqu'ils sont en interdépendance croissante et que les biens collectifs ou globaux sont de plus en plus nombreux. Cette évidence empirique suppose un prolongement normatif, voire éthique : chaque État, en raison de ses ressources, a une obligation matérielle, voire morale, à l'égard de tous les autres, États ou non-États, qui peuplent la planète. Sa propre satisfaction ne saurait être tenue pour une fin en soi : les drames du totalitarisme nous ont appris à retourner vers l'État pour le concevoir comme un instrument d'action et non plus comme un absolu, comme un mode de satisfaction des besoins humains qui, en tant que tel, doit inévitablement tenir compte de la globalisation et de la mondialisation qui transforment ceux-ci. À une responsabilité contractuelle à l'égard de ses gouvernés l'État ajoute inévitablement aujourd'hui une responsabilité qui l'engage vis-à-vis de l'extérieur. L'idée peut paraître banale : il n'est pas sûr qu'on ait encore mesuré toutes ses implications. Si l'idée d'une responsabilité de chaque État en matière de développement, de protection de l'environnement ou de paix est admise aujourd'hui, jusqu'à tomber dans le langage courant, personne ne se hasarde à en définir le fondement, donc les limites et les modalités d'exercice. Jusqu'où un État nanti peut-il s'ingérer dans les affaires d'un État pauvre en contrepartie d'une aide au développement ? À partir de quel seuil le devoir d'assistance s'impose-t-il ? Pourquoi la communauté internationale devrait-elle intervenir en Yougoslavie et dans l'Afrique des Grands Lacs alors que peu de voix appellent à une intervention en Algérie pour faire cesser des massacres que le gouvernement d'Alger est incapable de contenir ? Comment concevoir la frontière entre responsabilité et puissance ? Qui distinguera entre la bonne et la mauvaise intervention ? Qui peut garantir que *Restore Hope* ne fut pas décidée pour promouvoir les intérêts

---

1. F. Deng *et al.* éd., *Sovereignty as Responsability*, Washington, Brookings, 1996.

stratégiques des États-Unis avant de servir à soulager le peuple somalien ?

L'essor donné au multilatéralisme, dès les lendemains de la Seconde Guerre mondiale, a incontestablement servi de support à cet idéal naissant : puisque désormais il convenait d'amener chaque État à privilégier ses rapports avec l'ensemble des autres États plutôt que d'œuvrer à des arrangements bilatéraux, l'universel devenait un but évident de la diplomatie et la fameuse *global governance* amorçait une longue aventure, sous le double signe prometteur du néologisme et de l'anglicisme. Le FMI, la Banque mondiale, le GATT et, plus tard, l'OMC sanctionnaient ainsi l'idée qu'aucune partie ne pouvait se désintéresser du tout, qu'il existait bien un espace monde aux aspects multiples (économique, démographique, écologique, voire philosophique...) dont chacun était responsable pour le bien-être de tous. Pourtant cet ensemble ainsi conçu n'était composé que d'États souverains : la responsabilité globale qui ainsi se profilait était laissée à l'appréciation de chaque État. À vouloir connecter souveraineté et responsabilité, on privait celle-ci de toute signification réelle : que vaut une responsabilité sans instrument de mesure, sans moyen de contrôle ni de sanction ?

Face à ces incertitudes, les regards pessimistes ne manquent pas. Une souveraineté mise à mal dans un monde de responsabilité incertaine peut marquer un retour de la puissance la moins contenue, s'apparentant à l'état de nature et à la loi de la jungle. Plusieurs travaux récents suggèrent ainsi que la fin de la bipolarité consacre la loi de la puissance absolue qui bénéficierait tantôt aux membres permanents du Conseil de sécurité, tantôt à la seule superpuissance américaine. D'autres analyses avancent au contraire l'hypothèse que cet état de nature retrouvé favorise la fragmentation, la démultiplication de l'autorité, la confusion de l'interne et de l'externe, et l'avènement d'une société mondiale des plus complexes, faite de morcellements et d'interpénétrations[1]. D'autres enfin pronostiquent une concurrence accrue entre États et quasi-États, souveraineté et quasi-souveraineté, aboutissant en fait à des

---

1. Sur ce débat, cf. S. Brown, *New Forces, Old Forces and the Future of World Politics*, New York, Harper Collins, 1995.

effondrements en série d'États postcoloniaux factices : face à cette sélection naturelle des espèces, les autorités religieuses ou communautaires prendraient leur revanche en se substituant à des institutions gouvernementales dépourvues de capacité[1]. On nous annonce ainsi la fin de la souveraineté, de la géographie... et parfois aussi de l'Histoire[2]!

Entre Pangloss et Cassandre, une autre voie est, semble-t-il, possible : les relations internationales ont déjà nourri bien des illusions de paix perpétuelle qui ne se sont pas réalisées et ont connu nombre de périls qui n'ont pas arrêté pour autant le cours de l'Histoire, ni interrompu les cours de géographie. On peut prendre au sérieux le couple « souveraineté-responsabilité » sans en faire un principe de destruction ni le fécondateur d'un nouvel ordre. On le tiendra pour le révélateur d'une vie internationale désormais habitée de stratégies multiples, d'États qui s'affaiblissent, résistent ou prospèrent en jouant sur des registres variés, mêlant et bricolant des partitions, passant, tour à tour dans la force et la faiblesse, des compromis puissants ou boiteux avec d'autres acteurs qui les concurrencent avec succès sur la scène internationale. De ce brassage dérivent déjà des institutions ou des pratiques nouvelles, mais aussi des ambiguïtés qui, approchées différemment demain, gagneront peut-être un jour leur cohérence. Il s'en dégage surtout une multiplicité de plans et d'espaces au sein desquels s'entremêlent les actions internationales : parce que ces plans sont nombreux, la souveraineté est une fiction démasquée ; parce qu'ils mettent en échec l'égoïsme des États, cette fiction perd aujourd'hui de son utilité et doit coexister avec d'autres principes, notamment celui de responsabilité ; parce qu'il n'en dérive aucune véritable cohérence, cette responsabilité est régulièrement mise au défi sous l'effet du jeu de la puissance et sous celui, très complexe, d'acteurs porteurs de légitimités et de rationalités concurrentes. De ce défi permanent émerge peut-être une autre intelligibilité du réel.

---

1. R. Jackson, *Quasi-States : Sovereignty, International Relations and the Third World*, Cambridge, Cambridge University Press, 1990.

2. R. O'Brien, *Global Financial Integration : the End of Geography*, Londres, Royal Institute of International Affairs, 1992; F. Fukuyama, *La Fin de l'Histoire et le dernier homme*, Paris, Flammarion, 1992.

Première partie

HISTOIRE
D'UNE FICTION

L'affirmation de départ est trop simple : la souveraineté désigne un pouvoir ultime, sans principe antérieur qui pourrait le nuancer, l'amender ou le surveiller. On comprend aisément le succès de la formule et l'appétit de ceux qui veulent en faire usage. Pourtant, deux observations, tout aussi évidentes, ne tardent pas à nouer l'intrigue : le principe n'a pas toujours existé, on a su et voulu gouverner autrement, sans faire usage d'un principe qui décidément appartient non pas à l'Histoire mais à *une* histoire ; quant à l'idée même d'un pouvoir ultime que rien ne précéderait, elle ne peut que déranger notre esprit cartésien : aucun pouvoir ne baigne dans un espace vide privé de forces capables d'agir sur lui, de le contraindre et de le modifier. En fait, l'idée de souveraineté évoque volontiers le *«per quem omnia facta sunt»* que le *Credo* des chrétiens définit comme attribut divin : cette sacralisation n'est pas l'effet du hasard et livre déjà une part de l'histoire de l'idée et un élément non négligeable de ses vertus. Représentation idéalisée du réel, la souveraineté est bien cette construction sociale et humaine qui la rend déjà suspecte dans les cultures qui n'intègrent pas la démarche séculière.

Fiction ainsi forgée par certaines histoires : l'intrigue n'est pourtant pas encore tout à fait complète. La scène s'est aussi jouée à plusieurs : dès la fin du Moyen Âge, l'ordre politique a dû simultanément se construire face à l'extérieur (ou ce qui allait le devenir) et face à l'intérieur (ou ce qui allait s'imposer comme tel). Roi, pape, empereur, barons, puis bourgeois et, enfin, peuple ont fixé leurs rapports à partir d'une qualification de ce pouvoir et en façonnant, des siècles durant, cette mystérieuse idée de souveraineté. L'internationaliste observe les effets externes de ce travail; le constitutionnaliste s'intéresse aux retombées internes de cette recherche. Pourtant, à l'origine le principe est le même : on notera avec intérêt qu'il s'est construit précisément en favorisant cette distinction absolue entre l'interne et l'externe qu'on a, aujourd'hui, tant de mal à relativiser. L'invention est donc complexe, le produit tourmenté, ses usages subséquents très équivoques. Une scène internationale est née ainsi que les questions, les contradictions et les incertitudes qui l'accompagnent.

CHAPITRE PREMIER

Une invention complexe

Laissons parler d'abord les philosophes et leurs embarras : ils nous permettront déjà de comprendre une bonne part des méandres d'une invention qui, dans les faits, était bien avancée au moment où ils écrivaient. On a pour habitude, quand il est question de souveraineté, de se tourner d'abord vers Bodin, puis Hobbes et enfin les Grands du siècle des Lumières. Les deux premiers ont en commun de vivre des périodes de troubles et de violence. Jean Bodin est un témoin direct des guerres de Religion en France et publie *Les Six Livres de la République* en 1576[1] : quatre ans après la nuit de la Saint-Barthélemy, l'idée de souveraineté a acquis ainsi ses lettres de noblesse littéraire. L'auteur se réclame volontiers d'un tiers parti (le «parti des politiques») entre les Guise, soutenus par l'Espagne, et les huguenots, appuyés par l'Angleterre. C'est donc dans un contexte fait de transnationalisme dévastateur que Bodin s'efforce de valoriser la souveraineté et d'en faire la clef de voûte de la Cité.

«Puissance ultime et perpétuelle», la souveraineté n'est plus seulement un attribut mais devient la substance même de la République. Celle-ci n'existe que si elle est souveraine et que si sa puissance est absolue et indivisible : comment pourrait-il en être autrement à l'heure où le royaume de France est

1. J. Bodin, *Les Six Livres de la République*, Paris, Fayard, 1986 (1ʳᵉ éd. 1576); J.L. Holzgrefe, «The Origins of Modern International Relations Theory», *Review of International Studies*, 15 janvier 1989, p. 11-26.

déchiré entre des factions elles-mêmes liées à d'autres royaumes qui font intrusion? La définition substantielle ainsi donnée à la souveraineté va très loin, mais engage en même temps toute une série de conséquences que le recul de l'Histoire permet d'entrevoir. Il est clair qu'avec Bodin, l'idée d'État fait un progrès considérable : le prince ne suffit plus à définir la souveraineté, sa nature humaine et individuelle le disqualifie et l'entraîne éventuellement dans des relations de vassalité. La souveraineté n'existe pas si la puissance qui la fonde n'est pas perpétuelle, si elle ne repose pas sur une distinction claire entre l'État et le gouvernement, sur l'indivisibilité de la République et sur une transcendance affirmée. On retrouve effectivement les éléments familiers du concept qui nous retient : mais on perçoit surtout le premier grand verrouillage qui forme notre intrigue. Si la souveraineté n'est pas un attribut mais la substance même de la République, elle risque d'être promise à la fiction : la république n'a de réalité que si elle est capable d'assumer ce pouvoir ultime. Bodin avait placé la barre très haut : la qualité de république revient à la cité qui démontre qu'elle ne dépend d'aucune autre puissance : l'internationaliste contemporain peut rester perplexe...

D'autant que Bodin perçoit la faille : la puissance absolue et souveraine ne peut appartenir qu'à Dieu; la loi divine et la loi naturelle ne peuvent donc que transcender toute souveraineté humaine : le prince est admis comme souverain légitime parce qu'étant à l'image de Dieu, il ne saurait par définition contredire la volonté divine. La construction est claire : la souveraineté n'est cohérente que si elle est sacralisée et, comme telle, elle ne saurait se plier à aucune juridiction ni à aucun contrôle. On trouve ici, bien sûr, les fondements du pouvoir royal de droit divin; mais on devine déjà l'entreprise révolutionnaire qui, beaucoup plus tard, dut déplacer la souveraineté du prince vers la communauté politique afin de rompre avec cette divinisation de l'autorité royale. La transcendance appartenait désormais au contrat et ne reposait plus sur l'émanation divine. Du point de vue international, l'œuvre de Jean Bodin avait pourtant tout de suite fixé l'essentiel : la République souveraine n'étant contrainte par aucune obligation d'aucune nature que ce fût, l'idée d'une juridiction internationale paraissait insoutenable. On retrouve l'obsession de notre auteur qui souffrait du spectacle d'un roi de France affaibli, livré au jeu des puissances voisines : ni l'Angleterre ni l'Espagne n'avaient à se mêler de la guerre civile en France, aucune solidarité religieuse transnationale n'était fondée à rétablir l'ordre ou à redistribuer le pouvoir...

La modernité de Grotius vient d'une démarche qui le conduit à dépasser cette construction probablement trop fermée et aux relents totalitaires : l'avocat hollandais, bourgeois et protestant, a ouvert la boîte de Pandore. La souveraineté s'éloigne du postulat facile et dangereux de la puissance divinisée : le *Droit de la guerre et de la paix* date de 1625, à une époque où le conseiller de la Compagnie des Indes orientales regardait vers l'Océan et s'intéressait à la naissance du commerce international, non plus aux seuls États naissants. Certes, la souveraineté concerne toujours les actes «indépendants de tout autre pouvoir supérieur en sorte qu'ils ne peuvent être annulés par aucune volonté humaine». En tant que telle, elle appartient à l'État, qui n'est plus celui du prince, mais qui forme déjà une communauté, sans préjuger de l'organisation du pouvoir qui va la régir[1].

Cependant, l'auteur nous invite à situer la souveraineté par rapport à l'homme, producteur et fin de tout ordre juridique, impliqué dans des communautés multiples et dans ces transactions complexes qui fondent le commerce international naissant. Droit et souveraineté peuvent entrer en conflit : le droit naturel et le droit divin (que notre bourgeois protestant se doit de distinguer) sont supérieurs aux actes de l'État. Celui-ci n'est déjà plus absolument souverain puisqu'il s'expose ainsi au risque d'être accusé de mener des guerres injustes, ceux qui le dirigent pouvant même être tenus pour «responsables» de leur

---

1. H. Grotius, *Droit de la guerre et de la paix*, Centre de philosophie politique et juridique, Caen, 1984 (1ʳᵉ éd. 1625). Sur Grotius, cf. M. C. Smouts, «Du côté de chez Grotius : l'individu et les relations internationales chez un anté-moderne», *in* B. Badie et A. Pellet dir., *Les Relations internationales à l'épreuve de la science politique*, Paris, Economica, 1993, p. 383-395 ; P. Haggenmacher, *Grotius et la doctrine de la guerre juste*, Paris, PUF, 1983 ; Bettati, «Grotius», *in* F. Châtelet *et al.*, *Dictionnaire des œuvres politiques*, Paris, PUF, 1989, p. 359-365 ; M. Villey, *La Formation de la pensée juridique moderne*, Paris, Montchrestien, 1975, p. 597-634.

déclenchement et des malheurs qui en dérivent. Quant au droit
des gens qui organise la vie internationale, il est défini contractuellement par les États afin d'établir le minimum de sécurité
dont ils ont besoin ; cette démarche ne contredit pas la souveraineté puisqu'elle procède de son exercice, mais elle crée des
obligations et reste elle-même contrôlée par les normes qui lui
sont supérieures. L'État n'est décidément plus seul sur la scène
internationale : sa souveraineté est quelque peu mise sous surveillance tant par les principes que par ces lointains ancêtres
des réseaux transnationaux. Il faut dire que la vie de cet humaniste campait déjà parfaitement notre sujet : la Réforme ne
divisait plus tellement les États, comme au temps de Bodin, elle
les opposait entre eux. Témoin de la guerre de Trente Ans, Grotius avait le pressentiment de ce à quoi mènerait un système
westphalien composé d'États absolument souverains que le
pape et la religion ne pouvaient plus réconcilier. Un peu de
souveraineté permet de construire les États contre la guerre
civile ; trop de souveraineté les conduit à s'entre-déchirer. Un
peu de religion limite l'arbitraire du prince ; trop de religion
conduit à la dictature du synode et à celle de Guillaume
d'Orange que «ce sage et savant homme[1]» combat et dont il
sera victime. Quelque part entre Dieu, l'État et les hommes, ce
théologien, ambassadeur et avocat d'affaires, a l'intuition des
pièges d'un souverainisme pontifical, princier ou normatif :
aussi leur oppose-t-il une morale humaniste qui annonce un
droit international qui n'est plus la projection de la seule
volonté souveraine des États. On entrevoit bien des questions
d'aujourd'hui : le marché international mais aussi les guerres
injustes, la sanction de ceux qui en sont coupables, la protection
des biens communs... Grotius, ce sage et savant homme, savait
déjà condamner Karadzic.

Il est clair que, désormais, l'analyse internationale devient
prisonnière d'un grave dilemme : ou elle se laisse influencer par
l'approfondissement de la thèse contractualiste qui s'affirme
notamment avec Hobbes, et réévalue alors le discours souverainiste ; ou elle mise sur la perspective éthique et jusnaturaliste

---

1. Selon la formule d'un portrait poétique daté de 1727 et cité par
M. Villey, *op. cit.*, p. 603.

de Grotius, et parvient alors à tenir la souveraineté en lisière et à pressentir quelque chose qui ressemble déjà à une société mondiale. Entre le philosophe anglais qui craint avant tout la guerre civile qui enflamme alors son pays et l'avocat hollandais qui n'aime pas beaucoup son souverain et craint par-dessus tout l'insécurité internationale qui est en train de s'installer en Europe, l'opposition devient créatrice : d'un côté, une société d'États souverains, de l'autre, une société internationale avant la lettre qui n'est plus un espace résiduel et inqualifiable, telle qu'elle apparaît chez Hobbes puis chez Jean-Jacques Burlamaqui et telle qu'elle sera popularisée par l'école réaliste.

Ce dilemme hobbesien est en fait très moderne. Si le souverain est né contractuellement, dans une société et un territoire donnés, le politique n'existe et ne fait sens qu'à travers l'État qui en dérive[1]. Dans les interstices, c'est-à-dire sur la scène internationale, il ne saurait être qu'une sorte de vide assimilable, au mieux, à l'état de nature qui régnait dans les sociétés précontractuelles. L'idée d'un acteur international non étatique est dès lors absurde, tout comme celle d'une juridiction internationale arbitrant entre les États et atténuant les souverainetés. La politique s'assimile à l'État et au souverain : les relations internationales ne sont donc qu'une confrontation de souverainetés. Celles-ci sont par essence illimitées puisque le droit qui a été remis à l'État par les individus était illimité. Aussi le regard de l'autre dans les affaires internes d'un pays ne peut-il être qu'une abomination, tandis que toute intervention est en passe de devenir une ingérence jusqu'à être essentiellement négatrice du droit. Ce dilemme prend toute sa force si, à l'instar de la pensée jacobine, on reconstruit l'idéal démocratique sur un postulat hobbesien : le souverain dispose alors de l'exclusivité de la légitimité démocratique et toute intervention extérieure ne peut donc que lui être attentatoire. L'international incarne dès lors la puissance face à l'interne qui exprime le

---

1. J.-F. Thibaut, *Activité théorique et relations internationales : les limites d'un imaginaire apolitique*, Notes et recherches du CEPES, 5, Quebec, 1996, p. 21 ; cf. aussi R. Keohane, «Hobbes's Dilemma and Institutional Change in World Politics : Sovereignty on International Society», *in* H. Holm et G. Sorensen éd., *Whose World Order?*, Boulder, Westview, 1995, p. 165-187.

droit et la volonté populaire alors que la société internationale entrevue par Grotius est inévitablement suspecte d'anarchie, de complot, pour n'être que l'accomplissement de rapports de forces. Bien des réserves contemporaines à l'encontre de la mondialisation et des flux transnationaux ou visant toute diplomatie qui ne serait pas strictement nationale ou consentirait des abandons de souveraineté trouvent ici leur origine. On y voit aussi s'enraciner la méfiance à l'égard des constructions régionales et le scepticisme qu'inspirent tout autant la *global governance* que les pratiques récurrentes d'intervention : sans probablement le vouloir, le philosophe anglais inventeur de notre modernité politique nous a entraînés à crier haro sur l'international au nom de la souveraineté et, par procuration, au nom de la nation et de la démocratie.

Il restera, plus tard, à expliquer pourquoi Hobbes a triomphé de Grotius, donnant ainsi à l'aventure westphalienne une valeur de modèle qui ne convainquait guère notre humaniste hollandais. Mais, bien heureusement, aucune joute philosophique n'est définitivement gagnée et aucun dilemme n'est parfait : le retour du droit naturel et les progrès de la réflexion contractuelle menée par Locke permirent au débat de progresser sensiblement.

Il faut dire que l'auteur des *Traités du gouvernement civil* se souciait peu de la vie internationale[1]; en cela il était plus proche de son compatriote Hobbes que de Grotius, avec lequel il partageait pourtant la même méfiance à l'égard des absolutismes. À chacun sa révolution : si Hobbes fut effrayé par celle de 1640, Locke publia ses traités aux lendemains des événements de 1688, alors qu'on venait d'édicter la Déclaration des droits qui ouvrait la voie au gouvernement représentatif et permettait de contenir la souveraineté dans une relation de confiance unissant gouvernants et gouvernés. D'un point de vue constitutionnel, le philosophe anglais allait loin dans l'innovation; au regard de la vie internationale, l'apport pouvait paraître assez léger. Pourtant rien n'est moins sûr : Locke

---

1. Cf. J. Dunn, *Locke*, Oxford, Oxford University Press, 1984; Ph. Raynaud, «Locke», *in* F. Châtelet *et al.* dir., *Dictionnaire des œuvres philosophiques*, Paris, PUF, 1989.

rappelle utilement que l'État souverain n'est pas une fin en soi mais l'instrument d'une mission de confiance attribuée par le peuple, dans le respect du droit naturel. Si donc l'État n'est pas construit par lui-même mais pour satisfaire un certain nombre de besoins, cette vision fonctionnelle devient logiquement universelle et peut être utilisée pour apprécier aussi l'action internationale de l'État. La voie est alors dégagée pour que nous posions un certain nombre de questions proches de celles que nous suggérait Grotius : la diplomatie des États répond-elle aux exigences présentes de l'humanité, aux besoins de la paix, de la sécurité, du bien-être matériel et moral ? Sait-elle gérer les biens communs de l'humanité ? La souveraineté n'est-elle pas porteuse d'entraves ? Appréhendée dans ses fonctions, l'idée de souveraineté n'a plus du tout la signification que lui conférait l'analyse de sa genèse.

Trois enseignements se dégagent déjà de ce premier contact avec quelques-uns des grands penseurs de notre modernité politique. On perçoit d'abord tout le danger qui accompagne la conception substantielle de la souveraineté dont rien ne permet d'arrêter la rigueur ni la prétention, sans aucun doute démesurée. Cette souveraineté est bien fictive mais elle légitime pourtant les pratiques les plus rigides et, sur le plan international, les confrontations les plus dures. On perçoit en outre que l'opposition entre souveraineté interne et souveraineté externe n'est forte qu'en apparence, alors qu'en réalité elles se combinent et s'expliquent largement l'une par l'autre : si toutes ces questions se ramènent à une interrogation sur le pouvoir dans la cité, elles sont alimentées à chaque fois par la prise en compte de problèmes internationaux et déterminent, par leurs réponses, la conduite internationale des États. Enfin, plurale dans sa conception, la souveraineté ne se réduit pas à l'absolutisme hobbesien si abondamment utilisé, tant par les praticiens que par les théoriciens des relations internationales : le tout ou rien se justifie encore moins ici qu'ailleurs, le renouveau contemporain de la vie internationale n'implique pas nécessairement l'abolition pure et simple de la souveraineté.

C'est probablement dans l'œuvre de Kant qu'apparaît le plus fortement cette double nature de la souveraineté, lorsqu'il invite à tenir celle-ci pour conventionnelle et librement inventée par l'homme, tout en nous rappelant que son efficacité tient d'abord à ses vertus transcendantes[1]. L'homme crée librement l'obligation d'obéir, combinant ainsi les impératifs de liberté et d'égalité. Sage construction dans l'esprit du philosophe qui fit recette plus tard chez les exégètes du droit international mais qui annonce en même temps l'un des mystères les plus puissants de la souveraineté : celle-ci est à la fois une construction sociale et un impératif avec lequel il est très difficile de ruser. Ainsi l'action internationale doit-elle à tout prix non seulement maintenir le discours de souveraineté mais aussi démontrer qu'aucune de ses initiatives ne remet en cause un tel impératif. Bricolage durable mais combien fictif, qui révèle un monde écartelé entre deux absolus : faire de la souveraineté une transcendance dont il faut cacher les entailles qu'on lui inflige; ou réinventer un droit naturel qui lui serait supérieur et qui ne saurait être, par définition, soumis au contrôle d'aucune juridiction. Incapable de s'abstraire de ce conflit de transcendances, l'acteur international reste dès lors prisonnier d'une actualité plus qu'il ne la domine.

L'actualité de jadis a pourtant fixé cette curieuse aventure. Le témoignage de l'historien a l'avantage de nous présenter des êtres de chair et non plus les acteurs d'une raison raisonnante. Il nous rappelle que la souveraineté n'a pas transcendé le temps et n'a pas toujours existé. Le principe impérial contourne et malmène l'idée de souveraineté alors qu'apparemment il tend à s'en parer. Certes l'empereur est, à Rome ou ailleurs, le détenteur de ce pouvoir ultime qu'il a pour mission d'exalter et de faire rayonner. Mais précisément, la prétention universelle de tout empire jette un flou sur l'idée même de souveraineté qui, décidément, a du mal à se penser hors de toute référence territoriale précise : les gouverneurs des provinces romaines, eux-mêmes nommés par l'empereur ou par le Sénat, sont titulaires de l'*imperium* qui leur confère le

---

1. Cf. R. Ashley, «The Powers of Anarchy : Theory, Sovereignty and the Domestication of Global Life», *in* J. Der Derian éd., *International Theory*, Londres, Macmillan, 1995, p. 111; cf. aussi K.G. Giesen, «Droit et vertu chez Kant», *Actes du 3ᵉ Congrès de la société internationale d'études kantiennes*, Athènes, 1997, p. 331 *sq.*

commandement des troupes comme le droit de rendre la justice. L'idée même d'États vassaux, que l'on retrouve dans de nombreux empires relevant de cultures très différentes, rend pour le moins inapplicable l'idée de souveraineté et des plus complexes sa traduction hypothétique dans le domaine international.

La logique impériale répugne à accepter la souveraineté de l'autre et donc à s'inscrire dans un répertoire souverainiste. L'altérité existe-t-elle vraiment face aux prétentions de l'empereur et à cette part d'universel confisqué qui est la base de sa légitimité? La tentation est forte de tenir tout prince étranger pour subordonné. Le *basileus* byzantin ne pouvait pas avoir d'égal, surtout pas le grand-duc de Kiev[1]... La puissance d'un voisin plus ou moins proche obligeait certes à plus de mesure : l'empereur sassanide eut seul le privilège de se faire qualifier de *basileus* et de «frère» par son «homologue» de Constantinople. Les relations étaient beaucoup plus délicates avec les Bulgares ou les Hongrois, et même avec les empereurs occidentaux : le protocole était alors complexe, Basile Ier refusant, par exemple, à Louis II le titre d'empereur des Romains. On trouverait les mêmes délicatesses entre l'empereur de Chine et celui du Japon et, de façon plus marquée encore, entre le calife abbasside et le reste du monde : la médiation de la question religieuse, l'opposition entre croyant et infidèle viennent alors rendre plus hasardeuses encore la signification même d'un pouvoir ultime et, surtout, la reconnaissance à l'autre du droit de s'en réclamer. L'empereur germanique ne s'y trompait pas et nous y reviendrons : face au roi de France apparaissait déjà cette supériorité qui tenait à son droit, non partageable, de célébrer les matines et même de faire valoir sa qualité de diacre.

Plus encore, l'idée d'empire appelle celle de vassalité. Les *gentes* de l'Empire romain ou les *ethne* de l'Empire byzantin n'étaient ni dedans ni dehors, ni dépendants ni indépendants : ils n'étaient ni souverains ni soumis à la souveraineté de l'empire; ils étaient parfois conquis, parfois aussi demandeurs de

1. Cf. L. Bréhier, *Les Institutions de l'Empire byzantin*, Paris, Albin Michel, 1970, p. 230.

sujétion. Pis encore, certains princes cumulaient le statut de
sujet d'un empire et de vassal d'un autre, à l'instar des Pagra-
tides ou encore des princes du Taron, soumis au prince d'Alep
et vassaux déclarés de l'empereur[1]. Le phénomène n'était pas
rare dans le Caucase : on connaît la suite de l'histoire jusque
dans l'actualité soviétique puis russe... On sait aussi que des
princes musulmans conclurent des traités de vassalité avec le
basileus, comme l'émir d'Alep au Xe siècle avec Pierre Phocas
ou l'émir des Kurdes en l'an mil avec Basile II. Le statut de
Venise fut lui-même longtemps incertain, même au-delà du
XIe siècle, la cité des Doges détenant une souveraineté atténuée
qui laissait encore place aux signes de la suzeraineté byzantine.
Au-delà de la forme, le projet était bien celui de l'ingérence,
proche de ce que nous connaissons aujourd'hui, mais alors sur
un mode évidemment moins embarrassé : l'empereur n'était
pas le «grand frère», il était officiellement reconnu comme le
père de ses vassaux et avait pour coutume d'entretenir chez lui
non pas des «partis frères» mais des «amis», princes déchus
par des révoltes de palais ou opposants bien placés pour espé-
rer, un jour, ravir le pouvoir. Ainsi en fut-il, par exemple, du
Sassanide Khosrow II, chassé par Bahram...

Il est vrai que l'empereur de Byzance pouvait trouver chez
ses voisins plus ou moins proches des pratiques fort semblables
qui ne risquaient pas de le dépayser. L'empire musulman était
officiellement unifié autour de l'institution califale : partout la
prière était dite au nom du calife abbasside siégeant à Bagdad.
Au-delà des premiers qui surent imposer leur autorité, les
pistes se brouillent pourtant très vite. Ce n'est plus l'idée de
vassalité qui nous éloigne des règles simples de la grammaire
souverainiste, mais au contraire ces autonomies complexes
dont l'intensité varie en fonction de l'événement, voire de la
stratégie des uns et des autres. Les royaumes ou les émirats se
multiplient en Perse, au Levant, dans le Caucase. Ici, les
notables d'une ville lèvent leurs propres impôts et entretiennent une armée, à l'instar des Baridides de Basrah, là une
région peu accessible entretient sa dynastie locale (encore le
Caucase!), ailleurs se construisent de vrais royaumes, Tahirides,

---

1. *Ibid.*, p. 235.

Samanides, Saffarides de Perse, Hamdanides d'Alep, Toulou-
nides d'Égypte[1]... Ces pouvoirs qui se forment continuent à
citer le calife dans la prière publique, mais parfois s'en déta-
chent plus ou moins en proclamant une dissidence religieuse,
comme le firent les Fatimides du Caire au nom de l'ismaélisme
ou les Zaïdites du Yémen au nom du chiisme.

Gardons-nous pourtant de simplifier et de ramener ces histoires à nos catégories. La dissidence religieuse n'abolit pas
brutalement la souveraineté, pas plus que celle-ci ne vit au
seul rythme des puissances défaites ou retrouvées de califes
inégalement capables. Certes, de telles interprétations ne sont
pas fausses : la création d'un califat fatimide ou d'un imamat
zaïdite contribua à modifier sensiblement la carte politique du
monde musulman, tout comme plus tard l'adoption officielle
du chiisme par la monarchie safavide. L'explication risque
cependant d'être un peu courte : les mots n'ont pas le même
sens, l'idée de souveraineté n'évoque rien de précis ni surtout
rien de définitif, laissant aux entrepreneurs politiques une
liberté d'action qui pourrait aujourd'hui nous déconcerter.
Aidés par Nûr-al-din, dynaste zengide d'origine turque, Shir-
kuh et Saladin, eux-mêmes d'origine kurde, conquirent
l'Égypte au milieu du XIIe siècle ; installés au Caire, ils vécurent
la situation banale d'une double vassalité de fait, les soumettant simultanément au calife fatimide dont Saladin accepta de
devenir vizir et au prince zengide d'Alep dont ils avaient
emprunté une part de l'armée et qui les rattachait par ce biais
au calife abbasside[2] ! Le nouveau maître de l'Égypte ne sem-
bla souffrir d'aucun état d'âme et trouva plus commode de se
débarrasser d'un calife fatimide qu'il servit d'abord et qu'il
abolit ensuite en 1171. Le fin mot de l'histoire revient bien
sûr à Saladin qui sut finalement se défaire de Nûr-al-din,
construire un puissant royaume syro-égyptien qui restaurait,
pour quelques décennies encore, une institution califale
abbasside quelque peu affaiblie...

1. Cf. A. Miquel, *L'Islam et sa civilisation*, Paris, Armand Colin, 1977,
p. 109.
2. *Ibid.*, p. 190 et J. Richard, *Histoire des croisades*, Paris, Fayard, 1996,
p. 200-202.

Ce grand moment de l'Histoire musulmane est en fait très évocateur. Où est ce pouvoir «ultime», cette «puissance perpétuelle» que Bodin appelle souveraineté? Le jeu politique semble se composer et se recomposer précisément à l'initiative de ceux qui déplacent le curseur, inventant et réinventant les espaces d'autorité, les lieux politiques ou symboliques qui font référence. La conquête n'est plus la capture d'une souveraineté mais tout simplement celle d'un pouvoir dont on choisit de localiser et de définir les origines symboliques. L'autre est tantôt dedans, tantôt dehors, tantôt étranger, tantôt de la «maison», tout comme à Byzance où l'empereur pouvait tantôt inclure un vassal, tantôt autonomiser un «fils» redevenu «frère»... Déjà une certaine idée de responsabilité faisait écho : le Kurde Saladin était en même temps concerné par les affaires cairotes et obligé à l'égard du Turc Nûr-al-Din, du maître de Bagdad et du calife fatimide : ils appartenaient tous au *dar al islam*. L'hypothèse a un goût d'actualité et les rigueurs formelles d'une théorie souveraine importée cèdent encore devant une pratique qui évoque bien des situations contemporaines : celle du parcours des Hachemites pour se tailler des royaumes, les prétentions de la dynastie saoudienne pour régir le monde musulman au-delà des frontières qui lui sont reconnues, la pénétration des réseaux baassistes et nassériens qui se transnationalisent avec aisance, l'activisme iranien au Liban, voire en Algérie, surtout la nature insaisissable de l'idée de pouvoir dès lors qu'elle est pensée dans l'espace des relations interarabes ou interislamiques. Que dire, enfin, du conflit israélo-arabe qui mêle de façon si forte un usage impeccable de la théorie souverainiste appliquée au peuple palestinien et cette même responsabilité collective impliquant tous les États arabes, des rois du Maroc, de Jordanie ou d'Arabie Saoudite manifestant leurs droits et devoirs à propos de Jérusalem, aux raïs syrien, égyptien ou irakien faisant valoir leur autorité sur les organisations palestiniennes?

Cette attitude impériale transcende clairement les cultures. L'Asie présente des caractéristiques comparables qui semblent en partie perdurer. La signification internationale du pouvoir impérial chinois est délicate à interpréter : l'empire du Milieu se réclamait évidemment d'un pouvoir ultime qui, comme les autres, situait l'altérité soit dans les zones mouvantes des marches, soit dans une étrangeté belligène[1]. Cette puissance aussi exacerbée pouvait difficilement penser son double. Comme l'Empire byzantin et bien d'autres, les Han puis leurs successeurs exaltaient la transcendance de leur pouvoir par une politique hardie de vassalité qui leur permettait de limiter les cas de souveraineté qui leur échappaient : en 285, une ambassade fut envoyée au Ferghana dans le but unique de faire connaître au souverain de ce pays que l'empereur lui conférait le titre de prince[2]... Faire de l'autre un vassal était du reste coûteux : cela impliquait des dons importants destinés à rendre désirable l'abandon de souveraineté; s'y ajoutaient la remise d'un sceau, l'attribution d'un rang protocolaire au nouveau vassal, souvent des mariages, mais aussi la livraison d'otages qui garantissaient au suzerain la fidélité du nouveau peuple. Les royaumes dépendants (*shuguo*) devenaient vite de simples territoires militaires (*bu*), puis des circonscriptions administratives (*junxian*)...

La difficulté de percevoir le reste du monde comme des lieux de souveraineté égaux en droit s'observe à travers plusieurs comportements impériaux : les princes japonais ont été approchés par des cadeaux remis au «roi des esclaves nains». Les puissances qui étaient capables de résister à la conquête reçurent des ambassades chinoises et furent autorisées à envoyer régulièrement des légats auprès de l'empereur. La pratique apparaît du temps des Wei au IIIe siècle et se trouve confirmée au VIIe siècle à l'époque des Tang, qui reçoivent notamment des émissaires perses. La méthode est pourtant incertaine et ne reflète pas l'image d'un monde constitué d'États souverains. À l'époque des Ming, l'eunuque musulman Zheng He, originaire du Yunan et *hâdji* de son état, fut ainsi chargé par l'empereur de missions diplomatiques le long des côtes de l'Asie méridionale. Ces expéditions eurent des résultats assez divers, se traduisant couramment par des ingérences : dans un royaume

1. E. Balazs, *La Bureaucratie céleste*, Paris, Gallimard, 1968, p. 41-42; H.G. Creel, *The Origins of Statecraft in China*, Chicago, University of Chicago Press, 1970.

2. J. Gernet, *Le Monde chinois*, Paris, Armand Colin, 1972, p. 175.

javanais, l'ambassade s'occupe de succession au trône ; à Palembang, elle arbitre un conflit entre le pouvoir local et la colonie chinoise ; à Calicut, Cochin et Ceylan, elle proclame la suzeraineté des Ming ; lors d'un autre voyage à Ceylan, elle livre bataille au monarque de l'île. Les ambassades sont couramment un instrument de diffusion, les moines chinois qui y participent répandent le bouddhisme au Japon, tandis que les moines japonais délégués sur le continent s'initient à la pensée et aux rites chinois. Les mesures unilatérales ne manquent pas, l'empereur Yongle n'autorisant par exemple le Japon à envoyer qu'une seule ambassade tous les dix ans[1]...

Les relations bilatérales étaient en fait davantage dominées par la puissance que par le principe de souveraineté. En témoignent ainsi les rapports entre la Chine et les royaumes coréens : conquête, suzeraineté déguisée et bon voisinage se succédaient, rythmés par la capacité des uns et des autres à l'époque des «Trois Royaumes» (Ier siècle av. J.-C.-VIIe siècle) puis du royaume Silla unifié (VIIe-Xe siècle). Les relations entre la dynastie Koryo et les Mongols étaient faites de conquêtes, expéditions punitives, mises sous tutelle, puis d'une autonomie qui prévoyait que les princes coréens devaient être éduqués à Pékin, mariés à des princesses mongoles venant dans la péninsule et entourés de toute une cour participant activement au gouvernement du royaume. Selon des modalités que nous avons rencontrées ailleurs, cette souveraineté évanescente favorisait des jeux politiques internes assez subtils : l'avènement des Ming conduisit à l'éclatement de la cour Koryo en un parti pro-mongol et un parti pro-Ming, de même que, trois siècles plus tard, le changement de dynastie en Chine favorisa, au sein de la cour Chosun, un clan pro-mandchou et un autre pro-Ming[2].

Tous ces épisodes sont courants dans les chroniques impériales et rappellent banalement la fable du pot de terre rivalisant avec le pot de fer. Ils évoquent pourtant un aspect essentiel du principe de souveraineté dans l'histoire même des

1. *Ibid.*, p. 346 *sq.*
2. R. Lévy, «La Chine et la haute Asie», *in* R. Grousset et E.G. Léonard, *Histoire universelle*, tome III, Paris, Gallimard, 1967, p. 1340.

relations internationales : la souveraineté n'existe que dans la reconnaissance par l'autre et dans la réciprocité. L'institution impériale intègre difficilement un tel principe et reste, de ce point de vue, résolument à l'écart des logiques de souveraineté[1]. Celles-ci présupposent une altérité construite en termes d'égalité, de territorialité et de bornages, mais aussi de pluralité acceptée : autant de principes qui font mauvais ménage avec la plupart des formules impériales répertoriées. Cette difficulté d'admettre la souveraineté de l'autre est somme toute assez banale et se retrouve dans les formes d'impérialisme les plus variées, suggérant aussi que l'État-nation sut, davantage que toute autre forme de domination, conduire à une reconnaissance de l'altérité que ses velléités néocoloniales sont venues ensuite mettre à mal. Dans cette ignorance de l'autre, l'empire tient partout une place à part dans sa façon notamment de combiner une ambition de rayonnement culturel, une tradition de centralité arrogante et une manière inégale de mêler l'interne et l'externe, jusqu'à produire un jeu de pouvoir qui restait résolument extérieur à la souveraineté, ni dérogatoire ni contradictoire, mais tout simplement ailleurs. Cet « ailleurs » mobile, produisant des hiérarchies inédites qui se font et se défont, dessine les contours de relations internationales d'une autre nature dont les tentatives d'actualisation, à l'heure de la mondialisation, sont quelque peu hasardeuses.

L'histoire impériale chinoise évoque, avec la piraterie, un autre défi porté à la souveraineté dont les prolongements contemporains sont particulièrement saisissants[2]. Cette pratique haute en couleurs et en faits d'armes s'impose assez tôt comme l'ancêtre des flux transnationaux d'aujourd'hui ; elle n'a cessé de déjouer la prétention impériale d'encadrer l'économie chinoise. Détenir le pouvoir ultime rejoignait ici la quadrature du cercle : la souveraineté impériale niait l'existence d'une société civile organisant le marché, elle supposait un contrôle bien supérieur aux capacités d'un système certes

1. S. Eisenstadt, *The Political Systems of Empires*, New York, Free Press, 1969, p. 116 *sq.*
2. J. Gernet, *op. cit.*, p. 365. Je remercie Jean-Luc Domenach d'avoir attiré mon attention sur cette question.

administré mais alourdi par l'ampleur du territoire et quelque trois mille kilomètres de côtes. Ce que l'État moderne concéda plus tard au marché, l'Empire chinois dut très tôt l'abandonner à l'initiative de commerçants, contrebandiers et aventuriers armés qui privatisaient de fait une part de la violence d'État et confisquaient ainsi des morceaux de souveraineté. Au-delà de la norme qui n'ouvrait que quelques ports à des commerces précis, venant d'origines déterminées, la piraterie créait des conditions d'échanges infiniment plus denses et complexes, échappant au contrôle «souverain» de l'Empire. L'entreprise était cosmopolite, mêlant des Chinois, des Coréens, des populations de l'Insulinde et, à partir du XIVe siècle, des Japonais qui jouèrent un rôle prépondérant (les *woku*). On y trouvait des commerçants, des notables, des fonctionnaires corrompus, tous bousculant, créant et recréant un pouvoir qui, lui aussi, se voulait ultime pour les besoins de la cause, à l'image de celui de Wang Zhi, chef des *woku*, Chinois d'origine, négociant et contrebandier qui se faisait appeler *Jinghaiwang* («Roi qui purge les mers»). Entrepreneurs économiques, les pirates accomplissaient aussi des fonctions politiques, arbitrant les querelles dynastiques, défiant l'armée impériale, jouant un *daimyo* contre un autre. L'histoire ne s'acheva jamais vraiment : au XVIIe siècle, elle conféra un rôle d'importance à Taïwan; au siècle suivant, elle se déplaça vers le Viêt-nam et, au XIXe siècle, elle intégra les contrebandiers européens[1]... La recrudescence contemporaine de la piraterie tout au long des côtes de la mer de Chine est évocatrice d'un passé qui ne s'abolit pas et d'une souveraineté qui décidément s'accommode mal des avatars du système impérial comme du totalitarisme. Elle est doublée d'une extraordinaire démultiplication de flux marchands et financiers auxquels d'ailleurs elle se mêle parfois, jusqu'à se confondre dans l'invention d'un espace d'action qui échappe au pouvoir, brise les bornages, malmène les politiques publiques et crée des modes d'intégration qui sont hors de portée des souverainetés. Continuité entre les zones côtières piratées d'hier et les zones économiques spéciales d'aujourd'hui, entre les flux marchands venus de Taïwan au XVIIe siècle et les

---

1. *Ibid.*, p. 410 et 428.

initiatives des hommes d'affaires formosans investissant dans la Chine continentale d'aujourd'hui.

L'Histoire occidentale n'est pas fondamentalement différente. De la tradition romaine, elle hérite cette construction impériale du pouvoir qui fit notamment les riches heures des Saxons et de leurs successeurs. C'est bien d'un «pouvoir ultime» que se réclama Othon Iᵉʳ lorsqu'il revendiqua la suzeraineté sur le «patrimoine de Pierre» et le droit de protéger l'Église. Un peu plus tard, Othon III prolongea le propos en prenant, au seuil du deuxième millénaire, le titre de «serviteur des Apôtres», manière d'assurer son autorité sur ce «royaume de Jésus» constitué des terres polonaises et hongroises qui venaient d'être remises au Saint-Siège. S'intitulant «empereur des Romains», il se définit volontiers, avec l'appui des légistes, comme «maître du monde», sa prétention à la domination universelle étant notamment marquée par le globe qu'il tient dans ses mains. À l'heure où commence à se diffuser le droit romain, il fait des autres monarques ses simples vassaux. Dans sa phase originelle et triomphante, l'Empire semblait presque consacrer la parfaite cohérence de l'idée même de «pouvoir ultime» : pape et empereur étaient juxtaposés au sein de l'*Ecclesia universalis* comme «fonctions distinctes et complémentaires». L'empereur restait néanmoins l'ultime garant temporel de l'ordre d'ici-bas, intervenant dans les affaires intérieures de l'Église, jusque dans l'élection des papes lorsque celle-ci était suspecte d'irrégularité ou de simonie, à l'instar de celle de Grégoire VI déposé par Henri III lors du synode de Sutri (1046) et remplacé par l'évêque de Bamberg désigné par les soins de l'empereur[1].

La cohérence n'est pourtant qu'apparente. Cette souveraineté approchée qui, en l'espèce, pourrait ne pas paraître fictive est en fait pétrie de contradictions : elle suppose une géométrie très subtile qui n'est stable ni sur le plan horizontal ni sur le plan vertical. Instabilité qui au demeurant n'est pas le symptôme d'une crise passagère appelée à s'estomper dès lors

---

1. C. Brühl, *Naissance de deux peuples*, Paris, Fayard, 1994, p. 224 *sq.* et R. Folz, «Saint Empire romain germanique», *in* Ph. Levillain, *Dictionnaire historique de la papauté*, Paris, Fayard, 1994, p. 1501.

qu'elle est surmontée : l'Histoire occidentale, n'en déplaise aux philosophes et à leurs mânes, n'a pas inventé la souveraineté moderne comme remède aux maux qui pesaient sur les périodes antérieures. On a vu, tout simplement, se déployer des stratégies conflictuelles fort complexes qui, à la faveur du temps, ont donné l'illusion de se mobiliser progressivement sur des figures cohérentes. En réalité, les acteurs d'hier et d'aujourd'hui reproduisent les mêmes contradictions et les mêmes tensions qu'autrefois, jouant sur un mode nouveau des ambiguïtés d'une pratique ancienne dont ils savaient aussi (et savent encore) tirer profit.

Sur le plan horizontal, on sait que la complémentarité entre le pape et l'empereur n'a jamais été qu'une vue de l'esprit : êtres de raison et de passion, l'un et l'autre avaient conscience que la souveraineté était un espace de concurrence avant d'être un lieu de réconciliation. L'*Ecclesia universalis* n'a jamais cessé d'être duale, du moins dès la chute de Rome et la décomposition du pouvoir impérial, au Ve siècle, qui contraignit l'Église à se doter d'une bureaucratie, d'un pouvoir centralisé et de fonctions propres que légitimait sa vocation à délivrer des sacrements conformément à l'autorité remise par le Christ à Pierre. Aussi l'Église produisit-elle d'elle-même un souverain qui se devait d'être ultime et de précéder l'empereur : n'est-ce pas le pape qui couronnait l'empereur, comme le fit déjà Léon III pour Charlemagne ? Ne doit-on pas à Jean XII d'avoir reçu le serment d'Othon Ier? Pourtant, ici même, la prétention devenait théorique : Jean XII accueillit l'empereur et le couronna dans le but d'obtenir sa protection face aux ambitions de Bérenger II, roi d'Italie, qui menaçait ses États pontificaux. Le *Privilegium ottonianum* qui scellait cette apparente complicité en révélait aussi les contradictions : l'empereur garantissait la libre élection des papes et le droit des États pontificaux tout en réclamant un serment de fidélité que le pape devait prononcer avant sa consécration. L'Histoire a d'ailleurs vite montré que, dans ce jeu de rivalité, tout pouvoir qui se veut ultime suscite, face à lui, un autre pouvoir qui a exactement la même prétention : Jean XII rechercha immédiatement l'alliance de Byzance et celle d'Adalbert, fils de Bérenger, pour équilibrer la puissance de son impérial vis-à-vis. On sait ce qu'il en advint :

Othon revint, chassa le pape, en fit élire un autre qui se fit bien entendu excommunier par Jean et qui dut admettre un amendement renforçant le droit de surveillance de l'empereur sur l'élection du «souverain» pontife... Les longues querelles qui s'ensuivirent, Canossa d'abord, puis la lutte des Guelfes et des Gibelins, confirmèrent ce qui transparaissait déjà : dans un univers concurrentiel, toute souveraineté qui s'affirme suscite sa rivale qui, à son tour, survit et ne s'impose qu'en niant la première. La particularité occidentale tient peut-être à l'ostentation et à la routinisation précoce de cette querelle sans merci. Fiction née d'une fiction, engendrée mais point inventée, la souveraineté devient ainsi un enjeu et non une institution, une revendication davantage qu'un attribut, la grammaire d'un conflit plutôt que la marque d'un nouvel ordre international avant la lettre... C'est bien à l'édiction d'une doctrine de la souveraineté pontificale que se consacra Grégoire VII pour répondre à Henri IV, tandis que les successeurs du Salien s'attelèrent à une doctrine rénovée de la souveraineté impériale. Frédéric Ier Barberousse fit ainsi officialiser les titres d'*imperator romanorum* et de *rex romanorum*, tandis que son chancelier Rainald de Dassel tenta d'habiliter l'idée d'une souveraineté publique relevant directement de Dieu[1]. Mais c'est encore une logique d'affrontement qui fut utilisée par l'empereur pour mieux affirmer sa souveraineté : en mariant son fils Henri à Constance d'Hauteville, héritière de Sicile, Frédéric Barberousse cherchait à revitaliser ses prétentions souveraines par un encerclement territorial des États pontificaux. Sur de telles bases, Frédéric II put plus tard faire valoir ses droits sur le domaine du pape et réévaluer son pouvoir en abandonnant le gouvernement de l'Allemagne aux «princes laïcs» devenus «maîtres des terres», et en gardant pour lui l'identité souveraine de «source suprême du droit».

L'exacerbation de cette concurrence put paradoxalement encourager la prétention des monarchies européennes à exercer leur pleine souveraineté[2]. L'affaiblissement de l'empereur

----

1. *Ibid.*, p. 1502 et C. Brühl, *op. cit.*
2. Cf. J. Strayer, *Les Origines médiévales de l'État moderne*, Paris, Payot, 1979, p. 39 *sq.*

face au pape amenuisa de beaucoup l'ordonnancement vertical de la souveraineté impériale. Grégoire VII parvint à consolider sa propre autorité en reconnaissant et en soulignant la pluralité des royaumes constituant l'Empire, tandis que les villes italiennes pouvaient désormais exiger plus d'autonomie en prenant ainsi le parti d'un pontificat qui savait en même temps leur rappeler qu'il était le véritable détenteur de la souveraineté ! L'empereur, de son côté, tentait de faire pièce aux desseins du pape en ranimant un jeu de vassalité qui pourtant érodait sa propre autorité. César menaçait le représentant de Dieu en affirmant la laïcité de ses droits sur la Sicile, donnant ainsi des idées aux monarques séculiers qu'il prétendait transcender. Le successeur de Pierre s'attaquait aux prétentions des Hohenstaufen en flattant l'autonomie de princes qui bientôt lui rendirent la pareille... C'est tout un jeu diplomatique qui tendait ainsi à se banaliser : la reconnaissance de la souveraineté du tiers devenait une arme décisive de confrontation entre deux protagonistes également dotés. Cette invention tactique de souverainetés fictives était promise à une histoire longue. En attendant, c'est tout un système international qui venait à se former : son propos était désormais de réglementer ce marché émergent des souverainetés...

À la base de ce système apparaît peu à peu le monarque. D'instrument il devient sujet, imposant ainsi progressivement l'idée «réaliste» de l'État souverain comme seule unité légitime de la scène internationale, le pape et l'empereur amorçant une lente marginalisation. Pourtant, dès le début, la formule est illusoire, à plus d'un titre : la souveraineté est de nouveau une revendication davantage qu'un attribut et le jeu international est infiniment plus subtil, l'emblème souverainiste dissimulant des paramètres bien plus complexes et nombreux. Être souverain consistait surtout à repenser les stratégies de pouvoir. Dans le système féodal, la souveraineté avant la lettre pouvait désigner, négativement, le caractère d'une puissance non vassale ; désormais, elle revendique, d'un même mouvement, une émancipation et un contrôle qui se veulent absolus. Bouvines est probablement la première bataille internationale et certainement la première victoire correspondant à cette syntaxe nouvelle des relations internationales : on en retiendra ici que le roi de France y battit l'empereur Othon IV. Pour faire pièce à l'institution impériale, le roi de France devient *Dei gratia rex Francorum*, le pape Innocent III reconnaissant à Philippe Auguste la puissance temporelle ultime («*Rex Franciae superiorem in temporalibus minime recognoscit*»). Plus dure en est la conséquence indirecte : si le roi est souverain temporel, la construction d'une puissance ultime passe aussi par son émancipation de la tutelle pontificale. On sait que la lutte fut alors plus longue et plus complexe, et les arguments avancés furent beaucoup plus travaillés. Sur le fond, la question impériale put se résoudre par le lent déclin d'un empire même si elle entrava encore François Ier dans sa souveraineté; il n'est pas certain en revanche qu'ici comme ailleurs, les difficultés suscitées par l'autre processus d'émancipation furent jamais surmontées : la différenciation progressive du religieux et du politique n'a nulle part résolu la question de l'antériorité de l'un ou de l'autre; elle a surtout contribué à faire de la mobilisation religieuse un processus international de plus en plus autonome échappant précisément à toute souveraineté et ne cessant jamais, depuis lors, de déstabiliser celle-ci.

La même observation vaudrait pour la prétention monarchique et l'exercice d'un contrôle souverain. Certes la taille des États-nations naissants se prête mieux à cette ambition : les États européens n'eurent pas à connaître des difficultés comparables à celles qu'affrontèrent sur ce plan les grands empires. Pourtant, la souveraineté prit difficilement la succession de la suzeraineté. Comme Bodin put l'établir plus tard, le lien personnel propre au système féodal est fondamentalement distinct de cette puissance abstraite, perpétuelle et institutionnelle que constitue la souveraineté. Il fallait, pour opérer cette rupture, mobiliser toutes les ressources d'un droit romain restauré et retiré des mains de l'empereur. Cette reconnaissance juridique dut accréditer une formule nouvelle de légitimité, associée à l'idée de *res publica*, et dut énoncer les éléments désormais distinctifs du pouvoir souverain (pouvoir judiciaire, législatif, militaire, financier...). Cette modification des institutions et des pratiques fut lente, mais finit par s'imposer : il s'agissait bien d'un ordre politique fondamentalement nouveau, d'une invention progressive de l'État[1].

La portée internationale de cette mutation est, en revanche, plus difficile à saisir. Certes, les changements qui s'opèrent à la fin du Moyen Âge sont tout à fait remarquables et clairement annonciateurs d'un nouveau discours, d'une nouvelle culture et de nouvelles pratiques. Dès Bouvines, on est clairement en marche vers ce système westphalien qui fut consacré plus de quatre siècles plus tard : c'est dire déjà la lenteur et la complexité du processus. La guerre commence à acquérir une signification internationale moderne, opposant désormais des États en cours de constitution et faisant rivaliser des puissances. Progressivement, un jeu européen émerge et s'organise en fonction d'attributs de souveraineté : le XIVe siècle marque réellement l'avènement des frontières; on a déjà le pressentiment que l'idée de puissance ultime se nourrit de ces ressources nouvelles qui sont la distance qui impose une médiation politique entre les hommes, le territoire qui suppose une organisation et une dévolution de compétence, et le bornage qui marque le passage d'une souveraineté à l'autre. Apparaissent aussi les rencontres internationales, le faste et le protocole qui les accompagnent pour signifier en même temps la nature exceptionnelle de telles entrevues et la reconnaissance mutuelle qu'elles célèbrent. La banalisation des ambassades qui acquirent au XVe siècle, avec la paix de Lodi, un caractère de permanence est évidemment une double avancée : elle est une marque de souveraineté et elle exprime une volonté de réciprocité destinée à fonder une vie internationale. Surtout la souveraineté produit un langage international : au-delà du pape et de l'empereur, les rois en font un principe de leur diplomatie et de leurs affrontements. L'étrangeté des relations franco-anglaises a joué un rôle non négligeable dans l'invention de cette codification : des lendemains de la conquête normande jusqu'à la fin de la guerre de Cent Ans, le rapport entre les deux monarchies s'organisait au gré des revendications souverainistes. Il faut bien admettre que le conflit était à

1. Cf. B. Badie et P. Birnbaum, *Sociologie de l'État*, Paris, Grasset, 1979 (Hachette, «Pluriel», 1983).

l'origine hypothéqué par une perversion jusqu'à l'absurde de la logique féodale qui dotait le roi d'Angleterre de fiefs français, la Normandie, la Bretagne, l'Anjou, le Maine, la Touraine et l'Aquitaine, mais en même temps le rendait vassal du roi de France. Sur cette base, l'argumentaire était évident des deux côtés : à l'affirmation anglaise d'une souveraineté de fait, garantie par une puissance établie et éprouvée, on répondait en France que la souveraineté était inaliénable et prolongeait en l'espèce la rigueur même de l'institution suzeraine. Le débat ainsi inventé devait durer fort longtemps et bien au-delà de la querelle fondatrice : deux visions de la souveraineté s'esquissaient, l'une positive et intimement liée à l'idée de puissance, l'autre, abstraite et transcendante, solidement articulée à ce qui devint peu à peu l'idée de nation.

La pratique fut pourtant des plus complexes. Dans un monde de culture féodale, Philippe Auguste sut mettre en avant l'argument vassalique que le faible Louis VII avait d'ailleurs su faire valoir naguère à Henri II qui n'y était pas insensible. La querelle s'envenima lorsque le Plantagenêt ne répondit pas au Capétien qui le convoquait régulièrement devant sa cour, puis lorsque Richard refusa de rendre à Philippe l'hommage dû par tout vassal à son suzerain. On sait également que Jean sans Terre fut dépouillé de ses domaines par le roi de France au vu d'un droit féodal rigoureusement appliqué qui plaça tout à fait normalement le fief de Normandie en commise. On peut surtout penser que Philippe Auguste songeait aussi à autre chose qui, en combinant féodalité et références impériales carolingiennes, se rapprochait déjà beaucoup de l'idée moderne de souveraineté. On dit de lui qu'«il pensait qu'un seul homme [suffisait] pour gouverner le monde» et Giraud de Cambrie le citait ainsi : «Dieu daignera-t-il jamais donner à moi ou à un autre roi de France son état ancien et cette grandeur qu'il avait au temps de Charles[1]?» On perçoit comment la simultanéité des crises aiguise les inventions les plus déterminantes : sur les vestiges de l'Empire carolingien et les émiettements absurdes du système féodal, le roi construit son pouvoir face à un autre,

---

1. Ch. Petit-Dutaillis, *La Monarchie féodale en France et en Angleterre*, Paris, Albin Michel, 1971, p. 210.

de puissance égale, par rapport auquel il doit cette fois se définir et trouver les arguments qui fondent sa légitimité. Coïnci-
dence forte, hasard efficace : le langage qui en découle est en
même temps celui du puissant face à son double qui a besoin
d'un argument suffisamment transcendant pour l'emporter et
s'imposer. Celui forgé par Philippe Auguste emprunte au rêve
d'empire, à la hiérarchie féodale et à l'idée de domaine : c'est
probablement ainsi qu'est née la longue histoire de la fiction
souverainiste.

Fiction? La démonstration n'en est pas encore vraiment
faite. Tout juste voit-on poindre à l'horizon quelques incertitudes
qui ne sont pas seulement des faits de transition. Le XIIIe siècle
anglais révèle comment l'idée d'un royaume souverain n'est
pas entrée dans les mœurs et constitue encore une rhétorique
de circonstance. Irrités par la défaite de Jean sans Terre face à
Philippe et par la pression de l'Église, du pape et de ses légats,
les barons se révoltèrent, imposèrent une Grande Charte et
notamment la limitation des obligations féodales (dont le service d'ost) au seul territoire de l'Angleterre. En même temps,
pour battre en brèche la lenteur et les hésitations de Jean,
ils reprirent les armes et firent appel pour les aider au roi
d'Écosse et au roi de France, qui leur envoya 1 200 cavaliers et
obtint en échange la reconnaissance par les barons rebelles du
prince capétien comme possesseur légitime du trône[1]. Lorsque
Henri III monta sur le trône, les barons lui refusèrent le service
d'ost en France où il voulait être restauré dans sa propre «souveraineté»; en même temps, conduits par Simon de Montfort,
ils surent imposer les provisions d'Oxford (1258) et surtout
celles de Westminster (1259) qui prétendaient interdire au roi
la donation de terres à des étrangers, réservaient les grands
offices aux seuls Anglais et contenaient les abus de la tutelle
royale sur les héritiers des grands vassaux. Quelques années
plus tard, chevaliers et bourgeois participèrent pour la première fois au Parlement. Curieux mélange de conscience nationale en gestation et de souveraineté déjà bafouée par ceux qui
prétendaient l'inventer! L'expérience se renouvela au siècle
suivant, notamment lorsque Édouard III prêta serment d'allé-

---

1. R. Marx, *Histoire de l'Angleterre*, Paris, Fayard, 1993, p. 107.

geance à Philippe de Valois pour ensuite s'opposer à lui, se laissant entraîner dans une guerre de nouveau réprouvée par les barons qui, profitant des faiblesses de leur roi, renforcèrent la réalité de leur pouvoir et la portée de leur représentation. Au total, on voit se dessiner deux types de comportement « prénationaliste » qui, de fait, ne se rencontrèrent jamais. Chez le roi, une volonté jalouse de faire valoir ses droits et la nature ultime de sa puissance face à son « suzerain français », ce qui ne l'empêchait nullement de prêter des serments d'allégeance à celui-ci et de se méfier de la constitution d'une communauté politique anglaise ; chez les barons, l'ardent désir de distinguer un territoire anglais et des institutions propres, ce qui ne leur interdisait pourtant pas de faire appel à des appuis extérieurs et de se désolidariser des guerres menées par la couronne au-delà du Channel[1].

Plusieurs équivoques qui pèsent sur notre époque contemporaine se dessinaient déjà. Instrument d'une stratégie de pouvoir, la souveraineté a du mal à préserver cet absolu et cette vertu transcendante qui font partout sa marque : les processus actuels de clientélisation internationale le suggèrent de façon évidente. Articulée à une posture nationaliste, l'attitude souverainiste révèle ses hésitations et ses ambiguïtés : l'usage balbutiant de la référence nationale ne renvoie pas, dans cet épisode de l'histoire anglaise, aux mêmes buts ni aux mêmes valeurs chez le roi et chez les barons ; mode d'affirmation d'une puissance chez le premier, il s'incarne dans une revendication précontractuelle chez les seconds : à ce titre, il n'est ni source de consensus ni principe unanime de mobilisation. Enfin et surtout, l'exemple anglais montre fort bien comment la construction historique de la souveraineté est en même temps horizontale et verticale, externe et interne : le royaume d'Angleterre revendique sa pleine souveraineté face au roi de France, au pape et très accessoirement à l'empereur, mais parallèlement les barons, puis les chevaliers et les bourgeois entendent ne pas abandonner au seul roi la définition de la puissance ultime et de ses détenteurs. L'abandon des modèles féodaux, impériaux ou théocratiques remet tout en question : la

1. *Ibid.*, p. 113.

problématique stato-nationale qui leur fait suite produit bien une nouvelle configuration du pouvoir dont tous les éléments (internes et externes) sont effectivement solidaires. Solidaires mais non consensuels : aménagements internes et externes peuvent être sources de conflits, tout en agissant et réagissant les uns sur les autres. L'affirmation d'une souveraineté internationale est très clairement indissociable, désormais, de la constitution d'une communauté politique construisant un peuple, selon la formule de Jean-Jacques Rousseau. Le mode de formation de cette communauté, sa capacité de se rapporter à un territoire, la nature des liens qui s'y créent et des relations entre gouvernants et gouvernés pèsent évidemment sur la définition et les performances de la souveraineté externe. On voit déjà se profiler les sources internes du défaut de souveraineté de la plupart des sociétés en développement tout comme les pistes permettant de comprendre ce qui distingue entre elles les prétentions souverainistes des États occidentaux : légitimisme français et pragmatisme anglais, souveraineté populaire ici qui enclenche un nationalisme de mobilisation, souveraineté parlementaire là-bas qui confère à Westminster un rôle d'écran dans la définition des contours et des objectifs de cette souveraineté[1].

L'incertitude sur les moyens se révèle tout aussi prestement, en partie liée à toutes ces équivoques. Là non plus, les difficultés ne s'expliquent pas seulement par un effet de transition. Que vaut la souveraineté d'un État qui ne serait par sûr de ses moyens et de sa capacité de les mobiliser ? Édouard III a besoin d'une décision du Parlement pour contraindre ses sujets à devenir hommes d'armes, tout comme le président des États-Unis doit, ô combien, compter avec le Congrès pour disposer des moyens de sa politique étrangère. Dans un cas comme dans l'autre, le problème est d'abord constitutionnel, mais déborde le domaine intérieur : la souveraineté, avant Bodin, n'est déjà plus cette puissance absolue et indivisible, elle varie dans son intensité en fonction de considérations internes, elle se négocie, se bricole, se partage... Le roi de France dut longtemps renoncer à

1. J. Leruez, *Gouvernement et politique en Grande-Bretagne*, Paris, Presses de la Fondation nationale des sciences politiques-Dalloz, 1989, p. 76-79.

la levée en masse, peu populaire, composant déjà avec le lointain ancêtre d'une opinion publique, tout aussi mutilante de la guerre de Cent Ans jusqu'à Munich... Les milices privées et les armées contractuelles comblaient alors ce déficit de mobilisation, l'Angleterre ayant eu très longtemps recours aux contrats d'endenture qui se diffusèrent ensuite en France puis en Allemagne. On sait que leur rôle était considérable en Italie, les *condottieri* devenant de véritables acteurs des relations internationales dès le XIVe siècle, entretenant des compagnies qui, à l'instar de Fra Monreale, ses 5000 cavaliers et 1500 fantassins, avaient la réputation d'être de véritables «États ambulants[1]». Où était alors le pouvoir ultime? Et où est-il aujourd'hui alors que se reconstituent, notamment en Algérie, mais ailleurs aussi, ces armées privées? Machiavel lui-même se plaisait à poser cette question, soulignant que l'emploi de mercenaires contredisait tout autant la souveraineté et l'intérêt national[2]. En même temps, ces instruments étaient coûteux et devaient être payés, ce qui n'était pas à la portée de tout État et, en tout cas, entravait leur égalité : la remarque doit être faite car elle suggère déjà que, derrière la souveraineté fictive, se profile clairement la réalité de la puissance et de l'inégale capacité des États.

La pratique de la souveraineté révèle aussi les premières manifestations de son double : le monde qui se construit n'est pas encore, tant s'en faut, celui de la responsabilité; pourtant apparaît déjà l'idée d'une obligation morale. Celle-ci est en partie héritée de l'ancien monde : dès le haut Moyen Âge, la crainte de Dieu limitait les actes de dévastation, pillage et massacres[3]. Dès saint Augustin, la distinction entre guerre juste et guerre injuste ouvrait la voie à cette idée transcendante d'obligation qui contenait l'idée même de choix souverain. Avec les Carolingiens, la guerre perdait de sa sauvagerie, tandis que progressait l'idée que celui qui versait le sang devait ensuite se purifier auprès de l'Église[4]. C'est pourtant entre le XIIe et le XIVe siècle,

1. B. Guenée, *L'Occident aux XIVe et XVe siècles : les États*, Paris, PUF, 1971, p. 210.
2. J. Heers, *Machiavel*, Paris, Fayard, 1985, p. 174-175.
3. Ph. Contamine, *La Guerre au Moyen Âge*, Paris, PUF, 1980, p. 422.
4. *Ibid.*, p. 426-428.

dans le contexte qui marquait la naissance même des États souverains, que les théologiens allèrent le plus loin dans la définition d'une obligation morale qui limitait l'action internationale des États : de Rufin à Jean de Legnano, en passant par saint Thomas d'Aquin, l'Église reprenait et approfondissait l'opposition augustinienne entre guerre juste et guerre injuste, tentant ainsi d'imposer un droit qui n'était plus celui de la souveraineté, mais préfigurait les normes d'un droit de l'humanité.

Le résultat obtenu était cependant ambigu. D'abord, par la trêve de Dieu et la paix de Dieu, l'Église condamnait essentiellement la guerre privée, de même qu'elle érigeait en condition première de la guerre juste son déclenchement par un prince doté de l'autorité légitime et dépositaire du bien commun. Cette condamnation claire et sans appel de la violence privée confortait ainsi l'idée de souveraineté plus qu'elle ne la limitait. De même, la pratique s'est révélée plus forte que les bonnes intentions : à mesure que la guerre devenait l'attribut d'un État, la réglementation éthique du comportement des guerriers devenait bien théorique. Ajoutons que l'Église en prenait elle-même son parti et, dans un jeu de puissances auquel elle participait inévitablement, il lui arrivait souvent de bénir les canons et les combattants sans être trop regardante sur l'ampleur des massacres...

Pourtant, ce grand mouvement de pensée a réellement débouché sur des mesures concrètes, au demeurant très contrastées. Dès le XIIe siècle apparaissent en effet les bases éthiques de l'idée de responsabilité : d'abord, les États souverains ont des comptes à rendre sur la nature même des guerres menées. La guerre injuste n'est pas seulement la guerre privée, c'est aussi celle qui n'est pas «nécessaire» (Jean de Legnano), qui n'est pas «méritée» par celui qui en est déchiré, qui n'est pas menée «avec bonté» (Rufin)[1]... La décision d'y recourir ne relève donc pas d'une puissance «ultime et absolue» : théoriquement, elle suppose la satisfaction d'une obligation morale supérieure dont la transgression peut, aux yeux des théologiens, conduire à la désobéissance civile. Elle pourrait aussi impliquer un contrôle : si celui-ci n'est pas formellement prévu, la parole

1. *Ibid.*, p. 448-451.

du pape fait autorité et peut aboutir à l'excommunication. On sait que Charles V comme son adversaire Édouard III eurent à consulter, chacun de son côté, des spécialistes de droit canon avant de se faire la guerre. L'idée de responsabilité vint ainsi très tôt se conjuguer à celle de souveraineté pour soulever, presque immédiatement, les questions très modernes qu'on se pose aujourd'hui : quelle norme est habilitée à contenir universellement la souveraineté des États ? Quelle juridiction est compétente pour en décider, en juger et éventuellement sanctionner les États délinquants ? Comment établir la neutralité de cette juridiction ? L'autodésignation de l'Église a soulevé, au Moyen Âge et aux siècles suivants, des problèmes évidents qui, de toute façon, devenaient insolubles dès lors que se trouvaient impliqués des peuples qui ne relevaient pas de son autorité morale. Le débat est évidemment relancé lorsque l'on constate que le premier type de guerre juste avancé par l'Église est « la guerre romaine », celle qui oppose les fidèles aux infidèles, et à laquelle les théologiens reconnaissent le droit d'outrepasser les règles éthiques imposées aux autres formes de belligérance. Les croisades peuvent ainsi apparaître comme une forme de mobilisation qui ne répond pas à la souveraineté des États mais qui, au contraire, engage directement leur responsabilité entendue ici comme obligation morale supérieure. La nature de celle-ci est pourtant plus complexe qu'il n'y paraît, tandis que son mode de définition soulève des problèmes évidents que l'on ne saurait tenir pour périmés aujourd'hui.

On s'accorde à considérer qu'il ne s'agissait pas d'une « guerre sainte », encore moins d'une conversion forcée de païens à la vraie foi. Ces catégories semblent effectivement étrangères à la théologie chrétienne ou, du moins, à celle qui a généralement prévalu. Il s'agissait en fait de défendre un patrimoine de la chrétienté : les papes avaient ainsi fait appel aux Francs contre les périls de l'invasion lombarde ; au IXe siècle, Charles le Chauve avait dû guerroyer contre les Sarrasins qui menaçaient le successeur de Pierre en Italie[1]. De même les croisades devaient-elles délivrer le tombeau du Christ, lieu éminent de pèlerinage pour les chrétiens ; aussi les appels

---

1. J. Richard, *op. cit.*, p. 15.

successifs à prendre la Croix ne relevaient-ils pas formellement d'une décision souveraine de principe, mais de la participation de chaque puissance de la chrétienté au maintien d'un ordre supposant l'intangibilité du patrimoine de saint Pierre et le respect du royaume du Christ.

On notera pourtant avec intérêt que cet idéal d'ordre ne put jamais s'accorder avec le principe de responsabilité et ne fit en réalité qu'activer les calculs de puissance. Les monarques dirigeant les États émergents acceptaient l'obligation morale de la croisade, en lui appliquant souvent le filtre de l'appréciation souveraine : on sait, en particulier, que Frédéric Hohenstaufen fit sienne l'obligation de se croiser, tout en différant souverainement et de beaucoup le moment de passer à l'acte; Philippe le Bel prit la Croix mais fut dissuadé de partir. Ces décisions restaient fonction de la puissance des princes et de leurs choix stratégiques; l'appel pontifical lui-même n'échappait pas à la règle. Il est difficile d'oublier que la première croisade fut décidée selon des considérations politiques, peu après la séparation de Rome et de Constantinople, et que ces mobilisations venues d'Occident eurent un effet réel et profond sur l'avenir de l'Empire byzantin. Il est, de même, révélateur que cette histoire ait suivi de près la renaissance des pouvoirs temporels : la construction étatique ne diminuait pas l'ascendant moral de la Croix brandie par le pape face aux souverains les plus prétentieux. Frédéric Ier et Frédéric II, Richard Cœur de Lion, Philippe Auguste, Philippe le Bel, les plus grands parmi les inventeurs de la souveraineté étatique, durent tous accepter de se croiser, même si leurs décisions furent parfois reportées.

Certes, cette expérience de responsabilité n'était pas probante, puisqu'elle était engagée par une puissance de la dimension de l'Église, ni neutre ni désintéressée, et de surcroît en rivalité directe avec ceux qu'elle entendait mobiliser. Pourtant, l'essentiel demeure, comme legs d'un passé très évocateur : reçue aussi comme une obligation morale, la participation à la croisade restait clairement soumise à l'arbitrage du calcul de puissance et ne pouvait en aucune manière s'abstraire d'une analyse politique du contexte, des rapports de forces, des intentions prêtées aux uns et aux autres. La raison en était simple et reste intacte aujourd'hui encore : de la souveraineté à la responsabilité, les acteurs sont les mêmes, les espaces et les méthodes d'action sont identiques, les objectifs ne peuvent pas être disjoints, la puissance sous-jacente est faite du même bois. En bref, l'État naissant, consolidé ou sur le déclin, ne change pas de nature selon qu'il se dit souverain ou responsable. Seule peut-être évolue, avec le temps, la cohérence de l'une et l'autre de ces qualités.

CHAPITRE II

Des usages ambigus

La consolidation des États va incontestablement dans le sens d'une souveraineté confirmée. Tout paraît l'indiquer et l'expliquer : le déclin du pouvoir pontifical, la banalisation du pouvoir impérial, l'institution d'un pouvoir monarchique qui liquidait progressivement l'héritage féodal, l'apparition d'un système international qui tendait à s'équilibrer. Logiquement, l'avènement de l'idée révolutionnaire de souveraineté nationale devait parachever tout ce processus : si tous les pouvoirs politiques ont clairement leur source dans la nation, si le roi n'est que le représentant de celle-ci, la puissance ultime célébrée par Bodin gagne en solidité, en absolu, en indivisibilité et en pérennité. Vis-à-vis de l'étranger, elle gagne ainsi en crédibilité et en reconnaissance. La paix de Westphalie et, deux cents ans plus tard, les grandes fièvres nationalistes, puis la paix de Versailles semblent marquer les étapes d'une consécration que rien ne devait plus contrarier. Le XXᵉ siècle était ainsi prédisposé à distribuer au monde la manne souverainiste en amorçant la grande aventure de la décolonisation.

Cette vision tranquillement évolutionniste a des relents de vérité. Les relations internationales gagnèrent évidemment en égalité à mesure que le pape sortait de la scène et que l'empereur devenait souverain dans son seul royaume. De même les terres médiévales devenaient-elles parties d'un territoire bientôt national : elles s'émancipaient des liens personnels issus du droit féodal pour former une totalité inaliénable dont seule la nation tout entière et souveraine pouvait disposer. En attribuant aux États de l'Empire le *jus foederationis*, c'est-à-dire ce droit de passer traité et alliance, la paix de Westphalie ne se contentait pas de rompre avec un passé vieux de sept siècles : elle fondait la vie internationale sur le libre droit (ou presque...) des États à déterminer leur conduite vis-à-vis des autres. Pourtant, cette rigueur chronologique ne résiste pas à l'analyse et les entorses à la souveraineté que l'on voit émerger çà et là révèlent des processus qui ne sont pas simplement transitoires. Les XVIIe et XVIIIe siècles sont parsemés de «guerres de succession» qui s'accordent mal avec l'idéal souverainiste; la Grande Révolution a marqué le triomphe de l'ingérence dont l'évidente banalité constituait le seul point de convergence entre les légitimistes de tous pays et les soldats de l'an II; le XIXe siècle fut celui de la Sainte-Alliance et de la vague des révolutions nationalistes, campant l'une et l'autre la souveraineté dans des conceptions contradictoires qui ôtaient au système international tout espoir de cohérence.

Les guerres de succession s'inscrivent banalement dans les projets hégémoniques de Louis XIV. Ces visées sont elles-mêmes le résultat de la souveraineté émergente : dans un monde libéré d'une organisation hiérarchique et structurée, et livré à un simple rapport de puissances, la recherche hégémonique devient évidemment la règle. Cette observation simple qui fonde l'argumentation réaliste sur le caractère inévitable de la guerre reconstitue l'état de nature préhobbesien et érige la négation de la souveraineté de l'autre en principe durable d'action. L'Histoire montre seulement que cette remise en cause de la souveraineté trouve ses fondements dans les principes qui, à chaque époque, se révèlent sinon les plus légitimes, du moins les plus convaincants. L'époque absolutiste était encore marquée de culture féodale, tandis que la personnalisation de la souveraineté sécrétait un anticorps qui déjà effrayait Jean Bodin : si l'institution n'est pas distincte du monarque, les droits personnels de ce dernier peuvent transcender toutes les autres considérations. La guerre de Dévolution (1667-1668) menée par Louis XIV à la mort de Philippe IV d'Espagne avait ainsi pour objet de revendiquer le Brabant en faveur de Marie-Thérèse, au nom d'un droit de succession censé donner le bénéfice aux enfants du premier lit du roi défunt. Quelques décennies plus tard, la guerre de Succession d'Espagne (1701-1714) témoigne d'une pratique d'ingérence beaucoup plus marquée : l'empereur Léopold Ier refusait de reconnaître le testament de Charles II qui instituait Philippe V, petit-fils de Louis XIV, comme successeur et réclamait le trône d'Espagne pour son fils, l'archiduc Charles. Dans ce type de conflit, l'idée de souveraineté était triplement mise au défi. La dévolution du pouvoir dans le royaume espagnol devenait l'affaire de l'Europe tout entière : face à la France, toute une coalition se mobilisait pour soutenir la candidature de Charles (l'Empire, l'Angleterre, les Provinces-Unies, les princes allemands, la Savoie et le Portugal). En fait de pouvoir ultime, celui qu'incarnait l'Espagne sur la scène internationale était conçu par ses partenaires comme personnalisé, dynastique, déconnecté de l'État et de ses institutions, c'est-à-dire de la «République» selon la conception de Bodin deux siècles auparavant, lorsque précisément il s'insurgeait contre les ingérences espagnoles dans la guerre de Religion qui frappait la France. Dans ce débat qui dégénéra rapidement en guerre, les sources du conflit dynastique mêlaient enfin le dedans et le dehors sans que les Pyrénées distinguent jamais le vrai du faux, le légitime de l'illégitime, la parole autorisée de celle qui ne l'est pas. Cette guerre fut un banal conflit de puissance, comme l'attestent les circonstances directes de son déclenchement, lorsque Guillaume III s'irrita de l'ouverture des colonies espagnoles au commerce français. Elle opposait clairement deux visées hégémoniques, celles de la France et de l'empire Habsbourg : elle alimentait ainsi le jeu de puissance en disposant du pouvoir institué en Espagne ; elle faisait de la remise en cause de sa nature ultime l'élément d'arbitrage entre les puissances rivales. L'Europe était pourtant entrée depuis plus d'un demi-siècle dans l'ère westphalienne[1]...

Le comble était peut-être atteint par les pratiques dégénérescentes des empires, et en particulier par le problème ouvert

---

1. Sur l'ambiguïté de cette étape westphalienne, cf. T. Munck, *Seventeenth Century Europe. State Conflict and the Social Order in Europe, 1598-1700*, Londres, Macmillan, 1990.

lors de la succession de Charles VI : dès 1717, l'empereur décida d'ériger sa fille Marie-Thérèse en héritière de l'ensemble de ses États, et s'empressa d'obtenir la ratification de ce choix par les différentes assemblées de l'Empire, ainsi que par la Diète de Hongrie. Mais il est surtout remarquable que Charles VI se résolût à envoyer des émissaires auprès des différentes cours européennes afin d'obtenir leur adhésion[1] : dans ce siècle postwestphalien, la puissance impériale devait ainsi obtenir l'assentiment des États étrangers pour régler des problèmes de dévolution du pouvoir. On sait que l'Angleterre put approuver ce choix quatorze ans plus tard, en 1731, tout en le soumettant à des conditions qui limitaient les options matrimoniales de Marie-Thérèse et en excluaient les princes de grandes dynasties européennes. Remarquons à cette occasion que Jean Bodin avait eu une intuition très forte lorsqu'il faisait de la dépersonnalisation du pouvoir une condition déterminante de la pleine souveraineté : les alliances dynastiques étaient évidemment attentatoires à la sécurité des États qui n'y participaient pas ; réduisant ainsi leur puissance et, par ricochet, leur souveraineté, elles les conduisaient à revendiquer banalement un droit de regard sur les modes d'attribution de la couronne.

Cette légitimité acquise de fait et admise parmi les mœurs internationales érigeait l'ingérence dans les affaires dynastiques en instrument ordinaire d'action diplomatique et en moyen courant d'accroître unilatéralement la puissance des États concernés. La France put prendre ainsi fait et cause pour la Bavière qui contestait la sanction de Charles VI et opposait à Marie-Thérèse la candidature de sa propre reine, fille de Joseph Ier ; la Prusse soutenait de son côté la sœur de celle-ci qui régnait sur la Saxe. La guerre qui en dériva combinait alors des traits contradictoires. Parfaitement «westphalienne», elle opposait des États rivaux, orchestrait un rapport de puissance et aboutissait à des rectifications territoriales qui abandonnaient la Silésie au roi de Prusse, remettait pour un temps les Pays-Bas à la France et certaines cités italiennes à l'Espagne ;

---

1. G. Castellan, *Histoire des peuples d'Europe centrale*, Paris, Fayard, 1994, p. 145.

mieux encore, elle mettait en place un nouveau rapport de forces en Europe qui conduisit l'Angleterre à s'allier à une Autriche affaiblie et qui, après le traité d'Aix-la-Chapelle, amena le comte von Kaunitz, nouveau chef de la diplomatie autrichienne, à rechercher l'alliance française puis à s'efforcer d'isoler la Prusse devenue trop forte et trop dangereuse. En même temps, cette rivalité de puissances souveraines dissimulait mal les vrais enjeux qui touchaient cette fois à la dévolution du pouvoir : les défaites autrichiennes favorisèrent l'élection de Charles-Albert de Bavière qui devint empereur en 1741 sous le nom de Charles VII. De même, la mort de ce dernier et la réconciliation de la cour d'Autriche avec l'électeur de Bavière permirent l'élection de François Ier, époux de Marie-Thérèse, au trône impérial.

On pourrait porter le même regard sur d'autres événements qui jalonnèrent l'histoire du XVIIIe siècle et analyser de façon comparable les guerres de succession de Pologne (1733) ou de Bavière (1778-1779). On pourrait rappeler à cette occasion que l'Empire n'était pas tout à fait mort en 1648, et noter que la méthode impériale ne cesse jamais de produire de l'ingérence, s'appuyant ainsi sur cette part d'universel qui fonde sa légitimité. L'Histoire n'y peut d'ailleurs pas grand-chose : les empires qui se succédèrent en Europe se firent un devoir d'intervenir chez les autres dès qu'il était question de dévolution du pouvoir, jusqu'à l'Empire soviétique qui était présent pour régler toutes les successions au sein des démocraties populaires. Et que dire des empires coloniaux et postcoloniaux ?

Les empires ont rarement ménagé la souveraineté des autres, mais l'inverse est plus inattendu ; le XVIIIe siècle scelle une tentation qui a souvent traversé la scène européenne : on rend au Saint-Empire la pareille. Si celui-ci se pare d'universalité, ses affaires sont également celles de tous et chacun est investi du droit de regard sur les modes internes de dévolution du pouvoir. C'est ici peut-être que la conjoncture est dépassée et que l'on retrouve, presque sans fard, un problème de fond : sans s'embarrasser du droit et de sa rhétorique, les princes européens avaient fort bien compris que l'intérêt et la sécurité de chaque État commençaient bel et bien à se construire à la racine même de la puissance, dans le choix des titulaires du pouvoir institutionnel, dans les conditions mêmes de formation des vies politiques intérieures. Ils avaient compris aussi qu'une diplomatie efficace s'élaborait dans ce va-et-vient permanent entre affaires intérieures et étrangères et dans l'aptitude à ne pas laisser échapper les occasions ouvertes par toute crise de succession, toute vacance du pouvoir, toute incertitude pesant sur l'évolution du régime voisin. Face à la sécurité menacée ou aux exigences de puissances, la souveraineté de l'autre ne pèse pas lourd et redevient ce qu'elle a toujours été : une fiction utile quand il s'agit de revendiquer des droits et encombrante quand elle prétend organiser un ordre dans la durée.

Le débat sur la succession avait, au XVIIIᵉ siècle, une légitimité qui tenait alors à la prégnance de formules traditionnelles d'autorité. Il a perdu aujourd'hui une bonne partie de cette qualité et peut difficilement servir de point d'appui aux pratiques d'ingérence et au contournement de la souveraineté. Les guerres de succession déguisées ne manquent pourtant pas dans le monde contemporain : la guerre du Cambodge menée à l'initiative du Viêt-nam en 1979 visait clairement à peser sur les mécanismes de dévolution du pouvoir en pays khmère. Les guerres d'Angola, du Mozambique et certains épisodes de la guerre du Liban s'inscrivent dans la même veine, au même titre que les interventions soviétiques en Hongrie et en Tchécoslovaquie, américaines à Grenade ou au Panama, françaises au Gabon, en Centrafrique, au Tchad. On peut y inclure également les interventions onusiennes en Haïti et celles des forces interafricaines au Liberia. On prendra enfin en considération toutes les formes d'intervention indirecte, qu'il s'agisse de coups d'État fomentés à l'instigation de puissances, grandes ou moyennes, ou de guerres civiles implicitement alimentées par des tiers, à l'instar de celles du Rwanda (1993), du Zaïre (1997) ou, pour changer de continent, en Afghanistan et au Tadjikistan...

Ce glissement de légitimité a cependant ouvert la voie à un autre type d'ingérence. La remise en cause des modes traditionnels de dévolution de pouvoir et les progrès accomplis par l'idée de souveraineté, à la faveur notamment de la Révolution française, ont autorisé des pratiques internationales nouvelles promouvant l'idée de démocratie pour en faire un idéal

universel. Celles-ci ont en contrepartie conféré une vigueur
retrouvée au messianisme légitimiste qui s'épanouit avec la
Sainte-Alliance, au-delà de tout respect de la souveraineté.

Ce bouleversement se traduit bien par un renouvellement
en profondeur du droit international. Le message de la Révolution est clair : la souveraineté appartient à la nation et celle-
ci est constituée par la volonté libre des peuples d'adhérer à un
pacte social. Dans ces conditions, l'Assemblée constituante
dénonçait, dès le 22 mai 1790, le droit de conquête qui perdait
toute légitimité et ne pouvait plus servir de fondement à l'action diplomatique. La mise en application de ces principes n'a
pas tardé : l'Assemblée dut faire face aux récriminations des
«princes possessionnés», c'est-à-dire de ces princes allemands
qui disposaient de vastes domaines en Alsace et qui se considé-
raient comme lésés par les actes législatifs de la Révolution. La
réponse élaborée par la Constituante lors de ses débats d'octobre et de novembre 1790 était clairement annonciatrice
d'une attitude nouvelle : le peuple alsacien est français non pas
sous l'effet de «parchemins diplomatiques», de «conventions»
ni du traité de Munster, mais «parce qu'il l'a voulu», qu'il a
manifesté sa volonté d'adhérer au pacte social, notamment en
participant à la fête de la Fédération le 14 juillet 1790[1]. La
même idée prévalut lorsque Avignon vota, le 12 juin 1790, son
rattachement à la France. Surmontant ses hésitations, l'Assemblée constituante décida l'année suivante d'occuper Avignon et
le Comtat Venaissin ainsi soustraits à l'autorité pontificale. La
rupture était forte : non seulement la souveraineté se déplaçait
de la volonté des princes à celle des peuples mais, sur le plan
international, elle semblait même aller jusqu'à légitimer le
droit d'annexion.

En réalité, une longue aventure était en train de s'amorcer.
L'idée de souveraineté validait désormais celle du droit des
peuples à disposer d'eux-mêmes qui ne quitta plus jamais la
scène internationale. Telle qu'elle était esquissée par la Constituante, la thèse semblait impeccable, même si elle faisait déjà
trembler les princes. L'identité du souverain avait changé, les

1. Cf. A. Soboul, *Histoire de la Révolution française*, Paris, Gallimard,
1962, tome I, p. 258.

conditions internes de dévolution du pouvoir étaient bouleversées : la signification internationale de la souveraineté s'en trouvait logiquement transformée, selon une syntaxe qui semble prolonger les aspirations de Jean Bodin et de ceux qui entendaient distinguer la souveraineté de la personne du prince. Désormais, seule la communauté politique – c'est-à-dire le peuple constitué – était consubstantielle de la souveraineté. Pourtant, l'actualité de la Révolution soulevait déjà de délicats problèmes : qu'est-ce qu'un peuple ? Comment se constitue-t-il ? Quelle juridiction peut en juger ? Dans quelle mesure la volonté manifestée plus ou moins clairement par un peuple autorise-t-elle un autre à intervenir ? Peut-elle, par ailleurs, susciter une obligation et ouvrir ainsi une voie nouvelle à l'hypothèse d'une responsabilité internationale des États ? Surtout pointait à l'horizon l'idée que la souveraineté ne valait que par la reconnaissance qu'on lui portait, chaque État devenant potentiellement juge de la conformité de la vie internationale au droit des peuples à disposer d'eux-mêmes. Si la souveraineté n'est plus seulement affaire de puissance constatée mais aussi de droit respecté, sa réalité dépend désormais de l'appréciation portée sur l'effectivité de ce respect : la vie internationale se transformait ainsi en une confrontation de rhétoriques et de prétentions fondées sur des interprétations différentes du droit...

Les problèmes auxquels était confrontée la France révolutionnaire illustrèrent peu à peu ces difficultés toutes théoriques. On pouvait difficilement contester à la population avignonnaise sa volonté de rattachement à la France puisqu'elle l'exprima par un vote. En revanche, la volonté souveraine du peuple alsacien n'était que présumée dès lors qu'elle n'était attestée que «par sa participation à la fête de la Fédération». L'embarras de la Constituante, sa lenteur à répondre aux «demandes» du peuple avignonnais révèlent par ailleurs la difficulté de situer cette manifestation souveraine des peuples entre le droit et l'obligation. Les événements qui firent suite confirment ces incertitudes. Les débats qui se déroulèrent à l'Assemblée révélèrent combien tous ces thèmes étaient évolutifs : on passait aisément, avec Brissot et les partisans de la guerre, du droit des peuples à disposer d'eux-mêmes au devoir d'assistance à l'égard des peuples opprimés. Face aux idéaux révolutionnaires qui se répandaient un peu partout en Europe, en Belgique, en Suisse, en Rhénanie, en Savoie, à Naples et jusque dans les Pays-Bas autrichiens, sous la pression aussi des réfugiés étrangers vivant de l'idéal de 1789, le parti de la Révolution était facilement amené à conjuguer le thème du droit des peuples et celui de la solidarité, l'idée moderne de souveraineté et celle d'intervention. Même si la liaison n'était pas incontestable, même si Robespierre rappelait, dans son célèbre discours du 2 janvier 1792, qu'il était extravagant de penser « qu'il suffit à un peuple d'entrer à main armée chez un peuple étranger pour lui faire adopter ses lois et sa Constitution ». Personne, ajoutait-il, « n'aime les missionnaires armés » [1]. De toute façon, ce glissement avait déjà quelque chose de suspect : Brissot voulait autant la guerre pour promouvoir le droit des peuples que pour consolider la Révolution en France... et pour amener le roi à se dévoiler.

Cette combinaison complexe d'idéalisme et de réalisme se retrouve du côté des rois et souligne l'ambiguïté croissante qui pèse sur l'approche classique de la souveraineté. L'ingérence paraissait de règle puisque la Révolution bousculait le droit féodal et malmenait les dynasties. Le principe souverain perdait sa transcendance dès lors que le régime monarchique risquait de s'écrouler : la mobilisation contre-révolutionnaire confirmait *a posteriori* que la souveraineté construite à la fin du Moyen Âge n'était bien que l'aménagement rhétorique de la volonté d'émancipation du roi face au pape et à l'empereur. Aussi Catherine II appelait-elle à « détruire l'anarchie française » et trouvait des échos enthousiastes auprès des rois de Prusse, de Suède et de Sardaigne. Le roi d'Espagne, dès 1791, levait des troupes pour contenir le long des Pyrénées la « peste française ». Léopold II d'Autriche pouvait, au commencement de l'histoire, faire mine de disqualifier l'opération d'ingérence qui se préparait et, à l'unisson de l'Angleterre, flatter la souveraineté française afin de déguiser habilement son ardent désir d'affaiblir la plus menaçante des puissances rivales en la livrant

1. F. Furet et D. Richet, *La Révolution française*, Paris, Hachette, « Pluriel », 1986, p. 149.

précisément à la peste et à l'anarchie. La responsabilité de
l'empereur à l'égard de son semblable, beau-frère de surcroît,
était aussi illusoire que le respect qu'il semblait ainsi porter au
principe de souveraineté. Dans son sens ancien, celui-ci n'existait plus dès lors qu'on tentait de l'appliquer à la France ; dans
son sens moderne, il n'était probablement pas compris et était,
de toute façon, honni…

Ce sont donc bien les nécessités créées par la fuite de
Varennes qui favorisèrent l'un des premiers manifestes solen-
nels d'ingérence. Ni solidarité monarchique ni responsabilité
internationale : la déclaration de Pillnitz, signée le 27 août 1791
par l'empereur et le roi de Prusse, révélait un compromis labo-
rieux entre le désir réaliste de ne pas s'immiscer dans les
affaires françaises et l'incapacité d'un système international
essentiellement monarchique d'échapper au devoir d'ingérence : «Sa Majesté l'empereur et Sa Majesté le roi de Prusse,
ayant entendu les désirs et les représentations de Monsieur et
de Monsieur le comte d'Artois, déclarent conjointement
qu'elles regardent la situation où se trouve actuellement le roi
de France comme un objet d'intérêt commun pour tous les souverains d'Europe.» On assiste bien à l'accomplissement d'une
histoire : le royaume de France n'est souverain qu'à travers la
personne de son roi. En même temps se révèle une autre leçon :
tout système international construit sur des valeurs partagées
confère à celles-ci une force transcendante qui continue à sur-
classer le principe de souveraineté, même lorsqu'il est davantage institutionnalisé. Mais peut-être devine-t-on déjà le fin
mot de l'affaire : seul l'arbitrage intéressé des acteurs et de
leurs stratégies décide de la manière dont ces principes devront
être réalisés. Pourtant Brissot ne se trompait probablement pas
lorsque, quelques mois plus tard, il affirmait que «[c'était] à la
souveraineté nationale que les tyrans déclaraient la guerre[1]»:
la contradiction des valeurs était trop nette et trop évidente
pour que l'enchaînement belligène des événements et des discours ne débouchât pas sur la confrontation et surtout sur la
valorisation, dans l'un et l'autre camp, des vertus de l'ingérence. Écoutons de nouveau Brissot parler à l'Assemblée le

---

1. *In* A. Soboul, *op. cit.*, p. 290.

31 décembre 1791 : «Le moment est venu d'une nouvelle croisade ; c'est une croisade de liberté universelle.» Lisons la lettre que Louis XVI aurait écrite, quelques jours plus tôt, au roi de Prusse : «Je viens de m'adresser à l'empereur, à l'impératrice de Russie, aux rois d'Espagne et de Suède et je leur présente l'idée d'un congrès des principales puissances d'Europe, appuyé d'une force armée, comme la meilleure manière d'arrêter ici les factieux, donner les moyens de rétablir un ordre des choses plus désirable et empêcher que le mal qui nous travaille puisse gagner les autres États de l'Europe[1].» Louis accepta même, dit-on, de dédommager son correspondant pour les frais qu'il lui occasionnait par sa requête. La reine, quant à elle, dans un célèbre billet qu'on lui attribue, où elle traitait d'imbéciles les révolutionnaires partisans de la guerre, se réjouissait d'un enchaînement conduisant «enfin» toutes les puissances à «s'en mêler» pour «défendre les droits de chacun». Reprenons enfin le texte de l'ultimatum que la Législative voulut souffler au roi afin de demander à l'empereur «s'il renonçait à tout traité et convention dirigés contre la souveraineté, l'indépendance et la sûreté de la nation». Au-delà des initiatives et des manœuvres du roi ou des girondins, cette opposition forte entre deux significations données à l'idée de souveraineté créait ainsi une logique de l'intervention : il faudra s'en souvenir au moment d'étudier certains conflits contemporains opposant des cultures distinctes ; il faudra aussi en tenir compte pour interpréter le lent glissement de la Guerre froide vers la coexistence pacifique et pour comprendre cet étrange maintien de la paix qui accompagna la réhabilitation cynique, complexe et parfois choquante de la fiction souverainiste après le dernier conflit mondial, sur un mode assez habilement bricolé et suffisamment composite pour créer les conditions d'un consensus minimal et stabilisateur entre l'Est et l'Ouest.

Pour l'heure, la «Patrie en danger» se mobilisait contre ceux qui, aux dires de Brissot, s'étaient armés contre notre Constitution et qui avaient «horreur de la liberté». Cette définition aurait pu s'appliquer, quelques décennies plus tard, à la

---

1. Cité *in* A. Mathiez, *La Révolution française*, Paris, Armand Colin, 1964, tome I, p. 190.

Sainte-Alliance qui organisait le système européen une fois refermées les parenthèses de la Révolution et de l'Empire napoléonien. Les élans mystiques du tsar Alexandre Ier, allié au roi de Prusse et à l'empereur catholique, débouchèrent sur un engagement collectif à gouverner «suivant les enseignements des Saintes Écritures». Le système mis en place, progressivement incarné par Metternich, était à la hauteur de la réputation acquise par le chancelier «prince des ténèbres» : non seulement était restaurée la conception classique de la souveraineté, mais l'alliance devenait aussi, pour cette raison, un instrument direct et avoué d'ingérence, destiné à étouffer, par sa diplomatie ou son armée, toute velléité libérale en Europe. Qu'on en juge : en 1820, réuni à Troppau, ce premier concert de puissances avalisa le principe de l'intervention légitime échafaudé par Metternich; deux ans plus tard, à Vérone, la France se vit investir du droit d'intervenir en Espagne, ce qui conduisit à l'occupation de Madrid et à la prise du Trocadéro par les armées de Louis XVIII qui permirent à Ferdinand VII de se livrer à une répression choisie...

Cette belle époque de l'ingérence fut pourtant de courte durée, même si le système de Metternich s'efforça de la prolonger jusqu'en 1848. Significativement, l'Angleterre refusa d'y adhérer, lui opposant progressivement une diplomatie libérale qui habilita peu à peu le principe de la non-ingérence et une vision souverainiste de la vie internationale : Canning sut, dès 1825, déjouer les projets interventionnistes de la Sainte-Alliance qui voulait remettre au pas les colonies espagnoles d'Amérique latine. Pragmatique plus qu'idéaliste, la diplomatie anglaise savait qu'un véritable équilibre entre puissances supposait que chacune d'entre elles s'abstînt d'intervenir chez l'autre et se retînt ainsi de tout avantage unilatéral susceptible de renforcer son hégémonie. Idée forte, alors que les mouvements nationalistes étaient en plein essor, risquant ainsi d'affaiblir les empires continentaux et d'offrir une prime facile aux diplomaties libérales. Aussi Canning sut-il aller beaucoup plus loin que Castlereagh, en édictant dans un discours prononcé aux Communes le 14 avril 1823 un véritable manifeste de la souveraineté fondé sur la «sainteté des traités», «le respect des nations indépendantes», «la considération de

l'honneur et des intérêts de [son] pays[1]»... Dix-huit ans plus
tard, la thèse était confirmée par Palmerston qui reconnaissait
à «chaque nation» le droit de «résoudre à son gré les questions internes»... Seul l'intérêt de l'Angleterre ou de ses ressortissants pouvait justifier une intervention militaire où que
ce soit dans le monde. Choix visionnaire d'un État qui savait
fort bien le coût représenté par l'interventionnisme metter-
nichien; on n'était plus au XVIIIe siècle : le système mondial
qui se mettait en place appelait d'autres investissements et
méritait qu'on laissât aux peuples européens le soin de décomposer les empires continentaux exsangues. Les contradictions
feraient le reste : la France et l'Angleterre soutinrent discrète-
ment la Russie lorsque le tsar encouragea la Révolution
grecque jugée effrayante et ignominieuse par Metternich. De
même encourageait-on les premières révoltes populaires
fomentées contre les Turcs par les Serbes. Les Trois Glorieuses
inscrivirent la France dans cette diplomatie libérale, tandis que
la Révolution triomphait en Belgique et que les idées nouvelles
progressaient en Espagne et au Portugal.

Cette nouvelle diplomatie de la non-intervention compor-
tait pourtant des risques. Grâce à elle, Metternich put à loisir
intervenir et réprimer en Allemagne comme en Italie; la Russie pouvait sans grand danger écraser l'insurrection polonaise
et raffermir son alliance avec la Prusse et l'Autriche. Tout au
long du XIXe siècle, l'Europe fit aussi l'apprentissage de la
duplicité du principe souverainiste : les progrès de l'idée de
souveraineté nationale flattaient le droit des peuples à disposer
d'eux-mêmes tout en laissant aux États le droit de réprimer
chez eux. La diplomatie ne pouvait que très difficilement surmonter cette contradiction qui paraît pourtant simple, criante
et par trop cynique. Il s'agissait bien de créer un système international capable de s'émanciper des conceptions dynastiques
et mystiques de la Sainte-Alliance, et donc de donner un sens
aux frontières, aux institutions nationales, à la distinction de
l'interne et de l'externe; l'Angleterre libérale répondait peut-
être mieux aux exigences de ce programme que la France révolutionnaire qui céda très vite aux tentations du messianisme,

1. R. Marx , *op. cit.*, p. 413-414.

tandis que les empires ne pouvaient que difficilement s'en accommoder.

L'intelligence – peut-être à courte vue – du système bismarckien fut d'en tirer parti, dans les décennies qui séparèrent l'unification allemande de la Première Guerre mondiale[1]. La diplomatie du chancelier visait, comme on le sait, à protéger le *statu quo* de 1871 et à dissuader notamment la France de prendre sa revanche. L'alliance des trois empereurs se nourrit ainsi d'un réalisme qui n'a plus grand rapport avec la Sainte-Alliance : il s'agit désormais de gérer et de maintenir un équilibre de puissances garantissant la stabilité de la carte politique de l'Europe. La vie internationale évolue de façon remarquable : il n'est plus question de valeurs, de régimes ni de droit, mais d'acteurs froids qui n'ont plus grand-chose de commun, sinon, tente de leur expliquer Bismarck, l'intérêt de conserver un ordre qui leur est communément favorable. Par rapport aux professions de foi de Canning ou de Palmerston, d'étranges convergences pouvaient parfois apparaître : il n'est certes plus question de nation ni d'ordre international, mais d'un état de fait fragile que l'on peut protéger en acceptant de coexister avec l'autre, et de créer les conditions d'une entente minimale. Cette pratique non seulement suscita de multiples traités (alliance austro-allemande, traité des Trois Empereurs, Triple Alliance), mais façonna surtout un système international à l'échelle européenne, dominé par l'initiative de l'Allemagne vainqueur et qui ordonnait le jeu diplomatique de tous les États du Vieux Continent. Nul doute que l'idée de souveraineté s'en trouvait précisée, infléchie, tout en conservant cette étrange ambiguïté dont décidément elle ne parvenait pas à se départir. Désormais, souveraineté signifie reconnaissance de l'interlocuteur dans son sens le plus positiviste : chaque État du système européen est souverain puisqu'il est reconnu comme détenteur du pouvoir ultime. Telle était bien l'obsession de Bismarck en faisant de la pérennisation des trois empires son principal objectif et en donnant l'absolue priorité à l'alliance austro-allemande : l'Allemagne quêtait bien la reconnaissance

1. P. Renouvin, *Histoire des relations internationales*, Paris, Hachette, 1955, tome 6, p. 26 *sq*.

de son destin impérial, cherchant à maîtriser autant que possible les pulsions nationalistes et pangermanistes ; l'Autriche attendait du système international qu'il lui reconnût son droit à demeurer tel quel, au-delà de ses incapacités à se réformer, à se fédéraliser et à contenir les revendications de ses groupes nationaux, polonais, tchèques, croates, slovènes, bosniaques, serbes et mêmes hongrois, moyennement satisfaits de la structure dualiste.

Or le système bismarckien favorisa bien un temps cette reconnaissance froide, inaugurant un usage réaliste de la souveraineté qui reprit du service au temps de la Guerre froide, lorsque survivait le système soviétique. Cet agencement de puissances, d'équilibres, de valorisation du *statu quo* commandant une politique conjoncturelle de paix conférait à l'acteur étatique une sorte de dignité hobbesienne : celle du monstre froid avec lequel il faut s'entendre dans une jungle d'où sont absentes les valeurs, les normes, les juridictions d'arbitrage. Cette souveraineté reconnue permit à l'Empire austro-hongrois de se maintenir et même de se faire accepter dans un concert qui aurait pu cependant le marginaliser, voire hâter sa décomposition. Le système laissait prudemment de côté l'un des autres versants de la souveraineté : le droit des peuples et celui des nationalités. La reconnaissance ne portait pas sur le droit mais sur la puissance : de même qu'aucun État ne contraria la répression allemande contre les Polonais de Posnanie et de Haute-Silésie, ni les violences russes contre les partisans de Dmovski puis de Piłsudski, l'Autriche ne fut inquiétée ni dans ses initiatives contre le mouvement tchèque, ni dans sa lutte contre les multiples mobilisations serbes ou croates, ni davantage lorsqu'elle traquait les irrédentistes du Trentin groupés autour de Cesare Battisti. Londres et Paris acceptèrent, de la même façon, l'annexion par l'Autriche de la Bosnie-Herzégovine, le 5 octobre 1908, l'Angleterre se contentant d'afficher un «appui diplomatique» à la Russie, la France constatant que l'empire du tsar n'était pas menacé dans ses «intérêts vitaux» : la grammaire souverainiste, dans sa nouvelle version, fonctionnait parfaitement...

Il n'est pas surprenant que la faille de ce système ait directement favorisé une relecture des principes qui le fondaient. La

Première Guerre mondiale était en même temps le point d'aboutissement de cette construction souverainiste et le contexte favorable à sa révision. Nul doute que la rigueur des systèmes bismarckien et postbismarckien empêcha une mutation progressive des systèmes impériaux tandis que l'alliance franco-russe rendait cet immobilisme belligène : preuve était peut-être faite que ce souverainisme froid devenait porteur d'insécurité lorsqu'il n'était pas corrigé par des processus sociaux internes ou transnationaux suffisamment puissants pour amender progressivement le système. Apparaît ici l'une des différences majeures, distinguant l'évolution du système européen bismarckien du système bipolaire qui se forgea à partir de 1945 : dans le premier cas, la guerre s'est alimentée des contradictions d'une conception absolutiste de la souveraineté froide tandis que, dans le second, elle a été partiellement déjouée par l'effet contrariant des flux transnationaux, par la pression du marché, et surtout l'essor des communications.

La relecture forte qui a dérivé de la guerre s'est d'abord cristallisée dans le wilsonisme [1]. C'est bien le système bismarckien qui est mis en cause : l'hégémonie d'un État ne saurait être contenue par une politique d'équilibre de puissances qui s'est révélée en même temps source de guerre et négation du droit. Woodrow Wilson, en bon professeur de droit constitutionnel, incrimine les régimes militaristes, la diplomatie du secret, la mise à l'écart du public dépourvu de tout contrôle sur la politique étrangère. La *Realpolitik* est condamnée, entraînant dans sa chute cette conception froide d'une souveraineté coupée des peuples et de leurs droits. Les célèbres «quatorze points», énoncés par le président américain le 8 janvier 1918 et martelés tout au long de la dernière année du grand conflit mondial, ont bel et bien construit un «ordre international» sur une définition nouvelle de la souveraineté, faite ici d'idéalisme et de confiance dans des proportions suffisamment fortes pour que cette nouvelle version nous engage vers une nouvelle fiction.

---

1. Cf. notamment Ch. Zorgbibe, *Wilson : un croisé à la Maison-Blanche*, Paris, Presses de Sciences-Po, 1998, p. 235 *sq.* ; p. 289 *sq.* ; N. G. Levin, *Woodrow Wilson and World Politics*, New York, 1968.

Les composantes de cette construction sont évidentes : en pleine ascension économique, les États-Unis donnent au monde, par l'intermédiaire de leur président, une leçon de libéralisme ; marqué par sa formation et par ses engagements démocrates, l'homme en appelle aux «droits imprescriptibles» pour favoriser la solution des conflits et des tensions. Quand Wilson proclame la paix par le droit et par la liberté, on se croirait revenu à Grotius : mais c'est, cette fois, un acteur politique, qui plus est président d'une des principales puissances du monde, qui s'exprime. Les visions du philosophe sont désormais reprises par l'homme de pouvoir qui dit se méfier de la puissance : la souveraineté, nouvelle manière, entre par la grande porte dans l'ère de la mondialisation. Il serait naïf de croire que, ce faisant, elle renonce à ses contradictions.

La guerre hispano-américaine avait déjà inspiré à Wilson des propos quelque peu ambigus sur les vertus de l'expansion et de l'ouverture : l'exportation, l'expansion maritime n'étaient pas seulement sources de prospérité économique mais aussi facteurs de diffusion de la civilisation américaine, des valeurs démocratiques et libérales [1]. Vers les Antilles, vers le Pacifique et même en direction de l'Extrême-Orient, une œuvre d'éducation des peuples devenait légitime. L'argument est piégé, le constitutionnaliste le sait : l'expansion ne devait donc pas déboucher sur la possession de territoires annexés ou colonisés, ni devenir un instrument d'exploitation des peuples entre les mains des banques et des grands groupes financiers. La mondialisation que Wilson présentait avec optimisme ne serait donc pas l'ennemie de la souveraineté mais au contraire un moyen permettant d'accélérer le désenclavement des peuples et de hâter leur émancipation.

L'annonce des quatorze points vante alors l'association de tous les peuples du monde et les vertus de l'intégration : «la justice ne peut régner chez nous que si elle règne en même temps chez les autres». La souveraineté ne renvoie plus aux intérêts vitaux bismarckiens mais à une mystérieuse convergence qui crée les conditions d'un intérêt commun à tous. La grande aventure du XXe siècle mondialisé part peut-être de ce

---

1. P. Renouvin, *op. cit.*, p. 316.

postulat : la souveraineté des peuples prime tout autre principe, pourvu que d'elle-même elle inspire la concorde et même le consensus. Le wilsonisme veut inverser le cours de la logique souverainiste : bien comprise, elle doit conduire à la justice et à la paix et non à août 1914.

Cette bonne compréhension doit s'imposer à la lecture de chacun des points énoncés en janvier 1918. La liberté de navigation, la suppression des barrières douanières, l'établissement d'un commerce sinon libre du moins équitable ont la priorité sur l'affirmation même du principe de souveraineté. Celle-ci n'est donc pas économique et s'inscrit clairement dans un contexte mondial qui ne s'abandonne pas à cette juxtaposition pernicieuse de puissances ultimes qui pouvait rappeler l'ancien monde. Le mot «souveraineté» apparaît en revanche dans le cinquième point qui amorce une critique prudente du colonialisme en demandant que l'on tienne compte désormais des «intérêts des populations». De même, la Russie doit décider seule de son destin, la Belgique être restaurée dans sa souveraineté, les peuples d'Autriche-Hongrie avoir la liberté de se construire en nations autonomes, les territoires roumain, serbe et monténégrin être «évacués», «remis en état» et «libérés», les territoires turcs jouir d'une souveraineté intégrale, un État polonais indépendant être créé…

Ce manifeste exalte clairement le droit des peuples à disposer d'eux-mêmes, jusqu'à en faire un synonyme de souveraineté. Il introduit en même temps deux énormes ambiguïtés qui feront carrière. La première apparaît très vite derrière un universalisme de façade : toute collectivité qui s'autorevendique semble, dans l'esprit du président américain, constituer tout naturellement un peuple aspirant à être souverain et capable de se construire comme tel. Les quatorze points accordent cette qualité à la Belgique, État-nation pluriculturel, construit au XIXᵉ siècle, comme à la Pologne, plusieurs fois rayée de la carte, aux différents «peuples» d'Autriche-Hongrie ou à ceux intégrés dans l'Empire ottoman. L'auteur hésite ainsi entre une construction purement politique de la nation, qu'il applique à la Belgique, et une conception ethnique qui transparaît notamment lorsqu'il fait mention des «populations d'origine indiscutablement polonaise» (13ᵉ point). L'adverbe était de trop, sous-entendant une conception de la nation aussi périlleuse que contestable; il était pourtant nécessaire dès lors qu'on construisait la souveraineté sur une rhétorique des peuples, donnés par l'Histoire et la culture, pensés comme naturellement propriétaires de territoires dont on oubliait qu'ils pouvaient être aussi revendiqués par d'autres. L'idéalisme wilsonien suppose ainsi que les peuples d'Autriche-Hongrie peuvent se former en nations autonomes, que la Roumanie peut se construire en État conformément au principe de nationalité et que la Pologne peut se doter d'un territoire qui ne ferait violence à aucune autre nationalité. C'était tout simplement oublier l'incroyable enchevêtrement des «peuples», leurs décompositions et recompositions incessantes en fonction de particularismes qui les segmentent un jour et qui disparaissent le lendemain. C'était négliger le principe de Rousseau qui ne connaissait que la définition politique des peuples, celle qui résulte du contrat social, de la volonté de vivre ensemble et non d'un principe naturel arbitrairement évoqué. C'était aussi annoncer le drame bosniaque, celui d'un peuple qui ne parvient pas à s'ériger en nation autonome sur un territoire propre; c'était préparer le lourd dossier des minorités hongroises en Roumanie; c'était légitimer et banaliser par avance l'épuration ethnique qui accompagna la construction de la Turquie des traités, puis, aux lendemains de la Seconde Guerre mondiale, celle de l'État polonais vidé de ses Allemands et, plus tard enfin, celle de l'État serbe de Bosnie.

Au regard de celle-ci, la seconde ambiguïté est plus bénigne. Elle tient à la manière dont Wilson prolonge l'idée de souveraineté par des considérations de nouveau teintées de réalisme. La critique du colonialisme est mesurée, puisqu'elle prend en compte l'intérêt des gouvernements; l'intégrité territoriale des peuples n'est pas un principe absolu puisqu'elle doit composer, au moins dans les cas serbe et polonais, avec le droit d'accès à la mer. Si Wilson dénonce comme dangereuse la politique extérieure fondée sur les intérêts matériels, s'il rappelle que les États-Unis doivent tenir compte des intérêts des autres États, notamment d'Amérique latine, il ne rompt pas pour autant avec la politique hégémonique de Theodore Roosevelt : il maintient ainsi une unité d'occupation au Nicaragua et y négocie la

construction d'une base navale américaine, s'ingère sans trop
d'hésitations dans la politique haïtienne, démontre sa force au
Mexique en occupant Vera Cruz et en provoquant la chute de
Huerta soupçonné de favoriser les pétroliers anglais...

C'est donc tout un système qui vient à émerger, une souveraineté cette fois idéalisée, réconciliant dans une même vision
morale la dimension interne et la dimension externe de la
question, mais payant très cher en imprécisions et en contradictions l'usage fédérateur du principe reconnaissant aux peuples
le droit de disposer d'eux-mêmes. Beau principe pour lequel
tant d'hommes sont prêts à mourir, mais également à donner la
mort, et qui oscille entre une impossible définition objective et
une très périlleuse définition subjective qui oblige à suivre jusqu'à leur terme toutes les autoproclamations. Principe généreux, source, nous dit Wilson, d'une «responsabilité morale»,
qui dès lors transcende les souverainetés et banalise l'ingérence : on pressent ici que trop de souveraineté contredit la
souveraineté... Principe pur et absolu, mais qui ne survit que
par l'usage de quelques béquilles réalistes et par le recours
à quelques infractions, érigées en exceptions confirmant la
règle...

La principale invention du wilsonisme a peut-être été d'habiliter de façon sourde et implicite un usage double de la souveraineté, combinant dans la pratique idéalisme et réalisme,
souveraineté des États et souveraineté des peuples, sécurité et
droit, idéologie et puissance. Cet alliage difficile n'a jamais été
conscient ni probablement voulu; le résultat n'a jamais été
théorisé et reste toujours aussi incertain dans sa définition
comme dans ses composantes. Celles-ci, du reste, varient selon
les conjonctures. Pourtant, à partir de 1918, le système international ne fut jamais bismarckien ni wilsonien, mais mixte,
hybride, laissant aux acteurs le soin d'établir, au gré de leurs
stratégies, les mesures du dosage. Les traités mettant fin à la
guerre combinaient déjà l'idéalisme des quatorze points et le
réalisme des accords secrets passés entre alliés durant le
conflit : peut-être retenaient-ils la plus mauvaise part de l'un et
de l'autre, le réalisme de Clemenceau aggravant les effets belli-
gènes et provocants des droits nationaux trop simplement
posés par l'idéalisme wilsonien. Celui-ci en retour conférait un

semblant de bonne conscience, voire d'éthique, à un réaménagement trop intransigeant de la vieille doctrine de l'équilibre des puissances qui naguère avait montré qu'elle conduisait tout droit à l'affrontement.

L'Histoire heureusement ne se répète pas : la Guerre froide procède aussi de cette logique combinatoire, mais sur un mode très différent, probablement plus fonctionnel et donc infiniment moins belligène. En ce sens, cette période fut un grand moment d'affirmation et de célébration du principe de souveraineté. Certes, il faut rappeler que le contexte avait changé : l'ère de la dissuasion avait fait évoluer le sens même de la notion de puissance en la dotant *de facto* d'un soupçon de relativité ; la nature même des moyens de destruction enlève désormais aux États la possibilité de décider de leur usage de façon ultime et libre. Les progrès de la transnationalisation faite de mondialisation, de communication accrue, d'interdépendance et d'autonomie renforcée des individus brisaient déjà la vigueur de la «souveraineté froide», périmant bien des principes qui avaient fondé autrefois le bismarckisme. Pourtant, la force de cette nouvelle combinaison tenait d'abord à sa pertinence et à son à-propos : ce nouveau monde bipolaire opposait en même temps deux idéologies et deux puissances, reflétant ainsi cette équivoque du principe de souveraineté fondé autant sur le réalisme que sur l'idéalisme.

Apparemment, la division du travail a pu fonctionner : l'idéalisme gérait la rhétorique et légitimait la pratique qui, elle, restait fidèle à une conception étatique et froide de la souveraineté. L'Est et l'Ouest incarnaient deux universalismes qui, chacun à sa manière, vantaient le droit souverain des peuples et se promettaient de transcender, à l'avenir, les barrières qui les distinguaient. L'internationalisme prolétarien d'un côté, le néolibéralisme de l'autre annonçaient avec la même force la fin plus ou moins prochaine de notre sujet... Pourtant, la confrontation de ces deux visions ne pouvait que retarder les échéances et redonner à l'État une puissance non seulement légitime, mais aussi utile, justifiant pleinement son droit de puiser dans les répertoires réalistes de la souveraineté. L'URSS, d'abord, les alliés qu'elle s'est agrégés ensuite ont eu pour mission de construire le socialisme dans une partie du monde au demeurant assiégée : aussi le schéma s'inversa-t-il, l'internationalisme étant renvoyé à plus tard et le droit des peuples s'effaçant devant celui de l'État, ultime rempart protecteur, véritable lieu de salut. C'est en s'en remettant à une sorte de Léviathan teinté de marxisme que l'on pourrait en même temps préserver son identité, refuser le plan Marshall et déjouer les prétentions internationalistes du camp d'en face. De même, confronté à cette menace, le « monde libre » devait-il réhabiliter l'État et sa panoplie : il s'agissait ici de contrecarrer une dangereuse politique de puissance, les effets induits d'une ingérence qui utilisait les sentiers de l'Internationale communiste, et surtout d'opposer à l'État des autres son propre État.

La rhétorique wilsonienne s'en trouvait affaiblie. Le père de la doctrine de l'« endiguement », George Kennan, sut mettre entre parenthèses le droit des peuples en rappelant que la puissance de l'État devait l'emporter face au danger soviétique ; il s'empressait d'appliquer ce réalisme à l'Amérique latine, développant l'idée que les États-Unis devaient prioritairement soutenir les régimes musclés, voire dictatoriaux, plus aptes que les démocraties à contenir l'influence communiste [1]. Le propos fut par la suite élargi à tout ce cordon d'États qui avoisinaient l'URSS et la Chine : Turquie des généraux, Grèce des colonels, Iran du shah face à Mossadegh, Corée de Syngman Rhee ou de Park Chung-hee, Philippines de Marcos, Indonésie de Suharto et que dire, bien sûr, du Viêt-nam du Sud, puis du Cambodge de Lon Nol ? Au nom de cette grammaire réaliste, l'URSS ne fit pas grand-chose pour déstabiliser ces dictatures une fois qu'elles furent établies, de même que les États-Unis se confinèrent dans une prudente rhétorique lors du coup de Prague de 1948, lors des répressions de 1956 en Pologne et en Hongrie, ou lors de l'invasion de la Tchécoslovaquie en 1968. Même si l'usage de l'idéologie varie selon les acteurs et les périodes, il se dégage de la bipolarité une véritable exaltation du principe de non-ingérence. Son cynisme peut surprendre, puisque le principe n'a cours que d'un bloc à l'autre, et ne s'applique que très modérément à l'intérieur de chacun d'entre eux. La doctrine

1. Cf. P. Grosser, *Le Temps de la Guerre froide*, Paris, Complexe, 1995, p. 26.

brejnevienne est de ce point de vue très éloquente et rationalise, en vantant la solidarité du camp socialiste, la pratique de l'intervention périodique du «grand frère» dans les affaires des démocraties populaires. Au nom de ce que Tito a baptisé la «souveraineté limitée», chaque parti communiste est tenu pour responsable non seulement devant sa propre classe ouvrière, mais aussi devant «le mouvement communiste international[1]». Cette apparente contradiction ouvre un nouvel épisode de l'histoire tourmentée de la souveraineté : la Guerre froide a surtout contribué à détacher celle-ci de la nation, pour la relier d'abord à l'État et à une conception positiviste de sa puissance. La démarche conduit inévitablement à rechercher son origine réelle, son point de détention ultime, pour reprendre la formule de Bodin : de l'idée d'État, cette conception mène directement à celle de bloc.

La frontière est donc bien celle des blocs, celle-là même à laquelle faisait allusion le délégué soviétique à la conférence de l'UNESCO, tenue en 1976 à Nairobi, lorsqu'il revendiquait au nom de la souveraineté le droit d'arrêter les ondes de *Radio-Free Europe* émises depuis l'Occident en direction du camp socialiste. C'est aussi la frontière qui sépare des systèmes d'alliance, pacte de Varsovie d'un côté, OTAN, CENTO, ANZUS de l'autre, qui se construisent en véritables communautés de sécurité, c'est-à-dire déjà en espace d'intégration abolissant en leur sein les risques de conflit et les effets de menace : ceux-là mêmes qui, chez Hobbes, devaient être producteurs d'État et de souveraineté...

Le droit a pourtant du mal à suivre : comment formaliser le principe de souveraineté en l'accordant à ces nouvelles logiques d'intégration qui semblent en fait contredire sa propre histoire ? Aussi, au-delà de ces pratiques nouvelles, c'est bien l'idée classique de souveraineté évoquée dans la charte des Nations unies qui se trouve portée au pinacle par les principaux acteurs de la Guerre froide. La conférence d'Helsinki sur la sécurité et la coopération en Europe en fut l'occasion privilégiée. Son premier chapitre proclame avec vigueur l'égalité

---

1. Cf. F. Fejtö, *Histoire des démocraties populaires*, Paris, Le Seuil, 1969, p. 359 *sq*.

souveraine des États et le respect des droits qui lui sont inhé-
rents : intégrité territoriale, indépendance, libre choix du système politique, économique, social et culturel. Mieux encore, le
principe de non-intervention et le droit des peuples à disposer
d'eux-mêmes sont explicitement évoqués lors des conférences
de Madrid (1980) et de Vienne (1986). L'intervention américaine à Grenade et les atteintes portées par l'URSS au droit
des minorités nationales nourrissent alors des échanges vifs
entre l'Est et l'Ouest.

En fait, cette construction constituait bien une grammaire
commune aux deux blocs, une sorte de matrice qui organisait
leur compréhension du monde. Elle correspondait en même
temps à une culture et une idéologie qui, conjoncturellement
au moins, valorisaient l'État dans ses fonctions traditionnelles
de prestation de sécurité et de défense ; elle s'accordait avec la
priorité donnée de part et d'autre à l'impératif de puissance et
d'équilibre ; elle répondait au besoin de lier ces exigences au
maintien scrupuleux de la carte européenne dans ses contours
et son intégrité. Elle offrait même une prise aux idéologies et
aux polémiques qui s'en dégageaient, donnant à chacun des
camps la chance de dénoncer l'autre dans ses nombreux manquements à un idéal souverainiste qui, tel qu'il était affiché,
était inatteignable (procédés impérialistes et néocolonialistes,
mépris des droits sociaux des peuples, d'un côté ; ingérences au
sein des États frères et irrespect des droits politiques, de
l'autre). Cet usage curieux du concept de souveraineté se révélait très utile : il codifiait des rapports, réunissant les parties sur
l'essentiel et reproduisant en même temps des lignes de conflit
permettant à chaque partenaire de se valoriser. La Guerre
froide a duré et s'est imposée en rendant les services qu'on
attendait d'elle : entretenir deux puissances de part et d'autre,
vivre avec celle d'en face et se légitimer en dénonçant les
échecs ou les scandales de l'autre. Dans l'accomplissement de
cette fonction, la manipulation du principe souverainiste n'a
pas joué un rôle marginal. Le dogme y a perdu cependant une
part supplémentaire de clarté et d'évidence : on retrouve la
souveraineté écartelée entre l'État et la nation, entre sa prétention formelle à définir un droit et sa tendance positiviste à
concevoir une puissance, entre son attachement au territoire

stato-national et sa référence empirique aux blocs, entre sa vocation à construire un ordre international et son utilisation à des fins polémiques dans la compétition entre les États. Jamais la souveraineté n'avait été aussi fictive et, en même temps, aussi fonctionnelle.

Cette double qualité ressort davantage lorsque l'on change de points cardinaux : à la compétition Est-Ouest s'ajoutait une tension entre le Nord et le Sud qui se cristallisait également dans l'idée de souveraineté définie en fait de manière toute différente. Les colonies occidentales avaient appris de ceux qui les dominaient les vertus d'une souveraineté tout droit sortie du messianisme révolutionnaire. Il s'agissait bien de se référer à une nation souffrante revendiquant tout naturellement le droit de disposer d'elle-même. Les premiers nationalismes qui enflammèrent les vieux empires coloniaux étaient dispensés du devoir de s'interroger sur ce qui fondait un peuple ; ils n'avaient pas à arbitrer entre des définitions ethnique, historique ou politique puisque la conception qui les réunissait était celle de l'émancipation d'un peuple qui trouvait son unité et son droit dans la dénonciation de la soumission. Révérence était donc faite, un peu partout, au principe de succession d'États qui dispensait les héros de la décolonisation de devoir trop concéder au culturalisme : ainsi furent Nehru, Soekarno, Nasser, Bourguiba, Nkrumah... La question n'était pourtant pas loin : au moment des indépendances, Nehru et Gandhi s'opposaient sur la définition même de la nation, politique chez le premier, culturelle chez le second, tandis que Soekarno se distinguait de Hata en préférant la référence territoriale à la référence ethnique[1]. Partout cependant la lutte anticoloniale, solidement articulée à la revendication d'une souveraineté sur le territoire occupé par la puissance impériale, s'inscrivait dans une ligne claire, peut-être trop simple : l'oppression forge une nation qui, comme telle, est fondée à revendiquer le droit d'être souveraine.

---

1. Sur les débats Soekarno-Hatta, cf. G. Defert, *L'Indonésie et la Nouvelle-Guinée occidentale*, Paris, L'Harmattan, 1996, p. 115-118 ; sur Gandhi-Nehru, cf. Chr. Jaffrelot, *La Démocratie en Inde*, Paris, Fayard, 1998, p. 59 *sq*.

Impeccable dans son affirmation, le principe était en revanche plus difficile à appliquer une fois l'indépendance acquise. Le discours culturaliste de Gandhi ou, sur un mode plus radical, celui du panhindouisme, voire, ailleurs, celui du panislamisme étaient en partie prémonitoires : la nation faisait sens face au colonisateur, mais beaucoup moins comme communauté politique associant gouvernants et gouvernés. Au-delà de l'indépendance, l'importation massive et faiblement critique du modèle occidental de l'État-nation a vite fait de déligitimer l'hypothèse d'une souveraineté nationale organisant les relations entre gouvernants et gouvernés, et régissant l'insertion des nouveaux États sur la scène internationale. La revanche du culturalisme qui s'est imposé après l'échec des grands nationalismes laïcs a bousculé la nation, malmené l'idée de souveraineté, éloigné les États du Sud des grandes idéologies souverainistes d'importation occidentale : le panislamisme opère une critique frontale de l'idée de souveraineté nationale, lui préférant une vision transnationale de la communauté des croyants et substituant à une réflexion sur la détention ultime du pouvoir l'édiction de thèses nouvelles sur le lien d'allégeance.

Quand apparurent les premiers frémissements de cette contestation, le nationalisme venu du sud devait déjà négocier une insertion hasardeuse dans le système international de la Guerre froide : que valait donc cette souveraineté nationale remise à neuf dans un monde qui célébrait la restauration d'une souveraineté conçue en termes de puissance et de bloc ? Les conceptions pouvaient difficilement être plus éloignées les unes des autres, révélant le cynisme des uns et ce qui était encore l'angélisme des autres : comment concilier les deux premiers mondes qui, par-delà leur vision de la souveraineté, produisaient de la dépendance, et un tiers-monde qui ne trouvait son unité que dans un nationalisme encore immaculé et emblématique ?

Telle fut précisément la raison d'être de Bandoeng qui, du 18 au 25 avril 1955, réunit vingt-sept pays dont la plupart avaient accédé à l'indépendance depuis moins de dix ans : se mêlaient alors, à travers les statures de Nasser, Soekarno, Zhou Enlai ou Nehru, la volonté de célébrer le retour à cette vision romantique de la souveraineté nationale et le désir de s'ériger en syndicat destiné à la défendre face aux offensives venues du nord, plus exactement, du centre du système international[1]. On y bannit solennellement le colonialisme et on y affirma le droit des peuples opprimés. Les dix principes adoptés ne trompent pas : on y retrouve les mânes de Rousseau, des soldats de l'an II et celles de Wilson, mais on se réfère aussi au droit écrit, à la charte des Nations unies, notamment. L'exercice est habile : c'est bien la dualité subtile mise en place par les super-puissances qui se trouve dénoncée ; la part d'idéalisme rationnellement gérée par celles-ci est détachée, fermement retournée contre les maîtres du monde. Ceux-ci n'aimèrent pas Bandoeng, se méfièrent de ses suites et ne surent y faire face que sur un mode rhétorique. Les dix principes proclamés furent d'ailleurs baptisés «principes de coexistence», comme pour suggérer une alternative au monde en place. Qu'on en juge : respect des droits humains fondamentaux, respect «de la souveraineté et de l'intégrité territoriale de toutes les nations», reconnaissance de l'égalité de toutes les races et de toutes les nations, petites et grandes, non-intervention et non-ingérence dans les affaires intérieures des autres pays, respect du droit des nations de se défendre individuellement et collectivement, refus d'arrangements de défense collective destinés à servir les intérêts des puissances ou de toute forme de pression venant de celles-ci, abstention du recours à la force contre l'intégrité territoriale d'un pays, règlement pacifique des conflits, promotion de la coopération, respect de la justice.

Il ne s'agit pas d'un simple catalogue mais d'une tentative de penser ce que souveraineté nationale veut dire dans un monde qui était devenu bipolaire. On remarque le recours fréquent à l'idée de puissance qui, pour la première fois dans un texte international, est clairement dénoncée comme la principale menace qui pèse sur l'idée de souveraineté nationale. On voit bien comment cette conviction conduit directement à la dénonciation des pactes de défense collective, ces communautés de sécurité qui furent à l'origine de la notion même de bloc : souveraineté nationale devait se conjuguer désormais avec non-alignement. On perçoit enfin l'étroitesse de la marge entre l'intervention abhorrée dans le quatrième principe et la coopération désirée dans

1. O. Guitard, *Bandoeng et le réveil des peuples colonisés*, Paris, PUF, 1969.

l'énoncé du neuvième. En fait, le texte adopté à Bandoeng campe entre deux interprétations qu'on devrait bannir : ce n'est ni la rhétorique mordicante moquée par les uns ni le programme commun d'une nouvelle diplomatie mondiale annoncée par les autres. C'est l'expression d'une volonté de défense et d'illustration de nations jeunes qui connaissaient déjà les périls auxquels le monde les exposait, mais qui ignoraient encore les effets empoisonnés d'une ère culturaliste qui montait déjà de leur terroir. La souveraineté nationale était l'emblème de leurs illusions.

Toute une conduite en dérivait et s'insérait progressivement dans la vie internationale. Deux axes forts s'en sont dégagés dont on pressent qu'à terme ils ne peuvent que se contredire : le non-alignement, d'une part, l'appel à la prise en charge globale du développement économique, d'autre part. Lors de la conférence de Belgrade (septembre 1961), les États-Unis et l'URSS sont appelés à relâcher leur compétition de puissances et leur politique de blocs, alors que les grands principes sont réaffirmés : les peuples ont droit à l'autodétermination, à l'indépendance, à la libre disposition de leurs richesses ; les Nations unies sont invitées à fournir une aide économique aux pays en développement. L'idée rebondit à Lusaka, en 1970, mais surtout à Alger, en 1973, sous la présidence emblématique de Houari Boumediene : se trouve alors scellé le pacte des «nations prolétaires» dénonçant l'hégémonie des nantis. Reprenant les principaux éléments de la charte des «77» adoptée quelques années auparavant, le tiers-monde donne à la souveraineté une signification nouvelle : au-delà des questions politiques, elle suppose clairement que soit respecté le droit de chacun au développement, que les plus riches aident les plus pauvres [1].

«Aider» sans intervenir : est-ce possible? On renoue avec cette allure de fiction qui décidément ne quitte pas les différents avatars de la souveraineté. On est pourtant au centre d'une initiative forte qui réunit les héritiers de Bandoeng : ceux-ci obtiennent en 1964 la création de la CNUCED (Conférence des Nations unies sur le commerce et le développement) dans le but d'instaurer un dialogue entre riches et

---

1. Cf. notamment C. Comeliau, *Mythes et espoirs du tiers-mondisme*, Paris, L'Harmattan, 1986.

pauvres afin d'améliorer les échanges mondiaux, tandis que, l'année suivante, la création du PNUD (Programme des Nations unies pour le développement) devait promouvoir une politique multilatérale d'assistance et d'investissement dans les pays défavorisés [1].

Pourtant, l'essentiel de l'aide restait entre les mains des institutions de Bretton Woods, FMI et Banque mondiale, organisées et dominées par les représentants des États-Unis dont les souscriptions et les participations sont les plus élevées, agissant et intervenant au sein des pays les moins favorisés selon des modalités qui sont celles d'une ingérence certes formellement consentie mais en réalité contrainte par la pression des besoins. L'aventure de Bandoeng connut ainsi un double désenchantement : un non-alignement de plus en plus fictif dans un monde où la survie du faible suppose souvent sa clientélisation jusqu'à retirer aux conférences qui s'en réclament une réelle signification politique ; une revendication du droit au développement économique conduisant à l'acceptation contrainte d'une aide de plus en plus conditionnelle.

De façon significative, les conférences qui se succédèrent pour célébrer le non-alignement confirmèrent la dépendance croissante des États du tiers-monde à l'égard de l'un et l'autre camp : les sommets de Colombo (1976), de La Havane (1979), de New Delhi (1983) et de Harare (1986) surent promouvoir les vertus de la souveraineté nationale de façon formelle mais furent rattrapés par une actualité marquée par le retour de la Guerre froide et par une démultiplication des conflits impliquant le Sud dans une bipolarité confirmée : guerres du Cambodge, d'Angola, d'Éthiopie, mais aussi difficultés de parvenir à la paix au Proche-Orient.

Au-delà de cet échec restent pourtant l'affirmation d'un droit et la reconstruction d'une vision idéalisée de la souveraineté qui purent, l'une et l'autre, servir de base à des processus de mobilisation internationale et inspirer au moins partiellement certains principes de politique étrangère. Plus encore, cette conception de la souveraineté bénéficiait (et bénéficie encore)

---

1. Cf. G. Arnaud, *Vingt Années au service de l'investissement humain*, Genève, PNUD, 1986.

du privilège d'être proche des grands textes de droit et de la rhétorique officielle des États : elle constitue ainsi une contrainte non négligeable pour les puissances. Au moment où s'est fissuré puis s'est effondré le jeu bipolaire, elle a normalement regagné un sens que la Guerre froide lui avait retiré : on ne s'étonnera pas, dans ces conditions, qu'aux lendemains de la chute du Mur refleurirent les discours sur le «nouvel ordre mondial» d'inspiration explicitement wilsonienne [1].

Cette conception linéaire de l'Histoire est surtout trop simple. La guerre du Golfe a montré que le retour au wilsonisme dut très vite compter avec les effets de puissance et fut davantage l'instrument de la politique étrangère des États-Unis qu'une réhabilitation des inspirations idéalistes d'antan [2]. Quant au tiers-monde, enfin libéré du carcan de la bipolarité, il perdait avec celui-ci tout motif d'affirmer son existence : le mouvement des non-alignés n'avait plus sa raison d'être au moment même où il pouvait s'emparer, comme à Belgrade (1989) ou Djakarta (1992), des vrais problèmes : environnement, droits de l'homme, mondialisation... Le paradoxe est lourd : alors qu'elle aurait pu cesser d'être protestataire, la théorie de la souveraineté nationale élaborée par le tiers-monde abandonnait une part de sa vitalité ; alors qu'elle aurait pu forger une doctrine inédite adaptée aux logiques nouvelles de mondialisation, elle s'ossifiait dans des fonctions illusoires : bouclier fragile et symbolique pour protéger les faibles contre les forts, ou le particulier contre le mondial ; paravent illégitime à l'usage des dictatures qui veulent garder la maîtrise de leurs répressions ; alibi commode à l'usage des entrepreneurs identitaires les plus cyniques dans leur dénonciation de la mondialisation. À l'heure où, au nord, la puissance se redéploie au-delà des compromis d'une bipolarité abolie, le Sud s'égare dans une rhétorique souverainiste beaucoup trop formelle pour être efficace et crédible.

---

1. Cf. notamment «L'Occident et la guerre des Arabes», *Hérodote*, avril 1991 ; M. Weller, *Iraq and Kuwait : the Hostilities and Main Aftermath*, Cambridge, 1993.
2. Cf. P. Rogers et M. Dando, *A Violent Peace : Global Security after the Cold War*, Londres, Brasseys, 1992.

CHAPITRE III

Un concept incertain

L'Histoire a ainsi forgé un concept complexe, composite, incertain, plural dans les significations qu'il revêt. Présenté de la sorte, il ne fait pas exception : les idées et les pratiques politiques regorgent de ces mots et ces notions que nous utilisons tous les jours et qui nous trahissent du fait de leurs ambiguïtés. Ici, le problème est pourtant plus grave et les résultats plus inquiétants. Tout d'abord la souveraineté évoque une transcendance qui doit, par définition, s'élever au-dessus des équivoques, des doutes et des malentendus : puissance ultime, absolue et pérenne, elle est le principe dont dérive toute autorité, l'argument définitif opposable aux prétentions ou à la critique de l'autre, la pièce maîtresse de l'idéologie autorisant tout État à devenir l'acteur exclusif de la scène internationale officielle. Pourtant, cette transcendance a été créée et, contrairement à la divinité étudiée par Durkheim dans sa sociologie religieuse, la souveraineté ne s'est pas retirée sur l'Olympe[1] : elle reste présente jusque dans les conflits les plus médiocres, elle sert de paravent aux manœuvres les plus cyniques et se trouve convoquée pour illustrer les droits les plus divers. Pis encore, sa violation a toujours été l'une des pratiques les plus banales et les plus routinières de l'Histoire : curieux destin que celui d'une transcendance qu'on se plaît à ne pas respecter, à

---

1. É. Durkheim, *De la division du travail social*, Paris, PUF, 1973, p. 274.

sacrifier sans même recourir au moindre rituel, comme si la scène internationale avait besoin pour survivre de renier quotidiennement. La théorie réaliste, dans sa version la plus radicale, se retrouverait volontiers au travers d'un tel diagnostic : si la souveraineté ne parvient pas à imposer ses marques de transcendance, la vie internationale est bel et bien cette jungle où règne le plus fort[1].

Le diagnostic est pourtant hâtif. D'abord parce que la souveraineté nationale reste surtout un discours de coexistence qui, comme tel, enregistre certes les malaises, les déconvenues et les impasses de la vie internationale mais reflète également l'ardente obligation de reconnaître l'autre et d'admettre l'altérité. Comme discours, elle traduit une recherche d'ordre et de cohérence, et intègre, de façon plus ou moins bricolée, tous les courants et toutes les tensions qui forgent un contexte international à un moment donné du temps. Comme toute fiction, la souveraineté exprime un imaginaire et une cohérence ; comme tout bricolage, elle est faite de prétentions souvent contradictoires et d'ajouts dont l'adaptabilité est douteuse. Au total, c'est une construction sociale révélatrice de beaucoup de faiblesses mais qui permet en même temps d'accéder à l'intelligence d'un monde et à sauver quelques bienfaits d'un ordre minimal. C'est aussi une transcendance qu'il faut savoir amender ou révoquer dès lors qu'elle n'est plus en prise sur le réel.

Le fondement essentiel de son caractère fictif tient aux circonstances de sa genèse. Le principe de souveraineté n'a pas été inventé à des fins organisatrices, mais dans un but revendicatif. Avant d'être un discours sur l'état du monde, il s'est imposé comme l'énonciation de ce qui devait être : avant d'être souveraines, les dynasties du Moyen Âge s'éprirent d'un combat pour le devenir. Le concept égare souvent, car on oublie qu'il fut d'abord forgé pour décrire une conquête et désigner un effort : paré de la légitimité que lui valent ses lauriers, il fut ensuite réutilisé par le prince pour imposer son ordre, par le philosophe pour émanciper la cité d'abord de la discorde puis, ensuite, de l'arbitraire. Le passage d'une prétention à l'autre a

---

1. K. Waltz, *Theory of International Politics*, Reading, Addison Wesley, 1979, p. 96.

conduit la formule à ricocher, biaiser, zigzaguer : ce bricolage permanent a souvent cherché à concilier l'inconciliable, comme le révélèrent le processus de décolonisation et les déconvenues qui suivirent. Fière et droite, la revendication souverainiste d'un Nehru, d'un Soekarno ou d'un Ben Bella se révéla vite une piètre figure de gouvernement. Flatteuse rhétorique antimaastrichtienne, le souverainisme de droite ou de gauche ne résiste pas à l'épreuve d'exercer le pouvoir dans un quelconque État de l'Union européenne, tout comme en son temps l'idéologie gaulliste forgeait un discours de la souveraineté nationale qui ne révélait que de façon brumeuse la réalité de la politique étrangère qu'elle inspirait. Le populisme, sous ses formes les plus diverses, embouche les mêmes trompettes pour souvent mieux couvrir un déficit réel de souveraineté nationale et de puissance, ou parfois dissimuler les entreprises de quête auprès des institutions de Bretton Woods, voire la tutelle plus ou moins discrète des États-Unis sur le Philippin Ferdinand Marcos, le Brésilien Collor ou l'Argentin Menem, ainsi que celle de l'URSS sur Sékou Touré ou Houari Boumediene[1]. Les progrès de la mondialisation érodent ainsi la prétention souverainiste des populismes d'antan, d'un Peron, d'un Getulio Vargas ou d'un Lazaro Cardenas qui, en son temps, avait nationalisé l'industrie pétrolière mexicaine au nom de la souveraineté économique de son pays.

Discours de revendication ou discours de dissimulation, la rhétorique souverainiste s'inscrit ainsi dans l'action. Propos sur l'altérité, elle s'actualise dans des jeux complexes, dont les résultats peuvent paraître déroutants. S'émanciper d'une puissance étrangère pour se concevoir comme souverain suppose parfois de gratifier un tiers d'un surcroît d'autorité. Lors de ses combats médiévaux, le pape chercha à s'affranchir de l'empereur en encourageant les prétentions souveraines des autres monarques : l'État moderne est redevable aux successeurs de saint Pierre de lui avoir ouvert la voie qui lui permit de satisfaire ses aspirations. Lorsqu'un peu plus tard l'enjeu en fut déplacé, le pontife romain sut faire valoir qu'il n'avait de

---

1. Cf. notamment sur ce sujet G. Hermet, «Populisme et nationalisme», *Vingtième Siècle*, oct.-déc. 1997, p. 39 *sq.*

comptes à rendre qu'à Dieu, tandis que le prince avait des responsabilités non seulement à l'égard de la puissance divine mais aussi à l'égard de son peuple. La pratique fut durable : souvent dans l'Histoire, des initiatives diplomatiques cherchèrent à affaiblir ou à contourner la souveraineté d'un État en dénonçant son irrévérence envers les conditions d'exercice de la souveraineté de son peuple.

Tous ces processus interactifs nous informent sur la vraie nature de l'État et nous avertissent de son insertion internationale. Comme institution et comme groupe d'acteurs, celui-ci existe dans la perception de l'autre avant de se définir lui-même. Les juristes ont précocement admis que la souveraineté était affaire de reconnaissance : le sociologue et l'anthropologue ajoutent volontiers que cette admission par l'autre se trouve soumise à l'arbitraire des cultures, la pluralité des sens et la diversité des visions. L'occupation de l'ambassade américaine à Téhéran, quelques mois après l'instauration de la République islamique, montre que les conceptions normatives qui coexistent dans notre monde ne reflètent pas une image unique du droit de la souveraineté. La participation active des mêmes à la guerre du Liban, au côté des chiites, traduit la même idée. Le refus d'Israël de doter l'autorité palestinienne des attributs de la souveraineté découle d'une conception sioniste de la Terre sainte qui bloque, du moins dans cet espace, toute reconnaissance de l'altérité. La banalisation des actes de conditionalité, par lesquels les États les plus puissants suspendent leur aide à la transformation de tout ou partie de la vie intérieure d'un État assisté, suggère aussi que l'autre sera d'autant mieux admis comme souverain qu'il sera conforme à notre propre image. L'intersubjectivité qui se profile ici nous invite en même temps à une réflexion sur l'arbitraire et sur la culture, donc sur la puissance et sur la pluralité[1]. Elle conduit à penser que la fiction souverainiste est d'autant plus difficile à gérer

1. Cf. A. Wendt, « Anarchy is what States Make of it : the Social Construction of Power Politics », *in* J. Der Derian éd., *op. cit.*, p. 134 *sq.* ; R. Devetak, « Incomplete States : Theories and Practices of Statecraft », *in* J. Macmillan et A. Linklater éd., *Boundaries in Question*, Londres, Pinter, 1995, p. 27.

qu'elle renvoie à des imaginaires multiples et à des rapports de puissance en mutation incessante. Repérable comme revendication, c'est-à-dire comme attente à l'égard de l'autre, elle est décidément un principe d'organisation particulièrement fragile.

Cette précarité est d'autant plus grande que la souveraineté est ambitieuse : politique, elle décrit le droit exclusif de tout État sur la définition de son propre régime et de son ordonnancement institutionnel, sur le contrôle de son propre territoire comme sur l'élaboration de sa politique, notamment dans le domaine des relations intérieures ; économique, elle désigne aussi la maîtrise par l'État de ses ressources naturelles et sa vocation à encadrer les relations économiques internationales construites par ses sujets. Déclinant des attributions, elle dote celui qui en est dépositaire de plusieurs compétences : territoriale, personnelle, patrimoniale et fédérative. Elle régit ainsi le statut des biens et des personnes, les relations internes et externes, le droit d'avoir, d'être et celui de s'accorder. Elle distingue en même temps une majesté, une capacité et une représentation[1].

Pourtant, la souveraineté allie prétention et limite : absolue et transcendante, elle ne peut pas être infinie. Elle n'est pas le tonneau des Danaïdes : dans le jeu social, l'autorité arrête l'autorité, jusqu'à perte de vue. La souveraineté de l'un contient celle de l'autre, la limite, l'oblige un tant soit peu au respect d'une entité qui lui échappe, ne serait-ce que formellement. De même doit-elle prendre en compte les obligations internationales dérivant du droit, comme de l'accord contractuel, bilatéral ou multilatéral : que vaut la souveraineté comme valeur absolue dès lors que, depuis 1945, quelque trente-cinq mille traités ont été signés par les États qui, par définition, doivent respecter leurs engagements internationaux jusqu'à les placer au-dessus de leurs lois ? Le traité de non-prolifération des armes nucléaires signé en 1968 enlève aux États une part de leur souveraineté en matière de défense et de production industrielle, les soumettant même au contrôle d'une agence

1. Cf. N. Onuf, « Intervention for the Common Good », *in* G. Lyons et M. Mastanduno éd., *op. cit.*, p. 48 *sq.*

internationale, tout comme le fait le traité de 1993 sur l'interdiction des armes chimiques ou celui de 1996 prohibant les essais nucléaires. De la même manière, l'acceptation de valeurs communes, et, en tout premier lieu, les droits de l'homme et la reconnaissance des biens communs de l'humanité, borne sévèrement l'espace de la souveraineté. De plus en plus nombreux sont les enjeux qui transcendent les communautés politiques et qui ne peuvent plus être gérés par les seuls États-nations. La démultiplication des conférences internationales portant sur la protection de l'environnement, les questions de démographie mondiale, le droit social ou la condition féminine indique que la souveraineté, dans sa vocation partitive, ne peut pas à elle seule prendre en charge l'ensemble des questions internationales et qu'elle ne parvient à subsister comme principe qu'à la condition de se prêter à la limitation.

Un débat tend dès lors à s'imposer, alimenté par la sagacité de l'analyse juridique : la souveraineté est-elle limitée ou autolimitée ? Cette dernière hypothèse est logiquement recevable : le souverain peut par définition tout faire, y compris s'imposer des bornages. La thèse a été défendue notamment par le juriste allemand Georg Jellinek qui proclamait sans ambages que l'État avait la «compétence de la compétence» et pouvait décider souverainement de se lier par les traités qu'il passait[1]. L'idée avancée est forte ; logiquement, elle peut cependant conduire au paradoxe ou, du moins, à une rhétorique sans fin : Dieu, parce qu'il est tout-puissant, peut aussi abolir tout ou partie de sa puissance. L'embarras est réel : si, pour survivre ou, plus exactement, pour entrer dans la vie pratique de tous les jours, la souveraineté a besoin même partiellement de se renier, le concept s'égare alors dans l'imaginaire et perd ses vertus descriptives et prescriptives. D'autant que les restrictions qu'on impose ainsi à la souveraineté ne sont pas de même nature que celles qui s'adressent à la liberté ou à la démocratie : il ne s'agit pas seulement de l'indispensable compromis que l'idéal doit passer avec la réalité des choses ; la

---

1. Sur un usage de la thèse de l'autolimitation, cf. E. Lauterpacht, «Sovereignty : Myth or Reality», *International Affairs*, 73, 1, janv. 1997, p. 137-150.

souveraineté contient dans ses principes les éléments de sa propre négation, elle ne fait sens que par l'effet d'entraînement que recèle sa nature fictive. D'où une formidable contradiction : toute mobilisation idéalisée autour du thème de la souveraineté conduit à une corruption identifiable en termes de puissance débridée, de négation de l'autre, d'intervention dans ses propres affaires ou de conflit généralisé. C'est pourquoi Georges Scelle avait probablement raison de se méfier de la doctrine de l'autolimitation et de suggérer que la souveraineté de l'État est d'abord contenue par des valeurs extra-juridiques renvoyant à la nature humaine, à ses besoins et aux croyances qui la constituent[1]. Qui pourrait, de toute manière, parier sur l'effectivité d'une autolimitation qui cède si facilement devant l'idée de puissance et de domination à l'échelle internationale ? Qui, sur le plan normatif, pourrait la préférer à l'ascendant des valeurs communes à l'ensemble de l'humanité ?

La cohérence que procure la fiction souverainiste ne se situe donc ni dans la description d'un ordre international ni dans l'intelligence des pratiques diplomatiques déployées par les États. Elle se trouve d'abord dans la définition des rôles et des codes de conduite interétatiques, des moyens de construire l'altérité sur la scène internationale. Cette production n'est possible que si chaque État admet *a priori* l'autre comme souverain, espérant ainsi obtenir réciproquement le même avantage. Selon une démarche qui évoque le voile d'ignorance de John Rawls, le choix souverainiste est *a priori* le seul rationnel dès lors qu'on fait abstraction des capitaux de puissance accumulés de part et d'autre[2] : en cela, la souveraineté est bien une revendication continue, un espoir postulé par les règles du jeu, bien plus qu'un ordre défini capable de s'imposer. C'est bien dans cet esprit que s'est peu à peu construit l'ordre westphalien qu'on doit interpréter comme un compromis optimal entre l'intérêt de chaque État et celui de la communauté internationale tout entière[3]. C'est bien aussi dans cette ligne que s'accordent

---

1. G. Scelle, *Précis de droit des gens*, Paris, Sirey, tome I, 1931-1932.
2. J. Rawls, *Théorie de la justice*, Paris, Le Seuil, 1987.
3. « Préface », *in* F. Deng *et al.*, *op. cit.*, p. XV.

l'idée de souveraineté et celle de coexistence[1]. On pourra donc définir la première comme l'ensemble des pratiques rhétoriques par lesquelles un État revendique la détention de la puissance ultime dans le but précis d'être reconnu comme tel par l'autre avec lequel il est appelé à coexister[2]. On comprendra dès lors que cette prétention est d'abord une construction sociale, qu'elle peut s'actualiser dans différentes formules de souveraineté, qu'elle ne cesse de susciter des contradictions, des conflits mais aussi des pratiques nouvelles. On doit admettre également que la souveraineté, en s'associant à des thèmes comme la coexistence, la puissance ou l'altérité, s'accommode plus ou moins bien des données nouvelles, et singulièrement celles liées à la mondialisation faites, au contraire, d'interdépendance, de *soft power* et de chevauchements d'espaces [3]. C'est dans ce bricolage permanent que se sont constitués l'histoire et le présent de la souveraineté.

On comprend, dans ces conditions, que l'Histoire nous ait réservé des surprises. Elle met en évidence des variations importantes dans la façon de penser et de construire la souveraineté. Elle laisse apparaître, par la même occasion, d'étranges contradictions, comme si chaque formule de souveraineté était porteuse de sa propre pratique de l'ingérence accompagnée d'un mode inédit de justification. C'est dire que le débat n'est pas nouveau : intervenir chez l'autre au nom des grands principes est l'une des pratiques les plus banales de l'Histoire ; le faire au nom d'une conception valorisée de la souveraineté relève d'un comportement courant qui a largement précédé la mondialisation, le temps du colonialisme et celui des universalismes qui se voulaient généreux. En outre, cette succession en cascade de visions souverainistes n'appartient pas seulement au domaine de l'érudition historique : elle a incontestablement procédé par sédimentations successives, constituant peu à peu notre actualité, forgeant sa mémoire et son imaginaire, mais

1. T. Biersteker et C. Weber, « The Social Construction of State Sovereignty », *in* id. éd., *op. cit.*, p. 1.
2. R. Ashley, « The Poverty of Neo-Realism », *International Organization*, 38, 2, 1984, p. 225-286.
3. J. Nye, *Bound to Lead : the Changing Nature of the American Power*, New York, Basic Books, 1990.

produisant aussi des idéologies et les institutions dont notre monde contemporain est aujourd'hui le dépositaire. Les guerres de succession, la mobilisation des soldats de l'an II, la Sainte-Alliance, le système de Bismarck comme le wilsonisme concourent aujourd'hui à façonner les pratiques, produisant des anachronismes et des crises que nous vivons au quotidien.

1) La première de ces conceptions, par ordre chronologique, est la *souveraineté dynastique*. Elle se construisit à mesure que les monarques de l'Europe médiévale cherchèrent à se dégager des tutelles impériale et pontificale : d'abord revendicative, elle est naturellement personnelle et ouvre ainsi la voie à une conception patrimoniale tant de l'autorité que de la conduite des relations internationales. Cette personnalisation est bien sûr alimentée par les institutions féodales passées : l'autorité dont le prince est investi se trouve construite d'abord en fonction de son identité de suzerain ; elle est aussi consolidée par la nature personnelle du défi qui l'oppose au roi et au pape. Cette double émancipation est d'abord une initiative et un combat mené de son fait dont les succès lui profitent personnellement : le roi devient empereur en son royaume et il s'impose face au Saint-Siège comme «lieutenant de Dieu» et *Dei gratia rex*, tout comme l'onction lui confère des attributs sacrés. Au total, cette œuvre d'affranchissement est à mettre au bénéfice d'une institution qui se revitalise par l'intermédiaire d'une personne qui a unilatéralement reconquis des prérogatives dont elle avait été privée : les *Établissements de Saint Louis* rappellent ainsi que «le roi ne tient de nelui, fors de Dieu et de soi».

Aussi l'absence conjuguée de référence à la communauté politique et à des institutions vigoureuses et efficientes accuse-t-elle cette orientation patrimoniale qui s'est naturellement prolongée sur la scène internationale. Le roi n'est pourtant pas exempt de toute obligation : l'usage retrouvé du droit romain annonça le retour du principe de la *res publica* ; comme le remarquait saint Thomas, l'autorité royale venait de Dieu, mais procédait aussi de la *communitas* qui instituait déjà le peuple non pas en souverain mais en principe de gouvernement et en formule de légitimation ; la royauté n'est pas une propriété mais une dignité et impose ainsi des droits et des devoirs. L'ab-solutisme qui en dérive se réfère aussi au peuple dont il a cure :

il confère au roi seul le pouvoir d'État et donc celui de mener les relations extérieures, mais pour le bien-être de tous et dans le respect de certains principes, notamment les lois fondamentales du royaume et singulièrement les règles de dévolution de la couronne. Celles-ci, dans le cas français, préviennent un effet pervers grave de l'absolutisme sur la doctrine de la souveraineté : en imposant la règle de la primogéniture, en excluant de la succession les femmes et les parents par les femmes, elles évitent la division du royaume et la captation de la couronne par des puissances étrangères.

Cette personnalisation de l'action internationale et de la lecture ainsi donnée de l'altérité fonde une pratique politico-diplomatique au demeurant très interventionniste. La souveraineté ménagée, dans le concert des royaumes européens d'antan, était bien celle du monarque. Que les règles de dévolution de la couronne soient incertaines ou muettes, et l'intervention devient normale ; seul le monarque reconnu comme légitime est tenu pour souverain : que la succession ou l'interrègne soient douteux, et les autres monarques ont leur mot à dire ou leurs prétentions à faire connaître. Pis encore, la lèse-majesté, quelle qu'elle soit, est attentatoire à la souveraineté : non seulement elle délivre l'étranger du devoir de non-ingérence, mais elle lui crée même un droit, voire un devoir d'assistance. Tel est bien le sens de la déclaration de Pillnitz assenée au peuple français insurgé contre Louis XVI, tel était aussi l'essentiel de la doctrine de la Sainte-Alliance.

En réalité, cette médiation par la personne n'est pas une simple curiosité historique. Sa pertinence dans la vie internationale est connue et a été beaucoup vantée par l'école réaliste, qui rappelle volontiers que le prince est un acteur d'exception et qu'il crée avec ses semblables des liens particuliers qui donnent sens à la négociation internationale pour se développer considérablement sous la pression des régimes autoritaires. Certes, les progrès accomplis depuis par les formes concurrentes de souveraineté donnent à la souveraineté dynastique une portée très atténuée et dont la logique se corrompt sous forme d'une souveraineté simplement mais efficacement monarchique : le concert des nations valorise le rôle du prince dans l'action internationale et offre, aujourd'hui autant qu'hier, une prime considérable aux chefs d'État en place, souvent protégés et favorisés dans les situations d'instabilité intérieure ou de concurrence pour le pouvoir : Gorbatchev puis surtout Eltsine en ont largement profité, tout comme Shimon Pérès, sans parler, bien sûr, de Mobutu, Chadli Benjedid ou Liamine Zeroual. De manière significative, cette conception encore présente laisse une place non négligeable aux mécanismes d'intervention extérieure dans le contexte de successions hasardeuses ou désorganisées affectant les régimes autoritaires, comme le suggèrent maints exemples africains... La souveraineté de l'État se dissipe quelque peu devant celle du prince, élu ou non, sous l'effet conjugué de la routine des contacts diplomatiques et de la dramatisation de l'événement, trahissant somme toute une faible institutionnalisation de la vie internationale et des logiques de collusion qui font bon marché du rôle de l'État, de sa capacité à incarner à titre exclusif la légitimité et la souveraineté.

2) L'avènement de la conception révolutionnaire de la *souveraineté nationale* comme deuxième type concevable fit évidemment l'effet d'un coup de tonnerre. La Révolution française a fait sienne l'idée maîtresse de Rousseau : le souverain est indissociable de la volonté générale, qui est donc la volonté du peuple institué en communauté. Dans l'esprit d'un Sieyès, cette volonté s'incarne dans la nation, origine de tout, assemblant les individus et faisant la loi. Traduite en langage international, cette nouvelle formule crée une nouvelle altérité : la nation ne connaît pas les princes, mais les autres nations. Que celles-ci soient bafouées ou tout simplement qu'elles s'effacent devant le prince devenu alors despote ou tyran, et l'intervention est de nouveau légitime, peut-être même devient-elle une mission devant laquelle on ne saurait abdiquer. Presque deux siècles avant que n'apparût l'idée de «parti frère», la Révolution française avait bien inventé la formule des «républiques sœurs» : la souveraineté ainsi conçue n'échappe que difficilement au messianisme et à la solidarité. L'un et l'autre se constituent face aux décalages qui séparent entre elles des formules de légitimité devenues inconciliables.

À la fin du XVIIIe siècle, l'idée froide d'État n'était pas assez solide pour désamorcer ces tensions et pour rendre acceptable l'idée que l'autre pouvait détenir la puissance ultime au nom de valeurs entièrement différentes. L'ardeur révolutionnaire n'a pourtant pas décliné dans notre vie internationale contemporaine, au moins comme figure de rhétorique, couvrant éventuellement d'autres considérations plus cyniques. Intervention cubaine en Angola, angolaise au Zaïre, ou zaïroise au Congo ; partis frères au temps de la Guerre froide, au nom de l'internationalisme prolétarien pénétrant jusque dans les rangs de la démocratie occidentale ; Brigades internationales en Espagne ; appels aux sanctions pour non-respect des droits de l'homme ; solidarité de l'Égypte nassérienne avec le FLN algérien durant la guerre : les usages sont nombreux, divers et s'offrent à toutes les causes. Peu nombreux sont les États qui ne les ont pas intégrés un jour dans leur diplomatie pour s'en servir de façon plus ou moins discrète ; encore moins répandus sont ceux qui n'ont jamais eu l'occasion de les décrier pour se réfugier, de manière courroucée, derrière un usage strict d'une conception décidément introuvable de la souveraineté. La dose minimale est probablement celle pudiquement instillée dans ces déclarations officielles flattant les progrès accomplis par les droits de l'homme ou la démocratie dans tel ou tel pays. Le dégradé est complexe, mais repose sur le même postulat : la souveraineté de l'autre ne peut lier que si elle n'entrave pas les valeurs que je tiens pour fondamentales ; il n'y a pas d'altérité respectable dès lors qu'elle exclut les droits que j'ai su conquérir.

3) Le dilemme se défait quelque peu dès lors que je construis la nation de l'autre en un absolu qui m'est extérieur. Cette conception somme toute équilibrée et pragmatique de la *nation indépendante* fit longtemps l'originalité de la diplomatie anglaise, du moins telle qu'elle était définie par Canning et Palmerston. Son relatif succès contribua à l'ériger en un troisième type qui mit en tout cas l'Angleterre à l'abri autant des excès de la Sainte-Alliance que de ceux du «système» bismarckien. On se rapprochait incontestablement d'une conception des relations internationales plus équilibrée et plus pacifique puisque fondée sur la coexistence : à chaque nation revenait le soin de définir son destin et sa politique étrangère. Pour la première fois, la non-intervention devenait un principe

sans que celui-ci reposât pour autant sur une théorie très élaborée.

Ce pragmatisme fit fortune pour banaliser et en même temps justifier une diplomatie de retrait, voire d'isolement. Il permit à l'Angleterre de prospérer sans s'impliquer dans les soubresauts de l'Europe du XIXe siècle, faisant partiellement école au grand large, auprès d'une puissance américaine en voie de constitution, lorsqu'elle éprouva le besoin de nourrir une diplomatie sélectivement isolationniste. L'ambiguïté du modèle tient précisément à son irréductible besoin de produire des exceptions. En concevant les autres nations comme enfermées dans une altérité absolue, il se soustrait aux règles de l'interdépendance, de la solidarité, voire de l'échange. En excluant l'idée de nation de toute réflexion critique et en tenant empiriquement toute collectivité souveraine pour une nation potentielle, il se rapproche, sans pouvoir l'avouer, d'une vision du monde déjà forgée en termes de puissance. L'embarras de l'Angleterre face à l'effervescence de 1848 en fut un commencement de preuve ; sa passivité devant la construction du système bismarckien s'inscrit dans la même ligne ; les sinuosités de sa politique ottomane conduisirent à un abandon de fait des principes énoncés. Plus globalement encore, ce souverainisme prudent que l'Angleterre opposait par commodité à ses voisins européens permit à Disraeli et à ses successeurs de préparer efficacement le grand empire colonial, œuvre dans laquelle la couronne avait désormais surclassé les compagnies maritimes, et de concevoir le « panbritannisme » évoqué par Victor Bérard à l'entrée du XXe siècle... Instrument plutôt que théorie globale, cette autre conception de la souveraineté inaugurait ainsi une longue carrière qui n'est pas interrompue aujourd'hui. On peut admettre qu'il reste en effet de ce souverainisme pragmatique l'énoncé (jamais démenti et toujours abondamment utilisé) du principe de non-intervention dans les affaires intérieures des autres pays, associé à ce juridisme discret qui permet aux États de se tenir à l'écart des questions les plus embarrassantes : crise algérienne, crise rwandaise à ses débuts, aptitude à laisser de côté la question des droits de l'homme lorsqu'on le souhaite, notamment face à des partenaires puissants ou économiquement utiles, à l'instar de la Russie au cours de la crise tchétchène, de la Chine lorsqu'elle s'ouvre au commerce international ou des États pétroliers accumulant les entorses aux droits fondamentaux. Pragmatique parce que sélective, cette conception de la souveraineté révèle sa principale insuffisance sur le plan normatif : nul principe, nulle juridiction, nulle autorité morale ne contrôle ni n'inspire les choix opérés, vérifie le partage entre la souveraineté confirmée et la souveraineté abolie. Abandonnée à l'arbitraire des États, elle devient principalement dépendante de leur puissance.

4) Cette concession faite à la *Realpolitik* est bien évidemment au centre de la *souveraineté-puissance* ou *souveraineté froide* qui, s'imposant avec le système bismarckien, constitue le quatrième élément de notre typologie. La reconnaissance ici ne s'adresse plus à une personne ni à une nation mais à une capacité ; elle ne découle pas du respect d'un principe mais de la prise en compte réaliste de la force de l'autre. Celui-ci est souverain dans la mesure où il impose avec succès sa volonté de coexister. Le processus de reconnaissance devient alors quelque peu mécanique et systémique, enregistrant les rapports de force et confirmant l'ordre international qui en dérive. La souveraineté devient affaire de quête et de calcul froid : reconnaître à l'autre la puissance ultime est une manière de s'assurer la réciprocité et d'obtenir chez soi l'immunité la plus complète.

La souveraineté-puissance devient alors profondément conservatrice. Bannissant tout jugement critique, tant sur le compte de l'autre que sur la configuration du système international, elle a pour principal propos d'avaliser des lignes de partage et de distinguer aussi clairement que possible entre l'interne et l'externe, entre les affaires intérieures et les affaires étrangères : de même que, dans la pensée de Bismarck, la reconnaissance de la souveraineté de l'Autriche-Hongrie ou celle de l'Allemagne devait mettre l'une et l'autre à l'abri de toute remise en cause de leur structure impériale, de même l'adhésion marquée de l'URSS à la doctrine de la souveraineté froide devait interdire tout débat sur ses modes d'aménagement interne, sur le sort réservé aux nationalistes opprimés ou sur l'organisation de ses rapports avec les partis frères. Plus encore, assimilée à la puissance, la souveraineté se hiérarchise : en fonction des capacités accumulées, certains États deviennent inévitablement plus souverains que d'autres. On comprend le parti que la politique des blocs a pu tirer d'une conception qui conduit ainsi tout droit à la justification de la doctrine de la souveraineté limitée ; on devine aisément comment une telle vision a pu imprégner la politique des alliances dans le contexte de la Guerre froide, conférant tout naturellement un rôle hégémonique dans les structures de commandement à chacune des deux superpuissances. On touche dès lors du doigt la contradiction fondamentale qui pèse sur ce quatrième type : trop étroitement liée à la puissance, la souveraineté froide enlève au principe qui la fonde sa valeur d'absolu ; tous les États n'étant plus également souverains, ceux qui le sont plus que d'autres érodent inévitablement les droits des plus faibles. L'intervention devient banale, comme celle de Moscou à Budapest ou celle de Washington au Guatemala : conçue comme un droit par celui qui s'ingère, elle est une fatalité tolérable dans le regard de la puissance d'en face.

5) Cette inévitable corruption est au centre de la critique *wilsonienne* et du cinquième type de souveraineté qui en a découlé. On se place désormais du côté des droits des peuples : la souveraineté redevient une aspiration, un ordre à construire qui doit être conçu idéalement ; elle n'est plus un état de fait garanti par un rapport de forces, mais une valeur qui doit inspirer l'œuvre géopolitique. L'idée du droit des peuples à disposer d'eux-mêmes fonde désormais une géopolitique exigeante ; elle accrédite la thèse que la souveraineté ne se hiérarchise pas, ne se module pas, ne se partage pas : pour arriver à cette fin, le souverain doit recevoir un support ou plutôt doit se réifier dans une collectivité donnée qui s'impose tant à l'observateur qu'à l'acteur. Le peuple joue ce rôle : contrairement à la souveraineté révolutionnaire, ce n'est pas son émancipation de la tutelle personnelle du tyran qui fait sens, mais la reconnaissance de son existence objective qui trace déjà souterrainement la carte politique du monde idéal. Si celui-ci est appelé à vivre selon les principes de la démocratie et du libéralisme, l'essentiel se situe dans l'œuvre d'émancipation collective des peuples.

Cette construction ne va pas sans soulever de nouvelles contradictions. Elle est d'abord solidaire d'un libéralisme qui annonce déjà la mondialisation et qui érode singulièrement la souveraineté économique des États : le droit des peuples à disposer d'eux-mêmes est défini en termes exclusivement politiques, comme pour mieux s'accommoder d'une banalisation progressive du thème de l'interdépendance économique. Autrement dit, la critique d'un absolu chasse l'autre et la souveraineté demeure bien un concept relatif. Surtout, la boîte de Pandore est désormais ouverte : non seulement on peut s'interroger à perte de vue sur ce qu'est un peuple et les critères qui permettent de le saisir et de le définir, mais on est tout aussi durement confronté à un nouveau paradoxe de la souveraineté. Reconnaître à une collectivité la détention légitime de la puissance ultime conduit à discréditer par avance toute revendication émanant des minorités qu'elle recèle : régression absurde car nul ne saurait établir à quel niveau fatal le discours peut s'inverser, où se fait le partage entre un peuple légitime dans ses aspirations souveraines et une minorité capable de déviance ou de rébellion.

On ne s'étonnera pas, dans ces conditions, que les usages contemporains du wilsonisme aient été plus répandus comme modes de revendication que comme formes d'organisation du système international, encore qu'il inspirât les traités qui suivirent le premier conflit mondial, révélant déjà ses ambiguïtés et les grands dangers qu'il pouvait susciter. Les mouvements revendicatifs qui puisent leurs références dans l'héritage de Wilson n'ont pas toujours été non plus dénués d'équivoques : la sécession katangaise ou biafraise a manipulé un idéal souverainiste à des fins bien incertaines que n'expiait pas vraiment la référence à la formule magique du droit des peuples à disposer d'eux-mêmes[1]. N'était-ce pas plutôt la souveraineté des peuples congolais et nigérian qui se trouvait alors directement menacée ? Le conflit yougoslave est-il alimenté par le droit du peuple serbe à disposer de lui-même ou par celui du peuple bosniaque de protéger sa souveraineté face aux périls ethniques ? À mesure qu'il prétend à une existence objective, un peuple s'ethnicise dangereusement, se séparant de la construction politique que Rousseau entendait lui donner. Mais si seuls les peuples politiquement construits ont droit à la souverai-

1. E. Mbokolo, « Le séparatisme katangais », in J.-L. Amselle et E. Mbokolo dir., *Au cœur de l'ethnie*, Paris, La Découverte, 1985, p. 204-220.

neté, seuls le dépassement des particularismes et le projet de contrat social deviennent sources d'une aspiration légitime à l'émancipation : l'ethnicisme perd alors tout fondement.

Pourtant, l'hypothèse ethniciste n'est pas unanimement condamnée : d'évidence, elle est ménagée, parfois exaltée dans la pratique; elle n'est pas non plus totalement délégitimée par l'analyse [1]. Agressive ou défensive, elle bénéficierait encore d'arguments solides qui pourraient ranimer l'idée de peuple jusqu'à la ramener à une réalité objective. Si l'on en croit certains, l'idée de «ressemblance» entre gouvernants et gouvernés, celle d'une «mémoire» commune, voire d'une culture partagée, pourrait suffire à valider les hypothèses fondatrices. Encore faudrait-il apporter la preuve de la pérennité de ces principes, de leur commune perception par ceux qui s'en trouvent concernés. Un Afghan peut se définir comme musulman un jour, Pashtoune ou Tadjike le lendemain. On oublie trop vite qu'ici et là, la mobilisation décisive, notamment lors de la décolonisation, était politique avant d'être ethnique ou religieuse. Ne commettons pas d'anachronisme : les grands mouvements nationalistes du tiers-monde ont dénoncé l'oppression du colonisateur, au moment où celui-ci s'accommodait au contraire parfaitement des références religieuses ou ethniques. Le nationalisme algérien s'est construit contre le mouvement des oulémas et celui qui fit souche en Inde était aussi fortement politique qu'il était rigoureusement anti-ethnique. C'est en sachant contourner ce piège que les grands leaders nationalistes ont pu donner sens à leur adhésion au droit des peuples : évitant les épurations ethniques au nom d'un combat contre l'exploitation coloniale, ils surent assurer à la décolonisation un très court printemps qui ne put pas résister longtemps à la vague déferlante d'un revivalisme nourri des échecs de l'État importé [2]. Dans ce nouveau contexte proliféra alors, et aujourd'hui encore, un usage anarchique et non maîtrisé des principes wilsoniens d'un temps : la corruption du modèle était presque inévitable.

---

1. Cf. notamment G. Hermet, «Des États sans territoire? Sécession ou réinvention territoriale en Europe de l'Ouest», *in* P. Birnbaum dir., *Sociologie des nationalismes*, Paris, PUF, p. 231 *sq.*
2. B. Badie, *L'État importé*, Paris, Fayard, 1992.

L'extinction de la bipolarité et l'échec du tiers-monde ont non seulement privé la souveraineté de solides fondements, mais aussi favorisé l'éclosion de principes alternatifs. Les données du monde ont changé : la fiction souverainiste ne rencontre plus les besoins des acteurs de naguère, ceux qui devaient se protéger derrière leurs rideaux de fer, ceux qui craignaient la concurrence des idéologies, commodément appelée subversion, ou ceux qui devaient mobiliser pour chasser le colonisateur. Peu nombreux sont aujourd'hui les enjeux qui convoquent les sirènes souverainistes. Celles-ci changent de rôle pour animer le plus souvent les combats d'arrière-garde ou les résistances désespérées : face aux flux migratoires, en réponse aux processus d'intégration régionale, ou pour dénoncer la sévérité de la mondialisation.

Dans ce contexte, le débat s'anime : la souveraineté va-t-elle évoluer, se transformer en un nouvel avatar qui enrichirait la typologie des formes diverses que nous lui connaissons déjà ? Ou va-t-elle laisser la place à des principes nouveaux, avec lesquels elle coexistera plus ou moins ? Dans ce dilemme entre réforme et révolution, acteurs et observateurs fourbissent leurs armes : proclamer brutalement que la souveraineté est une fiction qui perd de son utilité est coûteux pour l'État, ses princes et leurs entourages, à l'heure où s'amplifient leurs ressources, notamment coercitives. De même l'aveu est-il bouleversant pour la théorie classique ; il tinte comme cynique aux oreilles de ceux qui se mobilisent contre des dominations perçues comme insupportables. Certes, l'Histoire a déjà suggéré que tout acte souverain ne saurait par postulat s'autoproclamer légitime, comme on sait d'ailleurs avec quel excès les mobilisations les plus diverses se bricolent à la hâte une finalité souverainiste dans le but fallacieux de se valoriser. Nul doute qu'aujourd'hui le concept égare, même s'il ne peut être aboli ; aussi les efforts de synthèse sont-ils salutaires et méritent-ils d'être discutés.

L'essor des communautés de sécurité[1] et des dynamiques

1. Telles qu'elles furent étudiées dans les années 1950 : cf. K. Deutsch *et al.*, *Political Community and the North Atlantic Area*, Princeton, Princeton University Press, 1995.

d'intégration régionale[1] pose ainsi une question de fond : l'abandon par un État d'une partie de ses prérogatives afin de s'intégrer dans un espace régional plus vaste constitue-t-il un redéploiement ou une régression de sa souveraineté? Les tenants de la première hypothèse font généralement valoir que la démarche est volontaire et que l'État reste maître de son choix d'intégration. Ceux qui penchent pour l'autre interprétation soutiennent, au contraire, que l'acte de cession crée un ordre nouveau au sein duquel les États concernés ne sauraient renégocier, à l'occasion de chaque décision, la souveraineté de leurs choix politiques : à l'instar de l'Union européenne, l'effectivité de la fonction gouvernante s'apprécierait à des niveaux multiples (*multi-level governance*)[2], l'État-nation étant, avec l'échelon de l'Union et de plus en plus avec celui des collectivités locales, un niveau de décision parmi d'autres. Parcellisée ou étagée, la souveraineté perdrait ainsi, avec les constructions régionales les plus élaborées, sa vertu d'absolu.

Il est probable, comme le remarquent certains auteurs, que cet abandon est souvent consenti avec soulagement par les États et quelques-uns de leurs acteurs qui préfèrent éloigner ainsi le calice de certaines décisions amères risquant de porter atteinte à leur légitimité[3]. La recette est bien connue : les gouvernements nationaux prennent en Europe la place occupée jadis par certains notables français trop heureux d'être irresponsables et privés du pouvoir de décision pour faire de l'État souverain un bouc émissaire facile[4]. Le schéma est pourtant incomplet : si on laisse volontiers Bruxelles décider des restructurations industrielles et agricoles les plus drastiques, on paye aussi souvent le prix de manipulations complexes opérées de façon savante par la Commission avec la complicité des acteurs économiques et sociaux. Le commissaire à l'industrie

1. L. Fawcett et A. Hurrel, *Regionalism in World Politics*, Oxford, Oxford University Press, 1995.
2. Cf. notamment L. Hooghe éd., *Cohesion Policy and European Integration : Building Multi-Level Governance*, Oxford, Oxford University Press, 1996.
3. Cf. E. Cohen, *La Tentation hexagonale*, Paris, Fayard, 1996, p. 167 *sq.*
4. On se réfère au classique J.-P. Worms, «Le préfet et ses notables», *Sociologie du travail*, juillet-septembre 1996, p. 261-271.

Étienne Davignon sut en son temps favoriser la constitution en réseaux des entreprises européennes de haute technologie, notamment du secteur électronique, contraignant ainsi les gouvernements placés devant le fait accompli[1]. Ce type de pratique joua un rôle déterminant dans la négociation de l'Acte unique européen.

L'abandon de souveraineté n'est donc ni aussi mécanique ni aussi contrôlé qu'on veut bien le croire. D'autant que l'Histoire joue souvent des tours inattendus. Chaque intégration régionale s'opère dans un contexte qui lui est propre, ce qui empêche déjà d'en parler au singulier. Lorsque l'Europe occidentale ouvrit la voie, après 1945, on put croire un moment que l'État était réellement attaqué dans sa prétention souveraine[2] : pourtant, les premiers pas de la construction européenne restèrent délibérément intergouvernementalistes, étroitement surveillés par les États qui furent seuls en mesure de la promouvoir. La crise économique qui s'installa dans le courant des années 1970 et les effets désormais tangibles de la mondialisation forgèrent un contexte différent, au sein duquel l'État n'était plus accusé, mais apparaissait plutôt en victime qu'il fallait protéger[3] : l'intégration régionale qui correspondait à ce nouveau cru devait ménager la souveraineté des États, à l'instar de l'ALENA (NAFTA) qui réunissait les trois États d'Amérique du Nord sans prétendre aucunement à la supranationalité, ou encore de l'APEC, qui entendait en fait promouvoir une concertation relâchée entre États, mâtinée d'un unilatéralisme qui contredisait tout abandon de souveraineté[4]. Pourtant, ici aussi, les résultats ont pu surprendre : la mondialisation a précisément suscité et dynamisé des activités en

1. S. George, *Supranational Actors and Domestic Politics : Integration Theory Reconsidered in the Light of the Single European Act and Maastricht*, Sheffield, Sheffield Papers in International Studies, 1994, p. 13-14.

2. Cf., par exemple, E. Haas, *The Uniting of Europe*, Stanford, Stanford University Press, 1958.

3. A. Gamble et A. Payne, « Introduction : the Political Economy of Regionalism and World Order », *in* id. éd., *Regionalism and World Order*, Londres, Macmillan, 1996, p. 13 *sq.*

4. Cf. F. Petiteville, « Les processus d'intégration régionale, vecteurs de recomposition du système international ? », *Études internationales*, XXVIII, octobre 1997, p. 511-533.

réseaux qui ont considérablement réévalué le rôle des acteurs transnationaux, parallèlement aux États, voire indépendamment d'eux. Dans le même mouvement, les acteurs subétatiques, les régions et surtout la ville, ont su acquérir un rôle international qui a pu s'accomplir d'autant plus aisément à l'échelle des nouveaux regroupements d'États-nations. Sous cette double pression se dessinent, dans les espaces les plus développés, des « territoires économiquement naturels », dont le rythme de croissance et la densité se mesurent à l'aune des flux d'investissement, des délocalisations d'entreprise, des échanges économiques et sociaux, des flux de main-d'œuvre, de communication ou d'étudiants, et d'accords interurbains.

Dans le cas européen, ces processus ont acquis un effet au moins partiel d'entraînement politique ; la même constatation vaudrait pour le Mercosur, en Amérique latine, à un niveau évidemment moins élevé. On concédera, en revanche, que les contre-exemples sont nombreux, révélant une solide résistance des États : bien qu'elles gèrent une monnaie unique, l'UEMOA (Union économique et monétaire ouest-africaine) et la CEMAC (Communauté économique et monétaire de l'Afrique centrale) n'ont en rien atténué les rivalités de souveraineté entre les États qui les constituent. L'ALENA (NAFTA) n'a nullement affaibli la rigueur des contrôles aux frontières qui s'opèrent au sein de la zone, elle n'a guère davantage favorisé une harmonisation des diplomaties des États concernés. La Ligue arabe se présente en ordre dispersé au sein des grandes négociations internationales, comme notamment lors de la tenue des forums économiques du Proche-Orient et d'Afrique du Nord destinés à promouvoir la coopération économique régionale avec Israël : l'échec du sommet de Doha (novembre 1997) était, de ce point de vue, significatif. À première vue, la politique de l'Asie orientale reste, malgré l'APEC, tout aussi nationale et conflictuelle.

Pourtant, la réalité est autrement plus complexe. La capacité hégémonique d'un membre suffit souvent à créer les conditions d'une intégration politique de fait : la régionalisation réhabilite l'idée ancienne de puissance régionale devant laquelle cède la souveraineté des plus petits, à l'instar de ce que l'on constate avec la SADC (*Southern African Development*

Community) au profit de l'Afrique du Sud. En outre, si contenues soient-elles, les intégrations économiques régionales suscitent des institutions dont la routinisation égratigne quelque
peu les souverainetés : secrétariats permanents, groupes de travail interétatiques, conseils des ministres, parfois conseils des
chefs d'État ou conseils, voire tribunaux d'arbitrage. Plus profondément encore et surtout, le découplage de l'économique et
du politique met apparemment celui-ci à l'abri de toute conta-
mination, mais suscite de fait une politique des marchands qui
s'impose de façon plus ou moins formelle, à l'instar des hommes
d'affaires taïwanais qui investissent en Chine continentale, des
entrepreneurs japonais en Sibérie, des diasporas chinoises ou
de l'impact politique des zones économiques spéciales en
Chine ou en Corée du Nord. Dans ce dernier cas, la «zone économique et commerciale franche» de Najin-Sônbong, forte de
621 km², doit accueillir des investisseurs étrangers qui, dans le
pays de feu Kim Il Sung, sont dispensés de visa et exonérés
d'impôt[1]... Le désengagement de l'État qui s'amorce un peu
partout en Asie, et notamment en Corée du Sud, où la mondialisation est devenue un slogan gouvernemental, complète un
processus inédit et fort important : la construction par le «bas»
d'espaces économiques d'intégration recèle une dynamique
politique qu'on pourrait analyser comme le résultat brut d'une
déréglementation de l'espace. Celui-ci désormais n'est plus
exactement territorial et statonational, mais est également
forgé par des réseaux de villes, d'investissements, de flux transnationaux de tout genre qui ont en commun leur obéissance à
une géométrie variable abolissant la distance dans son rôle
passé de ressource de gouvernement[2].

Cette recomposition des espaces s'inscrit clairement en
contradiction avec le principe classique de souveraineté. Pourtant, force est d'admettre que les États s'en accommodent
comme d'une nécessité et la recherchent même de manière

---

1. S. C. Cheong, *Idéologie et système en Corée du Nord*, Paris, L'Harmattan, 1997, p. 340.
2. F. Gipouloux, «Globalization and Regionalization in East Asia :
Stakes and Strategies», *in* id. éd., *Regional Economic Strategies in East
Asia*, Tokyo, Maison franco-japonaise, 1994, p. 13-43.

active. On en veut pour preuve l'appétit des États riverains de la mer Noire pour une construction régionale qui contredit apparemment leurs inimitiés aussi vieilles que puissantes, ou la soif des États issus de l'ancien bloc de l'Est, voire de l'ancienne URSS qui, à l'instar des États baltes, frappent vigoureusement à la porte de l'Union européenne, souvent en contradiction avec les vœux de leur propre opinion publique. Comme si les règles non écrites de la nouvelle gouvernance appelaient ce dépassement des vieilles souverainetés.

Cette réflexion est naturellement prolongée par la prise en compte du multilatéralisme et des régimes internationaux. La sortie du dernier conflit mondial marque, de ce point de vue, une rupture, même si celle-ci semblait annoncée depuis un certain temps. Désormais, les États sont conduits à privilégier le multiple sur le bilatéral et à s'insérer dans de vastes constructions institutionnelles et normatives. Des institutions de Bretton Woods jusqu'aux conventions en matière d'environnement ou de non-prolifération nucléaire, on devine ce que cette pratique peut avoir d'inévitablement mutilant pour la souveraineté des plus faibles ou de contraignant pour celle des puissances moyennes, tandis que les superpuissances en font au moins partiellement un instrument de leur hégémonie. Paradoxalement aussi, davantage de droit international signifie davantage de puissance, dans la mesure où la production normative affaiblit, ou du moins module, la rigueur formelle de la protection souverainiste. Désormais privés de la faculté d'opposer mécaniquement un tel bouclier, les États se trouvent contraints de coopérer dans l'édiction et le respect d'une réglementation commune que certaines écoles interprètent volontiers comme faites de croyances, de valeurs ou de compréhensions du monde partagées. Si tel est le cas, derrière les régimes mondialement édictés en matière d'environnement ou de droit social, c'est le principe même du pluralisme culturel et de la souveraineté des collectivités sur leurs propres valeurs qui se trouve concerné et remis en cause, au nom d'un universalisme qui peut simplement déguiser l'hégémonie de certaines puissances. On touche pourtant à l'une des contradictions les plus aiguisées de notre concept : aucune méthode empirique ne pourra probablement jamais établir cette convergence de compréhension entre les

États qui participent à une même convention[1]. Personne non plus ne peut définir à quel niveau minimal cette communauté de vues doit se construire pour rendre un régime opérant[2]. Aussi la limite que le droit apporte à la souveraineté est-elle compensée par cette marge de réinterprétation qui reste la marque ineffaçable du jeu de tous les acteurs sociaux ainsi qu'une source permanente de corrosion du multilatéralisme : étrangement perdante sur le plan juridique, la souveraineté se recompose de façon plus libre comme phénomène socio-culturel et devient dysfonctionnelle, source de désordres et d'incertitudes.

Ce fossé qui se creuse entre État et souveraineté peut étonner ; il devient pourtant l'un des paramètres du jeu international contemporain. Cette crise est observable de bien des points de vue. D'abord, nombreux sont les acteurs extra-étatiques qui prétendent manipuler ou utiliser la détention de la puissance ultime : entrepreneurs identitaires, religieux ou communautaires, entrepreneurs transnationaux, acteurs politiques qui cherchent à construire leur légitimité sur la sauvegarde d'une souveraineté attaquée. Ensuite parce que l'État, face à ces nouveaux concurrents et face aux données nouvelles de la mondialisation, change de plus en plus de méthode : au lieu de valider son action par recours au principe de la souveraineté territoriale, il s'inscrit dans les réseaux transnationaux[3], négocie avec les firmes, passe compromis avec les entrepreneurs identitaires, joue des pouvoirs les plus banals (influence, marchandage, échange inégal…). Si souveraineté il y a, celle-ci devient une ressource de *bargaining*, oubliant sa noblesse et son exceptionalité[4].

Ainsi bricolée, la souveraineté perd une partie de son âme, mais n'abdique pas complètement. Cet avilissement est équilibré par deux tendances fortes qui lui font concurrence : une

1. R. Keohane, « The Analysis of International Regimes : Towards a European-American Research Program », *in* V. Rittberger, *Regime Theory and International Relations*, Oxford, Clarendon Press, 1993, p. 27.

2. Cf. sur ce sujet P. Katzenstein, « Introduction », *in* id. éd., *The Culture of National Security*, New York, Columbia University Press, 1996, p. 17.

3. R. Rosecrance, « The Rise of the Virtual State », *Foreign Affairs*, 4, 1996, p. 45-61.

4. Cf. S. Krasner, « Power Politics and Transnational Relations », *in* T. Risse-Kappen, *op. cit.*, p. 268 sq.

renaissance morale et une transmutation en un autre principe. Retournons un instant vers les grands philosophes qui validè- rent cette formidable aventure intellectuelle : ils avaient tous à l'esprit l'idée que, même absolue, la souveraineté était d'abord un instrument, et certainement pas une fin en soi. John Locke, parce qu'il invitait à une réflexion libérale, l'a peut-être exprimé avec plus de vigueur que les autres : la souveraineté vaut par les fonctions qu'elle accomplit; à ce titre, elle n'est pas figée dans un appareillage institutionnel ni dans un discours unique.

On peut admettre effectivement que ses points de repère puissent être construits différemment selon les options philo- sophiques ou morales de chacun. Dans une perspective qui serait celle du tout-État, la souveraineté n'aurait d'autres fins que de protéger et de reproduire la puissance étatique, quelle que soit sa finalité : le Léviathan devient une fin en soi, validant ainsi tout acte souverain selon une démarche qu'on retrouve autant dans le modèle bismarckien que dans les variantes du totalitarisme. Si la finalité se construit maintenant en termes éthiques et se rapporte non plus à une instance mais à des prin- cipes fondateurs, on peut alors concevoir, avec John Charvet, qu'elle se pose en intermédiaire entre une option anarchiste qui réduirait le jugement moral à un jugement privé et une option absolutiste qui confondrait l'obligation morale avec la nécessité impérative d'obéir aux tyrans[1]. La souveraineté tien- drait alors sa vertu de puissance ultime de son aptitude à réali- ser les principes moraux qu'elle se doit de servir[2]. De même que l'individu peut désobéir à un État qui ne respecte pas les engagements qui le fondent, de même la souveraineté perd de son sens dès lors qu'elle est séparée des principes sur lesquels elle repose. Dans cette perspective, l'ingérence n'est plus en contradiction avec l'idée de souveraineté, dès lors qu'elle vise à restaurer les droits de l'homme ou à satisfaire les besoins fondamentaux de l'humanité. Réciproquement, un État ne

1. J. Charvet, « The Idea of State Sovereignty and the Right of Huma- nitarian Intervention », *International Political Science Review*, 18, 1, 1997, p. 42.
2. *Ibid.*, p. 49 *sq.* ; S. Caney, « Human Right and the Rights of States : Terry Nardin on Nonintervention », *International Political Science Review*, 18, 1, 1997, p. 28.

peut plus se prévaloir de sa souveraineté dès lors qu'il est établi que celle-ci contrevient aux droits fondamentaux.

Cette construction est incontestablement dans la ligne des Lumières; elle éclaire et probablement justifie le droit d'ingérence ainsi que l'interdépendance morale entre États, tels qu'ils sont aujourd'hui présentés, sans s'opposer au discours de souveraineté. Encore faut-il que soient réunies deux conditions. D'abord que soit admis le postulat fondateur d'un cosmopolitisme libéral auquel on ne peut, semble-t-il, opposer que la statolâtrie ou un dangereux relativisme culturel qui priverait *a priori* et de façon pérenne certaines portions de l'humanité de certains droits dont jouiraient quelques autres. La seconde condition est plus délicate : si la souveraineté devient instrumentale, elle perd aussitôt sa prétention juridictionnelle; dès lors, si l'on ne veut pas sombrer dans un monde d'arbitraire et de puissance, il convient de définir un niveau juridictionnel de substitution qui pourra décider de la faculté d'ingérence. La souveraineté ainsi soumise à un principe plus élevé perdrait alors la principale de ses marques !

Pour cette raison, la reconnaissance morale de la souveraineté est assez vite confrontée à ses propres limites. En revanche gagne en crédibilité l'hypothèse de la transmutation : l'interdépendance morale entre États ne fonde pas une souveraineté d'un genre nouveau, mais donne naissance à un principe inédit qui organise déjà, de fait, la vie internationale, celui de *responsabilité*. Cette innovation est triplement favorisée par la crise de la conception classique de la souveraineté. L'interdépendance croissante entre États souverains a d'abord un corollaire auquel nul n'échappe totalement : faute de pouvoir contrôler de manière satisfaisante ce qui se passe à l'intérieur même de leurs frontières, les États sont de plus en plus demandeurs de coopération et bien souvent d'intervention plus ou moins discrète dans leurs propres affaires[1]. On ne compte plus les appels multiformes lancés dans

---

1. Cf. notamment M. Zacher, « The Decaying Pillars of the Westphalian Temple : Implication for International Order and Governance », *in* J. Rosenau et E. Czempiel éd., *Governance without Government*, Cambridge, Cambridge University Press, 1992, p. 58-102; M. Zürn, « The Challenge of Globalization and Individualization », *in* H. Holm et G. Sorensen, *op. cit.*, p. 137-164.

ce sens : aux entreprises étrangères pour investir et créer des emplois, aux institutions multilatérales pour prêter, assister, remettre de l'ordre dans les finances extérieures, aux institutions régionales pour soutenir des secteurs en difficulté ou aménager un territoire déshérité, à une puissance régionale ou mondiale pour rétablir la sécurité. Les États espèrent ainsi récupérer en capacité de régulation interne et internationale ce qu'ils abandonnent en souveraineté[1]. D'une souveraineté absolue on passe ainsi à l'hypothèse d'une souveraineté raisonnable, tandis que l'idée fondatrice de communauté politique cède devant celle de communauté de responsabilité : autrement dit, la communauté de citoyens ne se définit plus seulement en termes de détention collective d'une puissance ultime, mais comme un ensemble d'individus obligés par la nature des besoins collectifs et conduits, pour cela, à modifier, transformer, voire abandonner la conception souveraine de la puissance qu'ils sont censés détenir.

Cette évolution est en outre confirmée par la transformation des enjeux auxquels se trouvent confrontés les gouvernements. Au-delà de ceux qui organisent la vie nationale, se démultiplient ceux qui concernent la survie de la planète tout entière et qui impliquent une politique de réelle cogestion par les États, transcendant les stratégies souverainistes du cavalier seul. La souveraineté raisonnable ne se limite donc plus à la gestion des questions domestiques mais s'élargit aux domaines globaux, comme si l'idée de sécurité qui avait fondé l'aventure du concept de souveraineté se globalisait pour renvoyer à la responsabilité collective de l'ensemble des États. On sait aujourd'hui que le développement contre-indique la souveraineté, infiniment plus dans le contexte actuel que dans celui du XIXe siècle qui avait présidé au destin de la plupart des économies européennes. La même remarque vaut pour l'environnement, comme on le sait depuis la conférence de Stockholm (1972), puis celle de Rio (1992), pour le développement social, comme le suggère celle de Copenhague, pour la démographie, comme l'a proclamé celle du Caire, mais encore pour l'habitat ou la condition féminine... Le monde

---

1. Comme l'a très bien analysé G. Salamé, in *Appels d'empire : ingérence et résistances à l'âge de la mondialisation*, Paris, Fayard, 1996.

devient ainsi, comme chaque communauté politique nationale, une véritable communauté de responsabilité.

Le droit lui-même, enfin, subit une évolution comparable. La responsabilité n'est plus le simple corollaire de la souveraineté, l'obligation plus ou moins contraignante dans laquelle se trouve un État de réparer les préjudices causés à d'autres États dans l'accomplissement de ses actes souverains. Le domaine de la responsabilité vient ainsi s'élargir : la résolution 686 du Conseil de sécurité du 2 mars 1991 entend engager la responsabilité de l'Irak non seulement pour les dommages qui lui sont imputables, mais aussi pour tous ceux qui lui sont consécutifs chez les États tiers. En même temps, l'idée d'une responsabilité pénale internationale se banalise, à la suite tant du génocide rwandais que des atrocités commises pendant le conflit yougoslave[1]. Les timides progrès accomplis en matière de droit de l'environnement vont également dans ce sens. Même si les États et les personnes résistent encore facilement à ces avancées, la philosophie du droit a déjà changé et n'est plus entièrement prisonnière du postulat souverainiste.

Transmutation ou substitution ? Si les États sont en passe de découvrir le principe de responsabilité, c'est en très grande partie sous l'effet des mêmes considérations qui les conduisirent autrefois à se revendiquer souverains et qui changent aujourd'hui de signification : réalisation du bien commun, nécessité d'allouer de la sécurité, obligation de participer à la définition d'un ordre international. Cet élément de continuité est pourtant compensé par un effet de rupture : la responsabilité ne définit plus la détention (à tout jamais fictive) d'une puissance absolue et ultime, mais l'obligation de tenir un engagement qui ne se limite plus à la seule communauté nationale et qui est désormais à la mesure des interdépendances et des enjeux collectifs que construit la mondialisation.

*

* *

1. Remarques et analyses d'Yves Daudet, séminaire de DEA d'études politiques, Paris, IEP, 1996-1997 ; pour une analyse un peu différente, cf. A. Pellet, « Art du droit et "science" des relations internationales », *in* B. Badie et A. Pellet dir., *op. cit.*, p. 353-369.

Invention complexe, usages ambigus, concept incertain : la souveraineté est loin d'être ce repère stable et rassurant, communément valorisé par les praticiens de la vie internationale, par la théorie classique et par les experts du droit international. La densité des références accumulées, le contenu du langage courant montrent pourtant qu'une notion n'a pas besoin d'être claire pour être abondamment employée : la fiction est utile et rend beaucoup de services. D'autant que la polysémie et l'ambiguïté sont d'un précieux secours : il y a toujours une acception de la souveraineté qui arrange les affaires de celui qui l'évoque. Mieux encore : derrière chaque construction de l'idéal souverainiste, il y a toujours une doctrine de l'intervention, voire de l'ingérence qui se cache. La fiction est ainsi fonctionnelle jusqu'au bout : comme valeur, la souveraineté dispose d'une capacité légitimante qui confine à l'absolu ; insérée dans une philosophie politique globale, elle suggère les pistes qui permettent de mettre entre parenthèses la plupart de ses implications : au nom de l'institution monarchique, au nom du droit des peuples ou au nom de la puissance...

Malmenée, tantôt dilatée, tantôt laminée, la souveraineté est cependant restée, dans le contexte des États indépendants, l'un des principes tabous de la vie internationale, traversant les épreuves de l'Ancien Régime, comme celles de la Révolution, parcourant le XIXe siècle, de la Sainte-Alliance au système bismarckien, renaissant à Versailles en 1919, à San Francisco en 1945, puis à Helsinki, trente ans plus tard. Il n'est pas sûr en revanche qu'elle résiste au dégel postbipolaire, aux aventures de la décolonisation, ni à celles de la mondialisation.

Deuxième partie

LA SOUVERAINETÉ
MISE AU DÉFI

On ne peut plus ruser aujourd'hui avec la souveraineté – ou si peu... L'échec de la décolonisation y est pour beaucoup. Alors que ce grand processus devait célébrer la souveraineté enfin universalisée, l'illusion n'a pas tenu dix ans : les certitudes développementalistes se sont vite estompées pour laisser la place à l'écume des souverainetés déchues. Il ne s'agit pas seulement de la dépendance retrouvée et d'un néocolonialisme précocement établi, mais d'États que la communauté internationale déclare carrément en faillite. Il ne s'agit pas uniquement d'États qui s'effondrent, mais de nations qui s'égarent hors des sentiers politiques, renaissant dans les fièvres du primordialisme et de l'ethnicisme, instituant des ghettos et se fondant dans les géométries mouvantes d'espaces culturels transnationaux. Les souverainetés sont ainsi, tour à tour, abolies ou trompées [1].

Tout le système international est en fait sollicité. Aux incertitudes venues du Sud, mais qui se globalisent très vite, se mêle une innovation somme toute assez remarquable : l'interdépendance ne se limite pas à son travail de sape qu'elle exerce durablement sur les vieux concepts et sur les pratiques de naguère ; elle rassemble, réunit, bouscule les hiérarchies et les frontières, modifie les comportements, abolit et rééduque. Elle apprend à

1. Sur la dimension socio-historique de cette question, nous renvoyons à notre livre *L'État importé*, Paris, Fayard, 1992.

l'acteur, quel qu'il soit, à se saisir de questions qui ne s'inscrivent plus nécessairement dans le périmètre de souveraineté qui marquait autrefois ses compétences ou ses allégeances; elle l'habitue aussi à regarder devant lui et non plus au-dessus de lui, à penser ses actes dans leurs conséquences et non plus dans le strict ordonnancement de leur production souveraine. En cela, l'interdépendance suscite des communautés de responsabilité multiples, changeantes, grandes ou petites, à l'échelle du mondial institué ou du local retrouvé. La question universelle des droits de l'homme crée ainsi une communauté planétaire de responsabilité, alors que, par exemple, le développement de la mer du Japon en suscite une de même nature, mais cette fois régionale et transnationale, et que les mutations d'une ville, voire d'un quartier, débouchent sur la constitution d'une troisième, associant acteurs politiques, économiques et sociaux dans la redéfinition du local. Face à la démultiplication de ces communautés de responsabilité, au sein desquelles les acteurs individuels et collectifs se regroupent pour répondre à des enjeux précis, en postulant en même temps leur solidarité et leur devoir d'agir en finalité, le principe de souveraineté semble, cette fois, éprouver les plus grandes difficultés à s'adapter et se redéployer.

CHAPITRE IV

Les souverainetés déchues

On ne saurait trop rappeler la nature intersubjective de la souveraineté : celle-ci existe, à l'échelle internationale, si elle est reconnue par l'autre. Cette altérité ainsi sollicitée n'est pas commune : elle est d'autant plus déterminante qu'elle est puissante. Le concert des nations donne aux États les plus forts le droit de décider de la souveraineté de l'autre, de déterminer si celle-ci est conforme aux règles et aux principes qui constituent les normes internationales, si elle est dotée des capacités minimales qui la rendent recevable. En amont de cette démarche, c'est bien la puissance qui, ici comme ailleurs, crée le conformisme : un État est souverain aux yeux des Grands s'il reproduit, en petit, la prétention qui fonde l'identité de ceux-ci. À l'échelle désormais universelle, la question devient sensible : tant que le système international était limité à l'Europe de Bismarck ou même à l'opposition de deux blocs organisés, les souverainetés n'étaient qu'exceptionnellement déchues, à l'instar par exemple de ce que furent les partages de la Pologne. Dans la fluidité du système postbipolaire d'aujourd'hui, la pérennité des souverainetés est soumise à un questionnement presque quotidien : les déclarant abolies ou trompées, l'agenda international tient leur chronique jusqu'à en faire l'un de ses enjeux majeurs.

LES SOUVERAINETÉS ABOLIES

On ne s'étonnera pas qu'avec la disparition du Mur, l'idée d'«État effondré» (*collapsed state*) prît un essor fulgurant[1]. L'actualité déjà ancienne se précisait : après le Tchad rongé par une guerre civile récurrente, l'Angola ou le Mozambique englués dans une décolonisation ratée qui servait les besoins d'une guerre froide projetée en Afrique australe, on notait une accélération flagrante des processus de décomposition frappant les États jeunes. Le Liberia, la Somalie, la Sierra Leone, comme la plupart des États de l'Afrique des Grands Lacs, suivaient le même chemin. L'Afrique noire souvent citée n'a acquis aucun monopole : l'Algérie présentait, dès 1991, des symptômes identiques qui ne cessèrent de s'affirmer, tout comme le Sri Lanka, l'Afghanistan, le Tadjikistan, le Cambodge, Haïti, la Yougoslavie et le Liban, peut-être aussi... Derrière l'extrême variété de ces cas, on trouve un même dénominateur commun : l'implosion des structures d'autorité et de légitimité qui, du même coup, anéantit la souveraineté de l'État concerné[2]. On devine l'implication majeure d'un tel constat : dès lors qu'un État s'effondre au point de ne plus être souverain, il devient acceptable sinon légitime que la communauté internationale intervienne dans ses propres affaires, voire se substitue à une autorité devenue déficiente et même défaillante afin de rétablir l'ordre.

On pressent cependant une double hypothèse : la définition qu'on peut forger de l'«État effondré» est quelque peu relâchée, subjective, arbitraire et donc soumise à l'appréciation du puissant ; l'hypothèse courante d'une cause *interne* à l'implosion d'États trop faibles, insuffisamment développés, est, de même, un peu trop facile et oublie trop vite les multiples facteurs internationaux de cet effondrement. Décidément, ces

---

1. La littérature devient abondante : citons en particulier W. Zartman éd., *Collapsed State*, Londres, Lynn Rienner, 1995 ; G.B. Helman et S. Ratner, «Saving Failed States», *Foreign Policy*, 89, hiver 1992-1993, p. 3-20 ; R. Jackson, *op. cit.*

2. W. Zartman, «Introduction», *in* id., *op. cit.*, p. 5.

États qui s'écroulent, ces «Léviathans boiteux[1]», sont bel et bien des produits de la vie internationale et si leur souveraineté s'est effectivement effritée, on retiendra surtout qu'elle a bel et bien été abolie par la communauté internationale.

En guise de définition, l'idée d'une «implosion» qui frapperait l'autorité ou la légitimité d'un État reste essentiellement métaphorique. L'image est évocatrice, mais il est délicat d'en déduire des critères précis : s'il s'agissait de mesurer l'*efficience* de l'autorité, la Russie postsoviétique s'apparenterait sans conteste à la catégorie des États effondrés, quand on sait que le cours du rouble a pu varier d'une ville à l'autre et que le pouvoir local y gagne une autonomie de fait qui est loin d'être négligeable. L'exercice pourrait même s'élargir à la plupart des États autoritaires si l'on prend, cette fois, en compte le critère de légitimité... S'il convient de porter un jugement non plus sur l'*efficience*, mais sur le *résultat*, c'est-à-dire sur la capacité de maintenir un ordre relatif et une sécurité minimale dans un espace donné, l'appréciation est tout aussi délicate : la Colombie rejoindrait alors le club des *collapsed states*, comme toute société dont le terrorisme dépasserait un seuil critique, bien sûr impossible à définir objectivement.

Certes, la problématique ainsi ouverte est riche et nous renvoie quelque peu à la case départ : on est confronté à la reconstruction sociologique de l'hypothèse hobbesienne de l'état de nature. On voit très utilement se profiler des tendances lourdes de notre système international contemporain : disparaissant progressivement comme événement interétatique, la guerre est de plus en plus réinventée comme événement «domestique», intérieur aux États[2]; recomposée comme marque d'un état de nature, elle devient «guerre sans raison», violence banalisée dans les relations sociales ordinaires[3]. On est confronté de même à cette régression sans fin qui affecte par érosions successives les

---

1. T. Callaghy, «The State as Lame Leviathan : the Patrimonial Administrative State in Africa», *in* Z. Ergas éd., *The African State in Transition*, Macmillan, 1987.

2. C. Coker, «Post-Modernity and the End of Cold War : Has War Been Disinvented?», *Review of International Studies*, juillet 1992, p. 189-198.

3. P. Joenniemi, «Wild Zones, Black Holes and Struggles Void of Purpose ; Has War Lost its Name?», Séoul, *IPSA Congress*, 1997, p. 6 *sq.*

fondements de l'autorité de l'État. Ainsi René Lemarchand observe-t-il que l'État rwandais d'Habyarimana était devenu successivement l'État des Hutu pour céder ensuite devant l'éclatement entre «Hutu du Nord» et «Hutu du Sud», puis devant les conflits opposant différents systèmes de patronage jusqu'à devenir l'État de l'*akazu*, c'est-à-dire d'une simple famille [1]. On retrouve également, derrière ces histoires malheureuses, l'hypothèse aussi forte que courante de l'«auto-cannibalisation» de l'État qui se dévore lui-même et détruit ses propres richesses, ne serait-ce que pour pouvoir survivre [2].

Derrière ces images navrantes et réelles, l'imprécision demeure : on nous livre davantage des tendances, de catastrophiques déviances qui risquent d'affecter plus ou moins la majorité des États membres des Nations unies qu'une catégorie claire. L'État entre en faillite politique lorsque la communauté internationale – c'est-à-dire les plus puissants – en décide ainsi, par le biais principalement d'une résolution du Conseil de sécurité. Autrement dit, si les États sont dotés de capacités souveraines évidemment inégales, le point de rupture inauguré depuis quelques années tient à la faculté que s'arrogent quelques-uns de suspendre légalement la souveraineté des autres : l'intéressé ne proclame que très rarement qu'il est en situation effective de décomposition...

Le pouvoir ainsi offert est loin d'être négligeable. Il laisse à ceux qui en ont la charge la possibilité de choisir les États qu'ils souhaitent proclamer en faillite et le moment où il convient de le faire. Le Conseil de sécurité des Nations unies a ainsi érigé la Somalie en *collapsed state* par la résolution 794 prise le 3 décembre 1992, lorsqu'il se fixa pour objectif «d'instaurer aussitôt que possible des conditions de sécurité pour les opérations de secours humanitaires en Somalie». De la même manière, la résolution 814, adoptée en mars 1993 pour définir les missions d'ONUSOM II, allait-elle très loin puisqu'elle se proposait d'aider le peuple somalien à «reconstruire l'écono-

1. R. Lemarchand, «Patterns of State Collapse and Reconstruction in Central Africa : Reflections on the Crisis in the Great Lakes», Séoul, IPSA, 1997, p. 14.
2. C. Young, cité *in* R. Lemarchand, *op. cit.*, p. 15.

mie et la vie sociale et politique du pays», à «remettre en état
les structures institutionnelles» et même à «reconstituer un
État somalien fondé sur un régime démocratique».

On ne pouvait pas afficher plus clairement l'effondrement
de la souveraineté d'un État : on entrait évidemment, avec
cette résolution, dans un processus qui déliait la communauté
internationale de toute obligation de non-ingérence et qui l'autorisait même à faire bon usage de la violence pour rétablir
l'ordre. La fonction du Léviathan passait ainsi de la communauté politique nationale à la communauté internationale.
L'acte n'était pourtant pas mécanique : le constat aurait pu être
fait à bien d'autres moments. L'effondrement de l'État somalien aurait pu être déclaré dès janvier 1991, lorsque éclata la
rébellion qui chassa le président Barré sans lui substituer réellement un nouveau gouvernement; en mai, lorsque fut proclamée la république sécessionniste du Somaliland; en novembre,
lorsque les combats entre factions Hawiye se soldèrent par
3 000 morts; ou encore en mars 1992, lorsqu'on dut admettre
que l'accord passé à New York entre les factions rivales ne fut
pas suivi d'effets et que l'aggravation du conflit porta à 14 000
le nombre de tués et à 27 000 le décompte des blessés... Nul
doute que le choix de la date correspondit, en l'occurrence, à
un jeu banal de puissance et singulièrement à la perception que
le président Bush avait des intérêts politiques et nationaux
dont il se sentait dépositaire. Ceux-ci sont certes difficiles à saisir et à hiérarchiser, qu'il s'agit de protéger de la déstabilisation
une zone stratégique sensible, d'arbitrer entre différentes
bureaucraties américaines en rivalité, de répondre à une opinion publique alimentée par les médias des drames humains
qui se nouaient autour de Mogadiscio, ou de protéger une part
du budget du Pentagone mis à mal par la nouvelle conjoncture
nationale ou internationale[1]... Dans tous les cas de figure, ce
fut bien une décision de puissance qui, pour s'accomplir, dut
donner une sanction juridique à l'idée d'État effondré : entre

---

1. Sur la crise somalienne, cf. notamment S. Makinda, *Seeking Peace
from Chaos : Humanitarian Intervention in Somalia*, Boulder, Lynne Rienner, 1993; J. Hirsch et R. Oakley, *Somalia and Operation Restore Hope :
Reflections on Peace-Making and Peace-Keeping*, Washington, 1995.

concept sociologique et mot du langage courant, la notion créait ainsi du droit. La communauté internationale devenait, par procuration, l'instance suprêmement habilitée à décider de la souveraineté de chacun, comme elle le souhaitait et quand elle le désirait...

On pressent combien est sensible et incertaine cette zone intermédiaire qui sépare le Léviathan performant du souverain incapable d'assurer l'ordre. L'extinction de la souveraineté évoque péniblement ces espaces indéfinissables qui séparent la mort clinique de la mort réelle. Le secrétaire général des Nations unies, Kofi Annan, choisit de soulever la question à propos de l'Algérie le 28 août 1997, notant que la violence y avait atteint un «niveau terrifiant». Significativement, il observait le lendemain que le drame qui se jouait avait été «trop longtemps traité comme une affaire intérieure[1]». Le président de *Human Rights Watch*, Kenneth Roth, appelait à l'intervention en reprenant le même argument : «quand tant de vies sont perdues, ce n'est jamais une affaire purement intérieure», tandis que l'État algérien disait déjà l'indignation que lui inspirait cette «inacceptable ingérence» et parvenait aisément à y faire échec.

Entre la Somalie et l'Algérie, deux pistes s'éclairent. Celle qui redonne à la communauté internationale le droit de délibérer sur la souveraineté de l'autre, dans un contexte d'interdépendance désormais exigeante, mais sans la ressource de critères autres qu'intuitifs : le seuil de cession de souveraineté devient fonction du degré d'indignation du témoin, de ses informations et de sa commisération. Celle qui permet de comprendre le passage de la prière du témoin à l'acte du puissant : dès le 22 avril 1992, Boutros-Ghali avait préconisé l'envoi de casques bleus à Mogadiscio, tandis que l'acte politique d'intervention ne fut décidé à la Maison-Blanche que huit mois plus tard. Autrement dit se superposent aujourd'hui une culture qui tient de plus en plus pour raisonnables les suspensions de souveraineté et un ensemble de pratiques qui décident de cet usage en fonction d'un jeu diplomatique qui reste conforme aux théorèmes de la puissance.

---

1. *Le Monde*, 7-8 septembre 1997.

L'effet du couple culture et puissance se retrouve dans de nombreuses situations qui font notamment l'ordinaire du continent africain. Nations unies et OUA en sont tour à tour les partenaires, selon que la faillite d'un État se trouve gérée à l'échelon régional ou à celui de la scène internationale tout entière. Le premier est communément sollicité au fil des crises qui ébranlent l'Afrique occidentale, comme en témoigne l'intervention de l'ECOMOG au Liberia, ou comme le suggère aussi l'évolution suivie par la dernière crise en Sierra Leone. Le coup d'État du 29 mai 1997 chassa le président Ahmad Kabbah de Freetown, installant au pouvoir une junte appuyée par une armée sierra-léonaise forte de recrutements massifs auprès d'une jeunesse sans emploi. Les circonstances mêmes de ce coup qui s'inscrivait dans une longue lignée jalonnant l'histoire d'un pays rongé par la rébellion rappellent que nous restons dans la catégorie des *collapsed states*. L'OUA invita aussitôt les États voisins à «prendre toutes les mesures nécessaires pour rendre la vie impossible au nouveau régime», tandis que le chef d'État nigérian, président de la CEDAO (Communauté économique des États de l'Afrique de l'Ouest), promettait de restaurer le président déposé, mettait en place une politique hardie de sanctions économiques, privant la population de nourriture et de carburant, et faisait intervenir, sous la bannière de l'ECO-MOG, une partie de l'armée nigériane qui s'installait progressivement sur le territoire sierra-léonais[1]. Le chef de la junte pouvait ainsi, dès le lendemain de son installation et alors qu'aucune décision n'avait encore été formellement prise, dénoncer auprès des Nations unies les risques d'ingérence et les menaces d'intervention.

Le Liberia avait marqué un précédent. Inaugurant son rôle de puissance régionale, le Nigeria avait consacré quelque trois milliards de dollars pour arbitrer, sous couvert de l'ECOMOG, entre les différentes factions rivales qui s'opposaient depuis que Charles Taylor avait déclenché l'insurrection de décembre 1989[2]. L'acte d'intervention ne suspendait pas seulement la souveraineté politique d'un des plus anciens États d'Afrique; il

---

1. *Ibid.*, 1er-2 juin 1997, p. 4.
2. *Ibid.*, 14 août 1997.

remettait aussi en cause sa souveraineté économique en se banalisant sous forme de prédations nombreuses et variées, allant du
pillage des usines de diamant du Lofa jusqu'au démontage de
biens d'équipement, comme ceux du port de Buchanan expé-
diés, dit-on, tels quels, par voie maritime jusqu'à Lagos[1]. Il aboutit enfin à un acte d'investiture ordinaire délivré en faveur de
Charles Taylor dont l'armée nigériane avait facilité l'élection de
manière à disposer, dans cette région troublée, d'un relais clien-
téliste efficace[2]. À ce niveau, régulation, médiation et pacification se confondent avec ingérence mais plus encore avec
interruption, remodelage et modulation de la souveraineté :
celle-ci cesse par là même d'être un point fixe de la géométrie
internationale pour s'intégrer dans un jeu de recomposition des
espaces, organisé par la puissance régionale du moment qui
étend ou rétracte sa prétention de régir l'autre et de se substituer
au moins provisoirement à son autorité défaillante.

Le Zaïre des années 1990 pourrait passer pour un contre-
exemple. Durant la dernière décennie, l'ancien Congo belge
réunissait pourtant tous les symptômes de l'État en faillite : une
armée importante mais en mutineries répétées, recourant fréquemment au pillage (en automne 1991, en janvier 1993), des
finances publiques à l'agonie, une bureaucratie corrompue et
inefficace. À ce contexte s'ajoutait surtout une chute brutale
des revenus de l'État (divisés par huit en l'espace de quelques
années!) et, suprêmes symptômes d'effondrement, les régions
les plus riches tendaient vers une autonomie de fait qui les ren-
daient incontrôlables, tandis que, un peu partout dans le pays,
les mobilisations citoyennes se convertissaient en mobilisations
ethniques et qu'aux minorités venues d'ailleurs on opposait
volontiers le slogan de «l'authenticité zaïroise[3]»... C'est dans

---

1. Cf. le témoignage de Médecins sans frontières : F. Weissman, «Le
Liberia, otage des seigneurs de guerre», in *Populations en danger*, Paris,
La Découverte, 1996, p. 104 *sq.*
2. *Le Monde*, 14 août 1997.
3. Cf. notamment E. Bustin, «La désagrégation de l'État zaïrois et des
incidences régionales», *in* D. Bach dir., *Régionalisation, mondialisation et
fragmentation en Afrique subsaharienne*, Paris, Karthala, 1998, p. 115-127,
et J.-C. William, *L'Automne d'un despotisme : pouvoir, argent et obéissance
dans le Zaïre des années quatre-vingts*, Paris, Karthala, 1992.

cette atmosphère que la faillite annoncée du Zaïre rejoignit la crise rwandaise, Laurent-Désiré Kabila récupérant aisément la rébellion banyamulenge, ces «Tutsi zaïrois» aux prises avec le flux massif des quelque 500000 réfugiés hutu fuyant le Rwanda de l'après-Habyarimana : ainsi un conflit interne à un État allait-il devenir directement, en s'internationalisant, le détonateur du conflit civil qui devait transformer l'État voisin... On est loin du dogme de la souveraineté et de l'intégrité territoriale : on se situe clairement à la jointure belligène d'un effet d'effondrement d'État et d'une crise internationale majeure, puisque se trouvaient jetés sur la route et pourchassés environ un demi-million d'êtres humains.

Néanmoins, la communauté internationale ne sut pas déclarer cette faillite ni intervenir pour contenir ses effets ravageurs. Des appels furent certes lancés dans ce sens par plusieurs ONG soulignant l'incapacité de l'État zaïrois en décomposition à prendre en charge une telle situation; ces organisations furent relayées par plusieurs gouvernements européens, notamment dès novembre 1996 par ceux de France et d'Espagne, la Grande-Bretagne faisant preuve d'une plus grande prudence, réclamant cependant la constitution de «couloirs humanitaires». L'État rwandais a joué, de son côté, la carte de la souveraineté, préconisant l'organisation du ravitaillement en vivres et en médicaments de ses ressortissants dispersés au Kivu, et ainsi l'aide au rapatriement progressif d'une population qui avait fui, par crainte de répression, le nouveau régime de Kigali. Les États-Unis ont ouvertement appuyé cette option souverainiste, prenant ici le contre-pied de l'attitude adoptée face au drame somalien : refusant de reconnaître la faillite des États concernés ainsi que l'urgence humanitaire, l'ambassadeur américain à Kigali fit clairement connaître qu'«[il] ne voyai[t] pas l'utilité d'une intervention militaire extérieure[1]».

Le point de vue d'Emma Bonino, commissaire européen chargé de l'action humanitaire, était tout autre : «L'aide humanitaire doit être acheminée d'urgence là où le million de réfugiés hutu se trouve, c'est-à-dire au Zaïre. Nous n'avons pas l'impression que ces gens veulent être rapatriés au Rwanda et

1. *Le Monde*, 6 novembre 1996, p. 5.

aucune loi ne peut les forcer à rentrer, ce serait une déporta-
tion[1].» L'argument était double : l'incapacité d'un État à faire
face à une situation d'urgence abolissait de fait une part de sa
souveraineté, rendant nécessaire une intervention extérieure ;
le flux de réfugiés bousculait déjà le principe de l'intégrité territoriale et contournait dès lors l'argument de souveraineté.
L'analyse fut reprise par l'envoyé spécial du secrétaire général
de l'ONU pour la région des Grands Lacs, le Canadien Ray-
mond Chrétien, qui tenait l'organisation d'une force humanitaire pour «indispensable[2]». Quelques mois plus tard, la
formule n'apparaissait plus que comme un recours extrême,
prenant soit la forme d'une force d'interposition, soit celle
d'une force qui «s'imposerait» malgré les hostilités[3].

Le Conseil de sécurité a globalement tranché dans le sens
souhaité par le Rwanda, mais aussi par la diplomatie américaine. Après avoir conçu puis abandonné l'idée d'une force
multinationale, le Conseil a réaffirmé, dans sa résolution 1097
du 18 février 1997, «la souveraineté nationale et l'intégrité territoriale du Zaïre et des autres États de la région des Grands
Lacs» ; il invitait en même temps à la «cessation immédiate des
hostilités», au «retrait de toutes les formes extérieures, mercenaires compris», à «la protection et la sécurité de tous les réfugiés et personnes déplacées», à une «solution rapide et
pacifique de la crise par le dialogue, le processus électoral et la
convocation d'une conférence internationale sur la paix, la
sécurité et le développement dans la région des Grands Lacs».

Ainsi, ni le Zaïre ni le Rwanda ne furent déclarés en faillite
par la communauté internationale et la réaffirmation de leur
souveraineté eut raison d'une politique d'intervention de la
communauté internationale. Ce que les États-Unis tinrent pour
évident à propos de la Somalie ne leur paraissait d'aucune utilité dans la région des Grands Lacs : la crise de l'hiver 1996-1997
s'est pourtant soldée par la probable disparition de quelque
200 000 réfugiés rwandais sur lesquels il était devenu difficile
d'enquêter, par une réintégration hautement risquée de cen-

1. *Ibid.*
2. *Ibid.*, 6 décembre 1996, p. 2.
3. *Le Figaro*, 4 mars 1997, p. 3.

taines de milliers d'autres au sein d'un des États les plus pauvres de la planète, et par une prédation massive des richesses du Zaïre redevenu République démocratique du Congo. En jouant ici la carte souverainiste, les États-Unis ont pu éviter l'internationalisation de la crise du Kivu et favoriser tant leurs nouveaux alliés ougandais et rwandais que la rébellion bientôt vainqueur de Laurent-Désiré Kabila. Le résultat de l'opération se traduisit bien en termes de dépouilles : concessions octroyées par le nouveau régime de Kinshasa à un consortium minier ougandais proche du président Museveni, aide active à la reconstitution de l'armée rwandaise, puissants contrats signés avec des compagnies américaines. Le principe de souveraineté paraît plus contradictoire que jamais, tandis que celui d'internationalisation se brouille à son tour, tiraillé entre sa construction formelle et une réalisation informelle qui s'impose ici comme nouveau concept, dans son cynisme et son hypocrisie…

La dépossession de souveraineté n'implique pas toujours la passivité de la victime : l'exemple albanais suggère que certains États menacés d'effondrement peuvent aussi prendre l'initiative d'une internationalisation de leur fonction régalienne. La communauté internationale fut, dans un premier temps, largement tenue à l'écart d'une crise qui, dès janvier 1997, plaçait le petit État balkanique dans la catégorie des *collapsed states* : villes du Sud purement et simplement conquises par les rebelles, affrontements directs et armés, recours à des élections truquées, réveil des minorités culturelles[1]… L'OSCE fut priée, le 5 mars, de différer l'envoi d'une mission dirigée par l'ancien chancelier autrichien Franz Vranitzky, le ministre albanais des Affaires étrangères, Mehemet Shahu, considérant qu'il importait précisément de rétablir l'ordre auparavant.

L'incapacité de parvenir à cette fin a inversé clairement le processus : le président Sali Berisha et le nouveau gouvernement installé quelques jours plus tard firent connaître à l'émissaire européen leur souhait que se mît en place une intervention extérieure capable de restaurer la sécurité et l'unité du pays.

---

1. *Le Monde*, 7 mars 1997, p. 2, et 26 octobre 1994, p. 6 ; M. Vickers et J. Pettifer, *Albania : From Anarchy to a Balkan Identity*, Londres, Hurst, 1997.

Les Quinze, réunis à Apeldoorn les 15 et 16 mars, se contentè-
rent de faire connaître «leur disponibilité pour envoyer une
mission d'assistance civile, policière et militaire», en consulta-
tion avec les Nations unies, écartant notamment l'idée d'installer à Tirana un «administrateur» de l'Union européenne,
comparable à celui établi naguère dans la ville bosniaque de
Mostar[1]. Le processus de suspension de la souveraineté apparaît ainsi de manière modulée. Face à la demande albanaise,
l'offre internationale restait prudente, compte tenu de l'incapacité évidente de l'Europe d'entreprendre une action d'envergure lui permettant de se substituer à l'État albanais. Elle
devint plus conséquente lorsqu'elle parvint au Conseil de sécurité de l'ONU, relayée par le représentant de Tirana auprès des
Nations unies. La résolution 1101 (29 mars 1997) se référait au
chapitre VII de la charte, autorisant «certains États membres»
à mettre en place «une force multinationale temporaire de
protection» : elle fut adoptée à l'unanimité, atténuée par l'abstention de la Chine. La résolution fixait les fonctions de l'intervention : l'acheminement rapide et sûr d'une assistance
humanitaire et la création d'un «climat» de sécurité nécessaire
aux missions des organisations humanitaires.

L'affaire albanaise confirme que les États peuvent ainsi
négocier leur souveraineté de façon de plus en plus courante,
au gré des situations telles qu'elles évoluent et de leur capacité
plus ou moins marquée de maintenir l'ordre et d'assurer la
sécurité. Il s'agit bien en fait d'une tractation : des exemples
aussi variés que l'Algérie, le Rwanda, la Sierra Leone, la Somalie ou l'Albanie révèlent la complexité et la diversité des stratégies qui se déploient entre États affaiblis ou effondrés et les
instances qui sont en mesure de prononcer la faillite d'un État
et de mettre en pratique les modes d'intervention qui en
découlent. Il serait schématique de penser que les uns sont
obligatoirement rivés à une attitude strictement passive et les
autres à une volonté constante d'intervenir de façon systématique. C'est parfois la fluidité du comportement des uns et des
autres qui retient l'attention : l'internationalisation et la rétrac-
tion souverainiste deviennent les deux faces d'une nouvelle

1. *Le Monde*, 18 mars 1997, p. 4.

conception de la politique internationale, qui se déploient de façon variable selon les situations et selon la capacité sauvegardée par l'État affecté, allant de la suspension conditionnelle et très provisoire de la souveraineté jusqu'à son abolition éventuellement révisable. C'est ici peut-être que se cristallise la nouveauté : au travers notamment du Conseil de sécurité, c'est bien une amorce de communauté internationale qui délibère sur l'opportunité de prononcer la faillite d'un État. Contrairement à des pratiques passées, ce n'est pas tant la déviance d'un régime qui force de semblables décisions, mais une appréciation permanente apportée par le tout sur l'aptitude d'une de ses parties à assurer ses fonctions souveraines. On pressent déjà que, derrière cette responsabilité en germe, se profilent des arbitrages évidemment rendus en termes de puissance. Il reste que s'aventurent aussi les éléments d'avant-garde d'une nouvelle grammaire des relations internationales selon laquelle, même dans les principes, la souveraineté n'est plus un point fixe mais un élément permanent de négociation largement utilisé par les gouvernants.

La faillite ne se limite pas bien sûr au seul effet d'annonce : elle tient aussi à la faible capacité objective des États les moins développés dont la souveraineté est présumée illusoire[1]. La mondialisation suscite ici aussi un phénomène nouveau : l'universalisation du modèle étatique des États les plus puissants, jusqu'aux plus jeunes, aux plus pauvres et aux moins dotés crée un différentiel de puissance énorme qui rend certaines souverainetés totalement fictives et qui internationalise de fait des espaces entiers de certains continents, les faisant basculer dans le domaine des États *potentiellement* en faillite. La dépendance personnelle des princes du Sud par rapport à ceux du Nord, parmi les plus puissants, est étroitement fonction de la faible institutionnalisation des États en développement[2]. Autrement dit, les stratégies d'extraversion déployées par les titulaires du

1. Selon la thèse de J. Migdal, *Strong Societies and Weak States : State-Society relations and State Capabilities in the Third World*, Princeton, Princeton University Press, 1988.
2. Selon la perspective de J. Galtung, « A Structural Theory of Imperialism », *Journal of Peace Research*, 8, 2, 1971, p. 81-117.

pouvoir politique tiennent le plus souvent à la faiblesse de la construction stato-nationale : l'utilité de ces pratiques pour les chefs d'État du tiers-monde, les Mobutu d'hier ou les Kabila d'aujourd'hui, risque de précipiter l'effondrement des États, en aggravant les prédations et les dérives autoritaires, en accentuant l'illégitimité de la politique, en malmenant encore davantage les fonctions extractives et redistributrices. Très clairement, les gains individuels de quelques-uns viennent contrarier les exigences de l'utilité collective...

Nombreux sont les cas où la décomposition des États s'alimente aussi d'une clientélisation concurrentielle de deux factions dont la rivalité remet en cause l'existence même d'un corps politique, et donc d'une nation. L'appui apporté par l'Afrique du Sud à l'UNITA faisait ainsi écho au soutien cubain dont disposait le pouvoir en place à Luanda : il en résultait un réel dédoublement des structures d'autorité en Angola, selon un processus qui internationalisait de fait un espace de souveraineté qui devenait uniquement formel. La clientélisation française de l'administration hutu du Rwanda a de même contribué à renforcer les sympathies anglo-saxonnes du FPR tutsi, tout comme les liens entre Paris et Ndjamena inscrivaient d'eux-mêmes les différentes vagues de la rébellion nord-tchadienne dans la mouvance libyenne, quitte à ce que leur accession au pouvoir se traduisît par une brutale inversion de leur alignement international, comme en témoigna la conduite d'Hissène Habré, de Goukouni Oueddeï, puis d'Idriss Déby... Les sécessions les plus anciennes (Katanga, Biafra) mêlaient déjà des processus endogènes et des stratégies internationales[1] : en fait, l'effondrement des États est rarement à l'abri de ce type d'intervention et remet *de facto* entre les mains de tout ou partie de la communauté internationale l'avenir même de l'État concerné. L'internationalisation devient ainsi le quotidien d'un nombre important d'États qui n'ont plus de souverain que le nom.

Il est remarquable et peut-être moins connu que cette abolition de la souveraineté se traduise aussi par des mécanismes d'internationalisation privée. L'incapacité de certains États

---

1. Cf. E. Mbokolo, *op. cit.* ; R. Suberu, « Intégration et désintégration dans la Fédération nigériane », *in* D. Bach dir., *op. cit.*, p. 129-142.

suscite une offre sécuritaire constitutive d'un véritable marché transnational. Ainsi le Mozambique a-t-il privatisé ses douanes pour en confier la gestion à une entreprise spécialisée, tandis que la Sierra Leone a passé contrat avec une société pourvoyeuse de milices privées afin de repousser en mai 1995 l'offensive des rebelles sur Freetown. On peut citer encore l'État ougandais qui privatise la protection des sites aurifères du Turkama, l'Algérie qui utilise ce genre de services à des fins d'entraînement de son armée, voire le Sri Lanka pour combattre la rébellion tamoule. On ne compte plus les entreprises multinationales qui déploient, notamment en Afrique, des stratégies autonomes de sécurité et de protection, confiant à des sociétés pourvoyeuses de milices aguerries la mission de sanctuariser non seulement leurs installations mais aussi la région environnante. Ainsi procèdent les compagnies pétrolières dans le delta du Niger, et notamment autour du port pétrolier de Warri, finançant en outre écoles, routes et dispensaires dans leur immédiat environnement : au total, ce sont de vrais îlots qui échappent presque complètement à tout contrôle d'un État nigérian qui non seulement en prend son parti mais réclame même un renforcement de ces pratiques[1].

On connaît l'activité de la société Executive Outcomes, installée à Pretoria, constituée de vétérans de l'ancienne armée sud-africaine et offrant ce genre de services sur le marché international. Enrique Ballesteros, rapporteur spécial des Nations unies, notait dès novembre 1996 l'importance de ce type de firmes et la façon dont «leur présence significative, voire hégémonique dans la vie économique locale [menaçait] les souverainetés nationales[2]». Executive Outcomes a pu ainsi conquérir les champs pétrolifères de Soyo en Angola pour le compte d'une compagnie multinationale : faisant la preuve de son efficacité, elle se vit alors proposer un contrat de 40 millions de dollars par le gouvernement de Luanda afin de réorganiser ses forces armées. Prestataire un peu partout en Afrique, elle monnaye ses services pour se substituer à l'État là où il est déficient : pour garantir la sécurité, pour organiser les infrastructures,

1. *Le Monde*, 30 avril 1997, p. 4.
2. *Le Figaro*, 15 janvier 1997.

notamment les aéroports et le transport aérien, pour coordonner l'exploitation des mines. Ses filiales ont pu ainsi privatiser l'aéroport de Luanda, exploiter les mines sierra-léonaises ou ougandaises, déminer au Rwanda ou au Mozambique, faire de la prospection au Kenya ou en Malaisie, équiper la Zambie en réseaux de communication, protéger des sites au Nigeria, en Angola, au Ghana et en Côte d'Ivoire, faire de l'assistance militaire en Algérie, au Botswana ou en Sierra Leone. Par un jeu habile de filiales, ce type d'entreprise peut contrôler ou même s'approprier indirectement certains sites miniers, entrant dans le jeu de patrimonialisation du pouvoir grâce à la complicité des élites en place. La souveraineté des États concernés est ainsi vidée peu à peu de tout contenu : la régression de leur capacité effective est compensée par l'essor de ces curieuses entreprises para-étatiques…

Dans ces conditions, les organisations criminelles ou mafieuses sont en mesure de prendre le relais. La décomposition de l'État cambodgien a pu ainsi faire l'affaire de réseaux composites où se mêlaient Khmers rouges, responsables de l'armée régulière de Phnom Penh, dignitaires ou officiers de l'État thaïlandais et entreprises contrebandières pour cogérer les espaces troublés tout en s'alimentant de trafics d'antiquités, de pierres précieuses frauduleusement extraites du sous-sol et du bois issu de la déforestation sauvage. La même prédation réunissait, au Liberia, seigneurs de la guerre, agents de l'ECO-MOG et hommes d'affaires occidentaux, tandis que la progression de Laurent-Désiré Kabila vers Kinshasa se concrétisait par l'octroi des concessions minières les plus attrayantes à des sociétés américaines.

La défaillance des États n'a pas seulement des dérives mafieuses : elle conduit aussi à une appropriation partielle de leur souveraineté par les organisations internationales, notamment celles spécialisées dans le financement multilatéral de leur développement. Après avoir vanté, avec la vague de décolonisation, les mérites du développementalisme et de l'État, la Banque mondiale a ainsi prôné successivement le désengagement de l'action publique, la diminution sensible de la taille des bureaucraties, puis, maintenant, les vertus de la *good governance* qui s'apparente de façon assez frappante à la prescription

active d'un idéal libéral et pluraliste propre à la culture américaine[1]. On recommande désormais un État présenté comme un
support institutionnel, garantissant le respect de la loi et de
l'ordre, protégeant la propriété privée et encourageant ainsi la
production et l'investissement[2] : on est beaucoup plus proche de
Locke et d'Adam Smith que de Jean Bodin ou de Hobbes! La
prime ainsi accordée au marché devient importante et se trouve
encore renforcée dans le discours de certaines banques américaines spécialisées dans l'aide bilatérale... Plus prudentes, les
institutions de Bretton Woods doivent cependant concilier le
respect de leur charte qui leur interdit explicitement l'ingérence
dans les affaires des pays aidés et une culture libérale désormais
bien ancrée : l'appel au renforcement des «capacités institutionnelles» (capacity building) et à l'amélioration des modes de
régulation interne (good governance) constitue un compromis
formel qui, dans la réalité, les conduit à travailler le tissu social
et politique des pays concernés jusqu'à porter manifestement
atteinte à leur souveraineté. C'est dans ce contexte, par
exemple, qu'au début des années 1990 l'État béninois dut, sur
les injonctions de la Banque, se délester de quelque 6300 fonctionnaires; simultanément, le Pakistan populiste et l'Algérie
socialiste durent profondément restructurer leur économie
dans un sens libéral. Peu après, le Kenya fut amené à lancer un
important plan de privatisation de ses grosses entreprises, suivi
en 1996 par le Mozambique et l'Éthiopie et, en Europe, par la
Roumanie et la Macédoine, tandis qu'en janvier 1998 la Côte
d'Ivoire dut accepter de libéraliser totalement la filière cacao.
En revanche, l'insuffisance des efforts consentis dans cette
direction par le Nigeria bloqua la négociation que le régime du
général Abacha avait alors engagée avec le FMI et la Banque
mondiale. La pression exercée sur le contenu des politiques économiques est tout aussi privative de souveraineté; l'accord
négocié avec le Fonds monétaire par le Venezuela aboutit en

1. Cf. B. Campbell, «Débats actuels sur la reconceptualisation de
l'État par les organismes de financement multilatéraux et l'USAID», in
GEMDEV, Les Avatars de l'État en Afrique, Paris, Karthala, 1997, p. 79 sq.
2. T.J. Biersteker, «Reducing the Role of the State in the Economy : a
Conceptual Experience of IMF and World Bank Prescriptions», International Studies Quarterly, 34, 1990, p. 477-492.

juin 1996 à un résultat surprenant : le président Rafael Caldera, populiste et étatiste notoire, dut mettre en œuvre avec Teodoro Petkoff, ancien commandant de guérilla très inspiré par le socialisme, un accord aux forts relents de libéralisme. Le plan prévoyait notamment une substantielle dévaluation du bolivar, la suppression du contrôle des changes, la multiplication par 8,5 du prix de l'essence à la pompe, une sensible augmentation du coût des consommations courantes et, bien sûr, un important programme de privatisations dont celle, difficile, de la corporation vénézuélienne de Guyana et celle, plus réussie, du téléphone.

Le bilan est complexe. À l'heure où le multilatéralisme est frappé d'incertitudes, l'aide multilatérale au développement se porte plutôt bien et dispose d'importants moyens. Il est incontestable qu'elle se globalise et s'insère dans une problématique de la responsabilité : en témoignent son ouverture aux anciens États du camp soviétique, comme ses efforts pour prendre également en charge les questions de développement institutionnel et social. Ainsi les secteurs les plus pauvres des populations concernées bénéficient-ils de traitements de faveur ; une aide spécifique à l'éducation et à la santé est consentie, comme l'atteste l'exemple éthiopien. Le paramètre politique est pris en considération comme élément de conditionalité de l'aide : les élections libres de 1996 ont joué un rôle décisif dans le cas roumain, tandis que le Mozambique a été pressé d'organiser des élections locales et que la Guinée a été invitée, dès septembre 1994, à réformer son système judiciaire et à combattre la corruption. Pourtant, tout cela concourt à banaliser cette suspension de la souveraineté qui, autrefois, eût été jugée attentatoire et insupportable. L'accompagnement social, s'il se précise aujourd'hui dans le discours et la pratique, n'atténue pas franchement le credo libéral des institutions de Bretton Woods, tandis que les choix apparemment volontaires et contractuels de ceux qui les sollicitent ressemblent plus que jamais à des cessions forcées de souveraineté devant la manifestation conjuguée d'une mondialisation irrépressible et d'une logique de puissance sans cesse confirmée.

Avec la fin du millénaire, les économies d'Asie sont à leur tour concernées et de façon très suggestive : les puissances émergentes, avec la Corée du Sud, la onzième puissance économique mondiale, s'inscrivent désormais dans la même aventure. Les « accords passés » avec le FMI par différents gouvernements d'Asie ont eu notamment pour effet de réduire, voire de remettre en cause la spécificité des recettes asiatiques de développement : la souveraineté est ici attaquée dans son essence même, les *collapsing economies* conduisant à la mise en place d'un mécanisme de banalisation néolibérale d'inspiration anglo-saxonne, diminuant les choix gouvernementaux et réduisant la particularité des modèles. Les pays d'Asie du Sud-Est et notamment la Thaïlande en firent l'expérience dès le premier semestre 1997 en augmentant les impôts, en réformant leur système bancaire et en diminuant la part d'intervention de l'État. En décembre de la même année, Séoul dut consentir un accord avec le FMI en échange d'un prêt global de 57 milliards de dollars rendu nécessaire pour pallier l'effondrement de l'économie sud-coréenne. En pleine élection présidentielle, les termes de cet accord anéantirent tout débat public pour normaliser la vie économique : les *chaebols*, ces conglomérats familiaux qui firent l'originalité du modèle coréen, devaient se banaliser, s'occidentaliser, rester désormais spécialisés dans leur métier d'origine, améliorer leur rentabilité plutôt que de conquérir de nouvelles parts de marché et se différencier clairement tant de la sphère politique que du secteur bancaire; celui-ci devait s'autonomiser tout en se restructurant, dégraissant ses effectifs et procédant à des recapitalisations[1]; l'emploi devait gagner en flexibilité, ce qui constituait une invitation à peine déguisée au licenciement; la croissance devait être ralentie et enfin la part autorisée des investissements étrangers dans le capital des entreprises coréennes devait passer de 26 % à 55 %. Le gouvernement thaïlandais avait déjà dû se plier à une telle mesure : c'est ainsi que la Citibank, deuxième banque américaine, avait pu s'emparer, en 1997, de 50,1 % du capital de la First Bangkok, septième banque thaïlandaise, tandis que la Development Bank of Singapore avait pu acheter 53 % des parts de la Thaï Danu Bank[2]. Le protectionnisme bancaire qui constituait l'une des marques du modèle asiatique se dissout ainsi progressivement, à la faveur des cessions

1. *Le Monde*, 5 décembre 1997, p. 2.
2. *Ibid.*, 31 décembre 1997, p. 14.

de souveraineté, elles-mêmes aggravées par la part prépondérante prise par les prêts américains dans cette œuvre multilatérale de renflouement orchestrée par le FMI : mondialisation et intégration régionale viennent mêler leurs effets corrosifs...

Autant de mesures qui, de façon significative, ont conduit Kwon Young-gil, président de la fédération coréenne des syndicats, à considérer «qu'avec le recours au FMI, le pays avait perdu sa souveraineté économique»; et à dénoncer «l'absorption du capital coréen par le capital transnational»[1]. On peut en même temps relever la vivacité des propos tenus par les représentants des gouvernements asiatiques lors du trentième sommet de l'ASEAN, organisé du 13 au 15 décembre 1997 à Kuala Lumpur : en pleine tempête, la conférence fut élargie à la Chine, au Japon et à la Corée. C'était bel et bien tout un bloc asiatique qui se reconstituait pour dénoncer sans illusion les méthodes du FMI et alimenter le discours «asiatiste» du Premier ministre malaisien, Mahatir Bin Mohamad, hôte de la conférence. Cette crispation est incontestablement un indicateur fort des souverainetés perdues; elle est d'autant plus fondée que les plans de réforme des institutions de Bretton Woods s'orientent de plus en plus explicitement vers une remise en cause du partenariat étatique. D'abord en encourageant les projets d'intégration et de développement régional qui débordent explicitement du cadre stato-national; mais aussi en encourageant, à l'instar de ce que souhaitent plusieurs responsables américains, une privatisation des financements et des aides; une telle orientation pourrait notamment impliquer, à terme, une autonomisation de la Banque face à ses actionnaires étatiques et un renforcement substantiel du rôle de la SFI (Société financière internationale, filiale de la Banque mondiale) qui est habilitée à prêter aux entrepreneurs privés. Les *collapsing economies* feraient ainsi clairement appel à une régulation radicalement extra-étatique, d'autant plus éloignée des canons de la souveraineté[2].

---

1. *Ibid.*, 5 décembre 1997, p. 2.
2. C.A. Michalet, «Le nouveau rôle des institutions de Bretton Woods dans la régulation de la mondialisation», *in* M. Berthod-Wurmser, A. Gauron et Y. Moreau dir., *La Régulation sociale : le rôle des organisations européennes et internationales*, Paris, IEP, 1997, p. 69-70.

De même la diminution des capacités souveraines des États devient-elle de plus en plus l'effet banal des interdépendances croissantes. Les facilités de communication, notamment liées à l'essor des solidarités transfrontalières, entretiennent des processus de globalisation qui conduisent chaque État à faire siennes les affaires intérieures de ses voisins. L'effet «contagion» devient ainsi une image qui illustre de manière suggestive mais grossière les processus presque mécaniques d'intervention chez l'autre proche. La métaphore biologique pourrait certes nous égarer par son caractère trivial et abusivement mécanique : la révolution islamique en Iran, la guerre civile en Algérie n'ont pas eu d'effets sensibles sur les États voisins, tout comme la crise yougoslave n'a créé aucune épidémie identitaire au sein des Balkans qui constituent pourtant un terrain sensible. Une volonté politique de manipulation est nécessaire pour que la «contagion» ait lieu sans être pour autant suffisante : elle s'articule également, à sa façon, aux processus d'effondrement des États et au choix des gouvernements ou des entrepreneurs politiques qui décident d'en payer le prix. Ce qui est très probablement nouveau tient précisément à cette banalisation croissante de l'acte de débordement sur la souveraineté de l'autre : s'emparer de la vie politique intérieure du voisin à des fins stratégiques propres devient pratique presque courante.

Aussi la crise rwandaise devint-elle naturellement une crise zaïroise. Peut-être par l'effet incompressible de dynamiques identitaires transnationales : il est vrai que l'effondrement du Zaïre s'amorça sérieusement durant l'été 1996 à l'initiative des Banyamulenge qui bénéficiaient des victoires du FPR au Rwanda. Il faut pourtant se garder de simplifier : l'Afrique n'est pas ce terrain de solidarités ethniques qui effaceraient les frontières. Les mobilisations de ce type (qui d'ailleurs n'ont rien de «naturel» ni même d'historique ou de simplement traditionnel) n'ont pas eu d'effets sensibles de débordement au Liberia au moment de la guerre civile, ni au Nigeria lors du conflit biafrais, ni en Afrique australe. En outre, la «rébellion» banyamulenge devint effective lorsqu'elle fut captée, canalisée et organisée par Laurent-Désiré Kabila qui s'est avant tout imposé comme un entrepreneur politique ; elle put s'inscrire en

termes ethniques sur la scène zaïroise parce que le gouvernement de Kinshasa avait préalablement choisi, comme naguère
Habyarimana à Kigali, la carte ethnique de «l'authenticité zaïroise», menaçant ainsi ceux qui risquaient de devenir des minorités en voie d'exclusion. L'implication zaïroise dans le conflit
rwandais résultait ainsi d'un effet de composition au demeurant assez typique : un projet politique puissant d'un côté, un
État en décomposition de l'autre, une correspondance identitaire qui reliait les deux et qui fut politiquement entretenue de
part et d'autre... Le nouvel homme fort de Kigali, Paul
Kagame, vice-Premier ministre et ministre de la Défense, ne
s'en est d'ailleurs même pas caché, reconnaissant avoir placé
«des commandants intermédiaires rwandais» au sein des
troupes de Kabila. Son objectif déclaré était, dans un premier
temps, de démanteler les complots de réfugiés hutu implantés
dans le Kivu pour «détruire la structure» des milices du parti
vaincu, puis, dans un deuxième temps, d'accompagner Kabila
jusqu'à Kinshasa[1]... L'enchaînement était logique et devenait
ici presque mécanique : il était fait d'une étroite conjugaison de
la mobilisation identitaire, foncièrement transnationale, et de
son instrumentalisation politique qui la convertissait inévitablement en jeu diplomatique et en compétition pour le
pouvoir. Quand une telle interaction se produit, aucune souveraineté ne résiste. Les exemples prolifèrent et, selon les capacités de l'État voisin, se limitent à une simple suspension
diplomatique de la souveraineté du plus faible ou se prolongent jusqu'à une conquête du pouvoir «façon Kabila» : manipulation des Kurdes irakiens par l'État impérial iranien ou des
Kurdes iraniens par Saddam Hussein contre Khomeyni, voire
celle des Kurdes turcs par l'État syrien; solidarité active de l'É-
tat pakistanais avec les Pashtun afghans, ou de l'État thaïlandais avec les Shan ou les Karen de Birmanie... L'énumération
serait longue et pourrait s'achever par le cas extrême, celui du
gouvernement d'Ankara créant en 1974 un État fantoche des
Chypriotes turcs et abolissant ainsi immédiatement la souveraineté d'un État membre des Nations unies...
    Ces abolitions totales ou partielles de la souveraineté du

1. *Le Monde*, 11 juillet 1997, p. 4.

voisin s'inscrivent directement dans la gestion plus ou moins maîtrisée de crises de plus en plus fréquentes et de plus en plus banales. Elles tendent aussi à devenir un instrument politico-diplomatique capable d'intervenir à froid. Le gouvernement angolais a ainsi justifié, au début de l'automne 1997, la mise en place d'une «stratégie d'extension de son pouvoir régional» par la nécessité de «nettoyer» ses frontières et d'empêcher les États voisins de donner refuge aux anciens combattants de l'UNITA qui n'auraient pas été incorporés dans la nouvelle armée angolaise. Dans cette perspective, des soldats et des officiers furent envoyés en renfort auprès de Laurent-Désiré Kabila pour hâter la chute de Mobutu qui soutenait autrefois Jonas Savimbi et l'UNITA. Dans la même perspective, le président zambien Frederick Chiluba a été menacé de représailles s'il ne prenait pas des dispositions pour verrouiller son propre territoire. Surtout, devant le parlement de Luanda, les officiels angolais ont implicitement évoqué l'intervention militaire de leur gouvernement dans le renversement du président congolais Pascal Lissouba et l'intervention politico-diplomatique de leurs émissaires au Gabon pour négocier la remise des pouvoirs à Denis Sassou-Nguesso[1]. Avec l'appui américain qui a notamment permis de bloquer toute intervention du Conseil de sécurité et qui s'est manifesté aussi par une modernisation de l'armée angolaise autrefois entretenue par l'Union soviétique, il importait de garantir la stabilité et la sécurité de l'enclave de Cabinda où règnent en maître les compagnies pétrolières américaines et françaises... En fait, il ne s'agit même plus de droit de poursuite mais d'une simple et vague anticipation sur une menace qui devient ainsi, à elle seule, suspensive de souveraineté.

Cet usage non maîtrisé et même débridé de l'idée de menace, voire d'intérêt national, se retrouve à l'état bénin à travers des pratiques de plus en plus nombreuses. Le soutien ostensible et formalisé apporté aux oppositions «illégales», déstabilisant plus ou moins des régimes voisins, devient un instrument banal d'action diplomatique qui nous éloigne pourtant très clairement de l'un des dogmes essentiels de la souveraineté.

---

1. *Courrier international*, 364, 23-29 octobre 1997, p. 40.

La pratique était monnaie courante à l'époque de la Guerre froide, devenant un mode presque reconnu de compétition entre les blocs. Cependant elle était à l'époque relativement ordonnée, précisément parce qu'elle obéissait à une grammaire somme toute admise : les États-Unis et l'Afrique du Sud soutenaient l'UNITA angolaise, tandis que l'URSS et Cuba appuyaient le MPLA. Aujourd'hui, la pratique est comme décentralisée, livrée à l'arbitraire imprévisible de chaque État construisant ses relations bilatérales en misant tantôt sur le gouvernement voisin, tantôt sur son opposition. Ce brouillage du partenariat est devenu le lot commun des politiques étrangères. Ses manifestations peuvent être dramatiques quand elles engagent à soutenir des oppositions armées, comme elles peuvent être symboliques lorsqu'elles s'expriment dans l'ostentation et la formalisation protocolaires. Ainsi Hosni Moubarak s'était-il plu à réserver un accueil de chef d'État à l'ancien Premier ministre soudanais et leader du parti d'opposition Sadek el-Mahdi : en le recevant officiellement le 2 janvier 1997, il répliquait ainsi aux manœuvres prêtées au pouvoir en place à Khartoum, soupçonné d'avoir cherché à assassiner le raïs égyptien[1]. La mise en scène irrita le général el-Bechir qui crut important de réagir en protestant explicitement : si le jeu était bénin, il n'était pas insignifiant ; à l'heure où la rupture des relations diplomatiques a quelque chose d'obsolète, la manipulation symbolique ou violente de la souveraineté de l'autre s'inscrit ordinairement sur l'échiquier diplomatique.

Cette évolution tient pour beaucoup à la prolifération des États et à l'aggravation des décalages de puissance. Notre monde n'est plus celui de Bismarck, dans lequel les souverainetés étaient bétonnées par l'équilibre de puissances aussi peu nombreuses que d'un niveau comparable de performance. Le défaut de structuration des jeux politiques internes y est probablement aussi pour beaucoup : l'échec de l'État importé et une démocratisation mal pensée ou pas pensée du tout confèrent à l'opposition (souvent illégale) un défaut d'intégration qui en fait, pour l'étranger, un partenaire presque direct qui n'est plus médiatisé par le jeu isolant du principe de souverai-

1. *Le Monde*, 4 janvier 1997.

neté. Que vaut dès lors celui-ci quand un État devient ainsi presque sans le dire un acteur ordinaire du jeu politique de son voisin?

Souverainetés suspendues ou souverainetés abolies, partiellement ou pas : le dogme de jadis est-il encore utile aujourd'hui? À l'heure où le délégué américain à une réunion ordinaire de l'OSCE se déclare explicitement et sans état d'âme «favorable» au départ du président Berisha[1], normalement reconnu par la communauté internationale comme chef d'un État albanais membre des Nations unies, plus personne ne peut contester que les débats de politique intérieure sont devenus des éléments familiers de l'agenda des diplomates. Non seulement pour alimenter leurs réflexions, leurs spéculations ou leurs espoirs, mais aussi pour nourrir leurs initiatives explicites et pour forger leur nouveau langage de puissance et de pacification.

Cette mutation connaît à présent une accélération, au moment même où l'effondrement des États se renouvelle dans son contenu et ses formes. La seconde génération de ces *collapsed states* révèle moins une détérioration des capacités et des ressources des États qu'une remise en cause globale de leur légitimité et de leur unité par l'effet destructeur de l'implosion identitaire : la Yougoslavie ou l'Algérie, par exemple, vivent ou ont vécu un long processus de remise en cause de leur communauté politique, qui révèle à la fois une détérioration dramatique de leur souveraineté passée et une implication de fait de la communauté internationale rendant de plus en plus factices et dérisoires les principes souverainistes.

LES SOUVERAINETÉS TROMPÉES

Les mobilisations identitaires, en se banalisant, ne constituent pas seulement une crise interne des systèmes politiques : elles sont fautrices de désordres et de guerres souvent impitoyables, comme l'illustrent clairement les exemples yougoslave, caucasien ou libanais; elles banalisent la haine souvent

1. *Ibid.*, 18 mars 1997, p. 4.

portée jusqu'au génocide, elles prêchent les vertus de l'identique pour les substituer à l'art de la coexistence qui est partout le fondement même du politique. Ce faisant, elles s'attaquent directement au contrat social et à l'idée même de communauté ou de corps politique. Ce n'est plus seulement l'État qui s'effondre, mais aussi la nation et l'idée même de lien social construit : la mobilisation identitaire ne connaît que le lien prescrit, conçu comme inné, exclusif et ne supportant aucune adhésion volontaire. Autrement dit, la relation identitaire est énoncée comme une relation naturelle, tout en dérivant en réalité de l'arbitraire : elle est décrétée par celui qui l'énonce, distinguant, par le seul effet de sa subjectivité, qui est comme lui et qui lui est différent, qui est de son groupe et qui ne peut pas y entrer. Pris comme tel, le discours identitaire est antisouverainiste : le peuple arbitraire remplace le peuple souverain ; le peuple n'est pas auto-institué mais transcende le contrat et la rencontre des volontés[1].

La destruction du contrat social peut être envisagée comme une régression sur le plan normatif : la volonté est surclassée par la nature, la liberté par une détermination ethnique tyranniquement inventée et inculquée. Elle pose aussi le problème de la dévolution de la souveraineté : si l'on tend à lier celle-ci à une identité conçue comme naturelle, le souverain n'existe plus comme être collectif, il n'est plus que l'émanation d'une essence douteuse que l'entrepreneur identitaire a pour mission de présenter comme incontestable. C'est ici qu'interviennent la tromperie et l'illusion, comme formes aujourd'hui banales de mobilisation politique : la soumission aux emblèmes identitaires religieux, raciaux, claniques devient une obligation à laquelle s'astreint l'individu convaincu par l'entrepreneur d'y trouver son salut ou la levée de ses frustrations.

L'entreprise identitaire peut être plus ou moins disjointe de l'action de gouverner. Gérant la contestation comme dans la plupart des mobilisations islamistes, elle peut tenir implicitement la question du pouvoir pour secondaire, au moins provisoirement. Cherchant en d'autres occasions à conforter une

---

1. Cf. B. Badie et M. Sadoun, «Introduction», in *id.* dir., *L'Autre*, Paris, Presses de Sciences-Po, p. 17-18.

autorité gravement menacée d'érosion, elle peut, au contraire, tenter de manipuler l'argument identitaire à des fins de conservation du pouvoir, à l'instar de ce que fit le président rwandais Habyarimana en ethnicisant lui-même la base de son gouvernement. Elle est alors défiée sur le même registre, comme le montre la contre-mobilisation tutsi qui permit ensuite au FPR de s'emparer du pouvoir et d'entraîner de loin dans son sillage l'action d'un Kabila s'appropriant le mouvement banyamulenge pour aller à la conquête de Kinshasa... Enfin, l'entreprise peut être autofinalisée dans l'affirmation absolue d'une identité : qu'elle soit serbe, algérienne, arménienne, maronite ou juive. De ces trois types de mobilisation identitaire dérivent les mêmes dangers : la régression de l'altérité qui peut aller jusqu'à la diabolisation de l'autre, le même prédéterminisme qui énonce des droits comme une axiomatique et des lieux de mémoire comme des points fixes indiscutables. De la troisième formule découle en outre une prétention à la spatialisation qui défie les relations internationales : non seulement solution, le ghetto devient un mode désirable de découpage d'un monde où devraient se juxtaposer, rassemblées et regroupées, des populations «homogènes» qui auraient pris soin auparavant de chasser l'intrus. La politique du ghetto consiste ainsi, de la part des acteurs qui la revendiquent, à faire de cette homogénéisation primordiale et de cette exclusion une forme viable de gouvernement des hommes qui tiendrait sa capacité politique des vertus régulatrices de la «purification ethnique» et de son aptitude supposée à organiser une coexistence d'identités à l'échelle régionale, voire à celle du globe.

Une telle politique bouscule évidemment les relations internationales et la diplomatie classiques. Elle a inspiré bien des entreprises : 1 500 000 Grecs durent ainsi quitter la Turquie, croisant 430 000 Turcs de Grèce, à l'occasion d'une convention sur l'échange obligatoire de populations signée en janvier 1923 entre deux pays qui croyaient pouvoir faire la paix en homogénéisant leur population. Dans cette ligne périlleuse, 7 000 personnes d'origine turque restées en Grèce furent déchues de leur nationalité hellène entre 1981 et 1996[1]. La sortie de la

---

1. *Le Monde*, 25 janvier 1998, p. 4.

Seconde Guerre mondiale a de même consacré le déplacement de plusieurs millions de réfugiés allemands venus de l'Europe de l'Est et du Centre. Au-delà de 1945, la ghettoïsation s'est accentuée sous l'effet conjugué de plusieurs facteurs. Mesurons d'abord le regain actuel du messianisme qui s'associe banalement à la dialectique du pur et de l'impur, de l'élu et du barbare, pour récuser implicitement ou non l'idée du territoire fédérateur : la terre d'Israël et Jérusalem ne se partagent pas avec d'autres; le monde du *dâr al islam* n'est pas réductible à celui des infidèles et le Kosovo est serbe, puisque dépositaire des lieux saints de l'Empire serbe de jadis. En même temps, les États-nations qui ne parviennent pas à réaliser leurs objectifs universalistes affichent et aggravent la dictature des majorités, créant ainsi des réflexes communautaires au sein des minorités potentielles comme chez les musulmans à l'heure de la décolonisation en Inde, les sikhs ou les minorités multiples de l'Est indien d'aujourd'hui, les turcophones de Chypre ou les Kurdes de Turquie, d'Irak ou d'Iran. Tel fut déjà le comportement des catholiques irlandais, dès lors qu'Henri VIII décida de parachever la construction de l'État anglais en lui donnant par la réforme une touche ethno-religieuse. L'appel au ghetto atteint enfin le meilleur de lui-même lorsque les formules de coexistence sont brisées par la décomposition même de l'État : faillite de l'État yougoslave, de l'URSS, du Liban ou de bon nombre d'États africains...

Cette politique s'est à la longue faite corrosive, voire destructrice des souverainetés. D'abord parce qu'elle réévalua souvent le rôle du Grand Frère, sensible en particulier dans le cas chypriote, la Grèce réclamant très tôt l'*Enôsis* et la Turquie le *Taksim*, l'un et l'autre conjuguant identité et soumission[1], tout comme la mobilisation des Serbes de Bosnie conféra une autorité hiérarchique à ceux de Belgrade... Là où la solidarité fraternelle n'apparaît pas, c'est l'idée de la communauté mère qui s'impose : le panislamisme vante son appartenance à l'*Umma* qui évoque étymologiquement la référence maternelle et dans laquelle doivent se fondre des souverainetés nationales néces-

---

1. Cf. notamment J.-F. Drevet, *Chypre, île extrême*, Paris, Syros, 1991; S. Vanner, *Le Différend gréco-turc*, Paris, L'Harmattan, 1988.

sairement précaires. La mobilisation transcende alors le jeu des frontières, certaines tendances du *Hezbollah* se réclamant du *velâyat-e-fakih* et donc de l'autorité du guide de la révolution chiite iranienne, tandis que d'autres mouvements islamistes s'insèrent dans des réseaux saoudiens, libyens, voire irakiens[1]...

La remarque est banale, sans pour autant se plier à une loi mécanique : en ce sens au moins elle n'est pas décisive. C'est plutôt dans l'usage routinisé d'une politique et d'une diplomatie du ghetto qu'il faut situer l'effet le plus destructeur du principe de souveraineté et comprendre ainsi la suspicion prémonitoire que les grands entrepreneurs de la décolonisation nourrissaient à l'encontre de toute dérive identitariste de leur projet de construction d'État. La méfiance d'un Nasser face aux Frères musulmans ou d'un Nehru face aux frémissements panhindouistes s'est révélée fondée avec le recul du temps : la logique identitaire a quelque chose de perpétuellement belligène et de profondément irréconciliable qui rend illusoire toute diplomatie qui en ferait usage. Pourtant la tentation est grande de faire de la ghettoïsation une solution à tout affrontement qui affiche une confrontation d'identités : le plan Acheson reprenait, en août 1964, la perspective de l'*Enôsis* et du *Taksim* pour mettre fin au conflit chypriote, tandis que les plans successifs proposés par la communauté internationale ont souvent donné la priorité à la reconnaissance identitaire sur le principe d'intégrité territoriale et sur celui de la souveraineté des communautés politiques, au prix bien souvent de découpages tourmentés qui défiaient les lois les plus élémentaires de la gouvernance. Tel fut le cas du projet de cantonisation de la Croatie avancé par l'Union européenne, du plan Vance pour la Croatie élaboré en février 1992, de la déclaration en douze points adoptée par la conférence de Londres en août 1992, puis du plan Vance-Owen, de l'accord tripartite de Genève et enfin du plan Juppé-Kinkel et des accords de Dayton...

Il ne s'agit pas ici de s'interroger sur les vertus pacificatrices de tels projets : l'Histoire a déjà montré que les découpages

---

1. Au sein d'une littérature foisonnante, cf. R. Santucci dir., *Solidarités islamiques*, Paris, INALCO, 1997.

identitaires ne réglaient rien et que ni le partage de la Palestine, ni la partition de l'Inde, ni celle de Chypre n'avaient apaisé les tensions; peut-être les avaient-elles même accentuées en leur donnant une configuration internationale et donc stratégique quelque peu radicalisée[1]. L'essentiel est de montrer que cette promotion politico-diplomatique du ghetto défie par deux fois le principe de souveraineté, sans trouver de palliatifs aux dysfonctionnements qu'elle vient ainsi susciter : elle déterritorialise en créant des populations aux allégeances incertaines; elle avilit l'altérité jusqu'à la vider de cette reconnaissance de l'autre dont nous avons vu qu'elle fondait la véritable souveraineté au sein du jeu international.

La mobilisation identitaire, contrôlée ou, pis encore, livrée à elle-même, produit des populations sans rivage, électrons libres d'espaces sans souveraineté. Le partage de la Palestine a mis sur la route et dans des camps un nombre impressionnant de Palestiniens arrachés à leurs terroirs : l'UNRWA a recensé, au 30 juin 1996, 3 308 133 réfugiés auxquels s'ajoutent plusieurs centaines de milliers de déplacés suite à la guerre de 1967; 1 358 706 réfugiés vivent en Jordanie, 532 438 en Cisjordanie, aux côtés de leurs congénères, 716 930 à Gaza, 352 000 au Liban, 347 000 en Syrie, auxquels il convient d'ajouter 200 000 en Arabie Saoudite, 40 000 en Égypte, 25 000 en Irak[2]... Le système diasporique qui en dérive reflète des principes qui sont au zénith de ceux de la souveraineté : plus ou moins intégrés dans les systèmes politiques d'accueil, les réfugiés palestiniens sont en même temps reliés à l'OLP par des réseaux complexes faits de relations de clientèle, dans lesquelles la tractation utilitaire l'emporte sur la délibération souveraine[3]. Si tant est qu'ils puis-

1. Pour une critique de la territorialisation identitaire, cf. G. Gottlieb, «Nations without States», *Foreign Affairs*, 73, 3, mai-juin 1984, p. 100-112; J. Coakley, «Approaches to the Resolution of Ethnic Conflict : the Strategy of Non-Territorial Autonomy», *International Political Science Review*, 15, 3, juillet 1994, p. 297-314.

2. R. Sayigh, «L'avenir brouillé des réfugiés», *in* «Proche-Orient : la paix introuvable», *Le Monde diplomatique*, mai 1997, p. 24, et *Le Figaro*, 18 janvier 1996, p. 5.

3. Cf. L. Radi, *L'Élite palestinienne : stratégies de survie et modes d'influence (1967-1997)*, thèse, Institut d'études politiques de Paris, 1997, et B. Kodmani-Darwish, *La Diaspora palestinienne*, Paris, PUF, 1997.

sent choisir entre l'une et l'autre de ces allégeances face à des États frères qui dosent conjoncturellement les droits octroyés, les réfugiés palestiniens ne sont jamais totalement insérés dans une communauté politique capable d'intervenir, comme telle, dans la négociation internationale : d'où leur mise à l'écart des accords d'Oslo dont ils sont les grands oubliés.

Le conflit yougoslave évoque une situation comparable : depuis 1993, on évalue à 2,5 millions le nombre de Bosniaques déplacés, victimes consécutivement de l'épuration ethnique et d'une diplomatie qui a banalisé l'hypothèse de régions ethniquement homogènes[1]. Les accords de Dayton prévoient leur retour tout en le rendant presque impossible puisqu'ils formalisent un découpage qui les avait condamnés à la fuite. Les quelque 700 000 Serbes de Bosnie ou de Croatie réfugiés dans la nouvelle Yougoslavie sont ainsi devenus étrangers dans ce qui était autrefois leur propre pays et dépossédés à ce titre du droit de vote. Comme le souligne l'ethnologue Ivan Colovic, « on n'éprouve pour eux qu'un intérêt négatif : on dit qu'ils se conduisent mal, qu'ils sont responsables du marché noir ou de la délinquance[2] ». Vieux comme le monde, le déplacement de populations revêt, à travers cet exemple, une signification nouvelle : venant désormais nourrir les interstices d'un monde qui se veut exclusivement constitué d'États-nations juxtaposés et souverains, il bouscule l'ordonnancement des allégeances citoyennes, affaiblit la capacité de contrôle politique effectué par les États sur les individus et crée un peu partout des communautés humaines qui ne sont plus politiques, guère souveraines et donc peu intégrables dans le partenariat international...

Il est certain que ces communautés diasporiques peuvent aussi compenser leurs mécomptes politiques par des performances économiques en partie imputables à leur déconnexion de toute logique souveraine : tel fut souvent le cas de la diaspora chinoise, puis, plus récemment, des diasporas vietnamienne,

---

1. Le chiffre donné par *l'État du monde 1998*, Paris, La Découverte, 1997, p. 602, est de 2,1 millions. La presse avance généralement le chiffre de 2,5 millions.
2. *Le Monde*, 1er janvier 1998, p. 3.

indienne, libanaise, voire de certains segments des élites palestiniennes[1]. L'effet de rupture reste en toute hypothèse le même : si la dynamique identitaire peut aussi créer les conditions d'une transnationalité réussie, elle doit immanquablement pour y parvenir éroder toute forme de régulation souverainiste. On notera que les performances parfois atteintes sur le plan économique se réalisent généralement au prix de l'abandon d'une intégration politique qui ne peut être obtenue que par le truchement d'une négociation individuelle, et à condition que l'État d'accueil consente à répudier tout protectionnisme identitaire : l'État thaïlandais accepte ainsi de conférer la citoyenneté aux membres de sa diaspora chinoise, ce que lui refusèrent l'Indonésie ou le Viêt-nam. Autrement dit, seul un réinvestissement politique et unilatéral de certains États est capable de réguler, sur la scène mondiale, les effets néfastes des mobilisations identitaires.

Celles-ci sont pourtant monnaie courante : les guerres du Caucase ont déplacé un million de personnes comme solde des nettoyages ethniques d'Abkhazie, d'Arménie, d'Azerbaïdjan et de Tchétchénie. Un chiffre voisin permettrait d'évaluer les effets des conflits du Liberia et de la Sierra Leone ; il donnerait aussi une idée des flux de populations s'échappant du Rwanda à la suite du génocide qui s'y est produit. La victoire de l'APR a réalimenté la stratégie des groupuscules hutu visant à convaincre les Tutsi de quitter le Rwanda, à l'instar du mouvement *Palir* (Peuple armé pour la libération du Rwanda) qui déclarait en décembre 1997 : «Dieu vous a livrés à nous pour que nous vous mangions comme de la pâte ! Nous ordonnons que vous tous, les Tutsi qui vivez dans les villes du Rwanda, partiez avant qu'il ne soit trop tard[2].» Le gouvernement tutsi a répliqué en jouant, selon son propre aveu, «de la carotte et du bâton», d'une politique de réintégration des réfugiés hutu et du massacre de ceux-ci dans les forêts du Kivu, Mary Robinson, haut-commissaire des Nations unies aux Droits de l'homme

---

1. Cf. G. Sheffer éd., *Modern Diasporas in International Politics*, Londres, Croom Helm, 1986 ; A. Onget et D. Nonini éd., *Ungrounded Empires : the Cultural Politics of Modern Chinese Transnationalism*, Londres, Routledge, 1997.

2. *Le Monde*, 4-5 janvier 1998, p. 2.

constatant l'absence, de part et d'autre, «d'une politique volontariste de réconciliation».

Les exemples comparables sont nombreux : on évalue
jusqu'à deux millions le nombre de Kurdes turcs qui ont été
déplacés dans le contexte d'un conflit identitaire particulièrement vivace. L'affaire de l'*Ararat*, ce navire qui s'était échoué
en décembre 1997 au large des côtes calabraises alors qu'il
transportait près d'un millier de migrants kurdes clandestins,
révèle comment ces déplacements deviennent de véritables
entreprises où mafias turques, albanaises et italiennes se partagent ainsi les bénéfices de l'opération avec, peut-être, la complicité de certaines agences d'un État turc désireux d'alléger
ainsi la pression d'une communauté rétive à l'assimilation.
Dans leur extrême diversité, toutes ces situations tendent aussi
à se rejoindre sur un point fondamental : le défaut de contrat
social et l'absence de politique volontariste d'intégration qui
dénaturent sensiblement les prétentions souverainistes et
modifient singulièrement le jeu international.

Ce défaut de démarche contractuelle peut se traduire par
des processus d'appropriation identitaire qui condamnent
l'autre à l'exil, comme dans le cas de la Palestine; par des
logiques d'épuration ethnique, à l'instar de ce qui s'est produit
en Yougoslavie ou dans l'Afrique des Grands Lacs, où l'intrus
doit disparaître ou rejoindre ceux qui sont désignés comme
étant son semblable; par le refus d'une politique d'intégration
respectueuse d'autonomie, comme en Turquie où la minorité
kurde doit choisir entre l'assimilation forcée et la sortie. De
toutes ces pulsions qui défient le paradigme de la coexistence,
il dérive un dangereux dérapage : passant d'un souverain institué à un souverain défini par des références précontractuelles,
les entrepreneurs identitaires défient le principe de territorialité qui englobe précisément des particularismes divers, les rassemble et les fait vivre ensemble, ils déshumanisent la
puissance ultime qui à défaut d'être convenue devient dangereusement «naturelle», «ethnique» ou «raciale», et condamnent l'intrus au départ, c'est-à-dire à vivre hors des géométries
politiques qui organisent le monde. Palestiniens de Jaffa,
quelque part dans un camp, Kurdes turcs devenus clandestins
en Europe, Hutu ou Tutsi égarés dans les forêts du Kivu, Serbes

bosniaques aujourd'hui étrangers à Belgrade deviennent ainsi les éléments politiquement incontrôlables d'une fuite de souveraineté désormais fonctionnelle pour la survie de ce nouveau monde identitaire...

La souveraineté se dérègle ailleurs : la grammaire identitaire relègue l'altérité au rang des archaïsmes. Si être souverain suppose d'abord d'être reconnu comme tel par l'autre, nous entrons, avec ce nouveau contexte, dans une phase évidemment régressive : la politique du ghetto relève de l'éviction de l'intrus et non plus de la reconnaissance de l'autre ; elle conduit également à limiter la souveraineté du voisin pour la rendre compatible avec les exigences du droit à l'appropriation identitaire que l'on s'autodécerne. Deux accords conclus cette dernière décennie illustrent, au-delà de leurs différences, cette dynamique privative de souveraineté : les accords d'Oslo de septembre 1993 entre Israël et l'OLP, ceux de Dayton en décembre 1995 qui mirent fin au conflit bosniaque, sous l'égide des États-Unis. L'un et l'autre peuvent apparaître comme des « armistices identitaires » qui visent à mettre un terme non pas à un conflit interétatique mais à une confrontation entre acteurs qui prétendent à une recomposition identitaire de l'espace. Comme tels, ces armistices conduisent à officialiser et à légitimer un tel partenariat et à reconnaître, sinon le bien-fondé, du moins la réalité de cette nouvelle syntaxe. On imagine, dès lors, que le passage à la paix par l'intégration en est rendu difficile et que le type de coexistence qui peut en dériver risque de conserver durablement les stigmates de cette grammaire identitaire, de sa nature instable et belligène, de son ignorance de l'altérité, de son défi à la souveraineté.

Oslo et les accords qui ont suivi s'inscrivent ainsi dans un double débat des plus complexes. L'idée, apparemment simple et pragmatique, d'un échange de « la paix contre des territoires » a été très tôt hypothéquée par deux questions : comment combiner cette cession de territoires avec une conception *naturelle* de l'appropriation identitaire ? Dans quelle mesure cette *coexistence d'identités* peut-elle se traduire par une *coexistence de souverainetés* permettant, de part et d'autre, la reconnaissance de droits égaux, tels qu'ils sont évoqués par exemple dans la résolution 242 des Nations unies ? Le 14 mai

1948, David Ben Gourion avait proclamé l'indépendance d'Israël «en vertu du droit naturel et historique du peuple juif et de la résolution des Nations unies[1]». Dans le discours sioniste de jadis, ce droit qualifiait d'abord la réunification de la nation juive qui, à l'origine, pouvait se réaliser dans des lieux au demeurant très différents : le projet a ensuite évolué en se territorialisant et en fondant dans une seule et même catégorie la souveraineté et l'appropriation identitaire du sol. Les premiers îlots de peuplement juif s'inséraient ainsi dans les interstices des terres exploitées par les populations arabes; après 1948, cette colonisation est alors complétée par une stratégie d'appropriation des terres abandonnées par l'exil palestinien; après 1967, elle se fonde à son tour dans une idéologie sécuritaire qui, à travers le nouveau sionisme puis le *Gush Emunim*, habilite l'*Eretz Israël* comme terre inaliénable, puisque objet d'une promesse faite par Dieu à son peuple[2]. Portée par le *Likoud* et par le *Gush Emunim*, cette idéologie s'est d'autant plus étendue en Israël qu'elle s'articulait à des considérations d'ordre militaire et sécuritaire : la terre d'Israël n'était plus transférable à d'autres, selon la formule de Rabin Kuk, à la fois parce qu'elle était promise par Dieu et parce qu'elle était devenue gage de sécurité.

Gaza et Jéricho pouvaient donc faire l'objet d'un abandon, dans la mesure où l'un et l'autre site n'étaient que faiblement emblématiques sur le plan identitaire et que leur autonomie n'entamait pas la sécurité d'Israël. Plus précisément encore, cette sécurité était d'autant moins remise en cause que les zones d'autonomie palestinienne n'englobaient qu'un faible nombre de colonisations juives. Benjamin Netanyahu crut d'ailleurs utile d'insister, dans une interview datée de janvier 1997 : «La grande majorité des zones sous autonomie palestinienne n'accueillent pas de population juive. De la même manière, la plupart des implantations juives sont dépourvues d'habitants palestiniens. Par conséquent, il y a une *division naturelle* de ces zones. À l'exception d'Hébron qui est un cas

---

1. *Le Monde*, 30 novembre-1er décembre 1997, p. 14.
2. Sur ce tournant de 1967, cf. A. Dieckhoff, *L'Invention d'une nation*, Paris, Gallimard, 1993, p. 203-204.

particulier : c'est la seule ville mixte. Les communautés juives de Judée-Samarie vivent, elles, dans des zones vitales à la défense et à la sécurité de notre État[1]. » Dans ce modèle, la souveraineté de l'un est ainsi limitée par la sécurité de l'autre et celle-ci reste en fait fonction de la ségrégation identitaire.

Cette idée de division naturelle évoque la paix par le ghetto : seule la séparation des identités peut permettre de créer les conditions d'une coexistence supportable qui réfute l'idée d'intégration et celle de contrat. Elle se distingue alors d'autres perspectives, comme celle d'une intégration par un marché commun régional, prônée notamment par Shimon Peres ou celle, plus ambitieuse, d'une intégration commune dans un État fédéré que plus personne n'ose avancer. Elle évoque, en même temps, les pièges de l'identitarisme : dès lors que la nature est érigée en principe d'organisation sociale, l'idée de concorde et celle d'altérité deviennent des références complexes, difficiles à construire et à opposer à la simplicité de l'énonciation identitaire. Elle suggère, en contrepartie, la force des stratégies politiques qui habitent de telles constructions : l'illusion identitaire se veut aussi réalisme sécuritaire, tandis que le processus de colonisation répond à la fois à une logique messianique et à des arguments froids de sécurité ; par-dessus tout, cette combinaison rhétorique inscrit l'accord de paix dans une marge étroite : l'échange de la terre contre la paix ne saurait complètement désacraliser la terre ni vider la paix de toute préoccupation sécuritaire. C'est la souveraineté de l'autre qui fait alors les frais de cette nouvelle vision : l'intrus n'est plus l'autre pleinement souverain, il est sous tutelle et se reconstruit dans une altérité déficitaire.

La déclaration de principe signée le 13 septembre 1993 inaugurait déjà une méthode de paix qui contournait soigneusement le principe de souveraineté et lui préférait celui d'autonomie dont la portée juridique restait incertaine, excluant en tout cas toute reconnaissance du droit à détenir une puissance ultime. L'accord «Gaza-Jericho d'abord» prévoyait ainsi des «arrangements pour la prise en charge de la sécurité intérieure

---

1. Interview donnée au *Figaro*, 18-19 janvier 1997, p. 3. C'est nous qui soulignons.

et de l'ordre public par la police palestinienne»; il établissait en outre que le retrait de l'armée israélienne serait suivi d'un «transfert d'autorité», mais dans un nombre de domaines précis : éducation, culture, santé, services sociaux, fiscalité, tourisme, tandis que «la sécurité extérieure, les colonies de peuplement, les Israéliens, les relations étrangères et d'autres questions mutuellement agréées» continueraient de relever de l'État israélien[1]... Le jour même de la signature de ces accords, Itzhak Rabin confirmait sans équivoque le maintien durable de la souveraineté israélienne sur le Jourdain, les frontières avec l'Égypte et la Jordanie, Jérusalem, les colonies de peuplement et les routes[2].

Les accords de Paris, signés le 29 avril 1994, précisèrent les effets de cette substitution du principe d'autonomie au principe de souveraineté, en régissant les relations économiques entre Israël et l'Autorité palestinienne. Celle-ci disposait désormais d'une maîtrise limitée de ses importations : «L'Autorité palestinienne pourra importer des produits à des tarifs douaniers différents de ceux qui s'appliquent en Israël, à la suite de *procédures agréées en commun*. En outre, l'Autorité palestinienne pourra importer des produits en provenance des pays arabes *dans des quantités limitées mutuellement agréées.*» On observe le même travail de conception à propos de la monnaie : «L'Autorité palestinienne établira une autorité monétaire», jouissant de «*quelques* prérogatives d'une banque centrale», comme le contrôle et la supervision des banques opérant dans la zone, «la détermination *dans certaines limites* des ratios de liquidités des dépôts, la gestion des réserves de changes et la supervision des transactions en devises étrangères». En revanche, la notion d'autorité monétaire exclut la création d'une monnaie palestinienne, le shekel restant un moyen de paiement légal, avec le dinar jordanien et le dollar. L'administration palestinienne se voit reconnaître en outre le droit de mener sa propre politique en matière de taxation,

---

1. *Le Monde*, 4 mai 1994, p. 6.
2. E. Saïd, «Comment conjurer le risque d'une perpétuelle servitude», *in* «Proche-Orient : la paix introuvable», *Le Monde diplomatique*, mai 1997, p. 19.

d'exporter librement vers Israël les produits agricoles et manufacturés, de définir librement une politique de tourisme et d'assurances[1].

Certes, ces accords étaient destinés à ne réglementer qu'une période intérimaire : ils n'en illustrent pas moins les effets d'une grammaire de substitution définissant un jeu international profondément renouvelé, dans lequel l'idée d'autorité politique se conjugue non plus avec les droits régaliens et les principes de souveraineté mais avec ceux, beaucoup plus arbitraires et flous, de l'autonomie concédée. Ils peuvent aussi préfigurer l'avenir lorsque l'on sait que le propre du discours identitaire est précisément d'amoindrir le principe de souveraineté et que la politique du ghetto vise davantage à exclure l'intrus qu'à lui conférer une pleine reconnaissance, jugée attentatoire à l'identité et à la sécurité de celui qui l'octroierait. C'est pourtant sur la base même de ces accords qu'Abou Alaa, chef de la délégation palestinienne, a jugé que le protocole portait «les symboles de la souveraineté palestinienne et [posait] les jalons d'un État palestinien indépendant[2]». L'idée d'autonomie tire ainsi sa valeur consensuelle de sa double face : sa vertu transitoire évoquant à certains l'avènement futur d'un ordre souverain, et sa vertu finale de mode d'organisation durable laissant pressentir qu'un jeu international peut aussi se concevoir sans être ramené à une juxtaposition d'États monopolisant la totalité des droits régaliens...

Cette même équivoque se retrouve dans les accords du Caire, signés quelques jours plus tard, définissant les modalités d'application de l'option «Gaza-Jéricho d'abord» : le nombre de policiers palestiniens s'y trouve ainsi précisé, tandis que des arrangements entre les deux parties définissent les conditions de passage entre Gaza et l'Égypte, de même qu'entre Jéricho et la Cisjordanie et donc les dispositifs de contrôle conjoint à la frontière.

L'organisation territoriale qui découle des accords du 28 septembre 1995 (dits accords d'Oslo II) ajoute une expression géographique à ces ambiguïtés. La Cisjordanie et Gaza se

1. *Le Monde*, 2 mai 1994.
2. *Ibid.*

trouvent découpées en trois zones : une zone A remise à l'Autorité palestinienne, une zone B sous contrôle mixte et une zone C sous contrôle israélien. Devant la Knesset, Itzhak Rabin précisait que ce découpage s'inscrivait dans un ensemble de revendications à *long terme* : annexion de Jérusalem (incluant les colonies de Maale Adoumim et de Givat Ze'ev), installation de la frontière de sécurité d'Israël sur le Jourdain, annexion de plusieurs colonies dont celle de Goush Etzion. Rejetant l'hypothèse d'un État binational, Rabin était inéluctablement amené à prôner le maintien de la majorité des colonies de Cisjordanie sous la souveraineté de l'État hébreu[1]. Dans un document officiel, le gouvernement israélien prolongeait cette interprétation en notant, à propos de l'accord intérimaire d'Oslo II qu'il stipulait : «Le processus de redéploiement futur aura lieu sur [un] territoire de Cisjordanie (mais pas nécessairement sur toute la Cisjordanie), et dans les zones où il se déroulera, il n'inclura pas les implantations, les emplacements militaires et les frontières, ni les zones exigées par Israël pour y exercer sa responsabilité globale des Israéliens et des frontières. L'étendue et l'emplacement de ces zones devront être définis par Israël en fonction de ses problèmes de sécurité[2].»

Cet ordre intérimaire définit donc un modèle politique inédit qui tend à banaliser et à rendre viable un contournement systématique du principe de souveraineté. L'Autorité palestinienne n'est maîtresse ni de sa monnaie, ni de son commerce extérieur, ni de sa politique étrangère, et n'exerce de fonction de police que dans un cadre limité et contrôlé. Le principe de territorialité est démantelé puisqu'il n'est plus attributif de compétence : les colonies juives restent sous souveraineté israélienne, quel que soit le lieu de leur implantation. Enfin, le territoire est dépecé, constitué d'îlots non juxtaposés reliés par des routes dont certaines sont ouvertes aux populations palestiniennes, tandis que d'autres leur sont fermées ou sont d'accès

1. A. Gresh, «Lente agonie des accords d'Oslo», in *Le Monde diplomatique, op. cit.*, p. 12.
2. *Analyse du protocole d'accord sur Hébron et la poursuite du processus de paix entre Israël et les Palestiniens*, Paris, Service d'information de l'ambassade d'Israël, janvier 1997, p. 19.

réglementé. Ces tourments géographiques par lesquels la carte identitaire façonne la carte politique se révélèrent particulièrement complexes lorsqu'il s'est agi de faire accéder Hebron au statut intérimaire d'autonomie et d'inclure ainsi dans le processus de paix une cité qui a une charge identitaire pour les deux parties. La politique du ghetto a nettement prévalu, puisque l'accord distingue des quartiers sous contrôle palestinien et des quartiers sous contrôle israélien, séparés par la rue Shuhada qui traverse la casbah. Dans les premiers, l'Autorité palestinienne détient les pouvoirs civils, «sauf ceux liés aux Israéliens et à leurs propriétés». En outre, à l'intérieur de ces mêmes quartiers, la partie palestinienne est tenue de soumettre à un bureau mixte de liaison civile les projets de construction d'immeubles hauts de plus de six mètres ainsi que les projets en matière d'eau, d'évacuation des eaux, d'électricité, de communication, tandis que la partie israélienne peut demander à la municipalité qu'elle réalise «en haute priorité» les travaux d'infrastructure jugés nécessaires au bien-être des Israéliens.

Cet accord peut recevoir plusieurs lectures. L'ancien Premier ministre Yitzhak Shamir le présentait comme «une véritable catastrophe» et «une défaite dans la guerre que les Juifs mènent depuis des millénaires pour *Eretz Israël*», concluant que «les colons ne [devaient] plus se fier à ce gouvernement qui ne vaut pas plus cher que celui des travaillistes»[1]. Référence identitaire à l'Israël biblique pourtant reprise, mais avec des conclusions évidemment différentes, par Benjamin Netanyahu lors d'une conférence de presse tenue le jour même de la signature de l'accord : «Nous ne quittons pas Hebron, nous nous redéployons dans une partie de la ville. Nous restons dans tous les lieux où a existé, existe et continuera à exister une présence israélienne. Les forces armées israéliennes, et elles seules, conserveront le contrôle et la responsabilité [de ces zones] et continueront d'y opérer partout sans aucune restriction[2].»

La politique du ghetto – qu'elle se révèle intérimaire ou réellement durable – présente ainsi des caractéristiques fortes : elle devient un instrument banal de pacification, la forme ordinaire

1. *Le Figaro*, 16 janvier 1997, p. 4.
2. A. Gresh, *op. cit.*, p. 11.

de l'armistice d'un conflit identitaire. Relativement consensuelle, elle permet aux parties belligérantes de se rencontrer et bénéficie souvent de la bénédiction d'une communauté internationale soulagée ; elle se trouve même surlégitimée par les réserves qu'elle inspire parmi les radicaux de chaque camp. En même temps, Oslo II et Hebron témoignent d'une double réalité troublante. La politique du ghetto s'accorde fort bien avec une rhétorique identitaire inscrite pour durer comme forme renouvelée de la Cité, pour peu que se trouve modifiée la relation entre terre et politique. En outre, elle combine semble-t-il sans trop de difficultés l'argument affectif et le point de vue utilitaire, pourvu que les reliquats de la vieille grammaire souverainiste soient clairement dissipés.

La terre n'est plus un territoire incluant, réconciliant et permettant à l'État de décliner sa compétence. Elle devient plus simplement un lieu d'affection et d'appropriation qui conditionne l'exercice de l'autorité, qu'elle s'inscrive ou non dans une continuité spatiale : le village palestinien peut relever d'une autorité palestinienne, même s'il est entouré de routes qui échappent au contrôle de celle-ci ; une colonisation juive échappe à cette autorité, même si elle s'inscrit au cœur de son espace. Cette réappropriation privée du territoire crée du politique et en cela annule la souveraineté. Les implantations de nouvelles colonies juives en Cisjordanie deviennent ainsi l'élément sensible de la transformation du paysage politique de la région : puisant dans la nappe phréatique, créant des îlots d'appropriations souveraines, elles constituent un instrument d'action politique auquel aucun gouvernement – qu'il soit travailliste ou de droite – n'a jamais renoncé. La vente privée de terres devient dès lors productrice d'une souveraineté d'un nouveau genre, si l'on en croit du moins le ministre de la Justice de l'Autorité palestinienne, Frei Abou Meddine : « Israël considère qu'une vente privée de terre arabe à l'un de ses citoyens vaut abandon de souveraineté politique. » C'est dans ce contexte qu'un agent immobilier arabe, habitant Jérusalem-Est, soupçonné d'avoir facilité des transactions en faveur d'un milliardaire juif américain, fut retrouvé assassiné à l'entrée de la ville de Ramallah[1]...

---

1. *Le Monde*, 11-12 mai 1997, p. 3.

De la même manière, l'appropriation identitaire et l'utilité sécuritaire deviennent parfaitement compatibles : une politique contrôlée et bien pensée de colonisation peut permettre de définir les îlots qui échappent à la compétence de l'Autorité palestinienne. Ce processus peut définir aussi les prémisses d'un ordre politique dans lequel l'altérité n'implique plus la souveraineté de l'autre mais la seule reconnaissance de son droit à gérer les conditions d'expression de sa propre identité. C'est dans ce contexte que Benjamin Netanyahu a pu préconiser comme mode de règlement définitif un statut pour les Palestiniens «comparable à celui des habitants de Porto Rico ou de la principauté d'Andorre» : au-delà de son caractère imagé et peut-être polémique, la formule évoque comment la montée présente des identitarismes bouscule la grammaire souverainiste et confère à une problématique de l'autonomie une dimension et une portée nouvelles[1]. En fait, l'idée est même partiellement intégrée par certains responsables palestiniens conscients des blocages liés aux rapports de puissance et qui, à l'instar de Yezid Sayigh, l'un des négociateurs de l'OLP, plaident pour une «souveraineté à multiples facettes» dont la pertinence varierait d'une zone à l'autre et d'un secteur à l'autre ; elle serait alors «politique», mais «non militaire», plus relâchée sur les frontières extérieures devenues *soft borders* que sur les frontières intérieures, *hard borders*[2] : curieuse déclinaison d'une souveraineté troquant ainsi son qualificatif fétiche d'absolu pour une relativité qui la rendrait variable et mouvante, réconciliant ainsi l'affichage et la réalité empirique... Ce que plusieurs siècles de puissance n'ont pas réussi à proclamer, hors de la négation coloniale et son univers de conquête, la dynamique identitaire parvient, semble-t-il, à le rendre explicite et à le publier. Elle devient ainsi un élément structurant du jeu international qui tourne du même coup à l'équivoque.

Dayton semble le confirmer. Les accords ont tenté de mettre fin au conflit bosniaque en officialisant l'épuration

---

1. *Ibid.*, 10-11 novembre 1996.
2. Y. Sayigh, «Redefining the Basics : Sovereignty and Security of the Palestinian State», *Journal of Palestine Studies*, XXIV, 4, 1995, p. 5-19.

ethnique et en légitimant le «déplacement» de quelque deux millions et demi de personnes ; ce sont bien les lignes de front qui ont servi de fondement aux accords. En cela, la communauté internationale acceptait de mettre fin officiellement à l'un des principes essentiels du système westphalien, qui faisait du territoire politique l'unité de base du système international et, de fait, l'instrument de rassemblement des populations, le moyen de transcender les particularismes et d'intégrer les minorités.

Certes, le texte de l'accord proclame le «souci de tolérance et de réconciliation» dans une «société pluraliste», ainsi que «la souveraineté et l'intégrité territoriale de la Bosnie». Celle-ci est maintenue «dans ses frontières internationalement reconnues» ; elle est déclarée compétente pour la politique étrangère, le commerce extérieur, les douanes, la politique monétaire, l'application des dispositions pénales, les communications internes et internationales, le transport inter-entités, le contrôle du trafic aérien... Longue énumération d'attributs classiques de la souveraineté, qui tranche brutalement sur la matrice essentielle d'un accord qui distingue d'abord les deux entités constitutives de la Bosnie. L'une et l'autre reçoivent une appellation explicitement ethnique et sont soigneusement tracées selon des configurations tourmentées qui combinent les lignes de front et des accords précaires et partiels préalablement obtenus des protagonistes. Les tracas familiers à ce genre de découpage se retrouvent évidemment : Gorazde est constituée en enclave croate-musulmane au sein de l'entité serbe et reliée par un corridor au reste de la fédération ; Sarajevo reste sous contrôle serbe. Quant aux deux entités, elles sont chacune responsables de l'application de la loi et sont compétentes dans tous les domaines non expressément attribués par le traité aux institutions centrales...

Si le droit au retour des personnes déplacées est explicitement prévu par le traité, la géographie ethnique qui se dégage des termes mêmes de l'accord rend ce droit tout à fait artificiel : banalisées dans leur statut de réfugiées, les populations déplacées ne peuvent évidemment pas trouver, dans l'armistice identitaire et la politique de ghetto, la possibilité effective de rentrer chez elles, c'est-à-dire en des lieux où elles ont acquis de fait le statut d'intruses. Ainsi en est-il de ces réfugiés serbes qui durent quitter Sarajevo pour s'installer à Srebrenica, abandonnée en son temps par les musulmans qui eurent la chance d'échapper au massacre. L'un de ces réfugiés serbes, rêvant de s'exiler au Québec, confie clairement à un journaliste qu'il ne veut plus retourner chez lui et «vivre avec les musulmans». Si, poursuit-il, «un de leurs gosses me jetait une pierre ou m'insultait, je ne pourrais pas me défendre. Je préfère subir des humiliations au milieu de mon peuple»[1].

La politique de ghetto inspire aussi une autre philosophie qui abolit doucement tous les principes de la souveraineté. L'allégeance politique de l'individu à l'égard de l'État disparaît derrière les identifications communautaires, la règle de droit s'efface devant le conformisme identitaire, l'identité prescrite l'emporte sur les affirmations souverainistes qui deviennent vides de sens. L'accord de Dayton soumet ainsi ses créations institutionnelles à la pesanteur d'un découpage par zones qu'il a officialisé et à un partenariat «ethnique» qu'il a dû légitimer. Cette dynamique identitaire règle ainsi l'ordinaire des rapports intrabosniaques, à l'instar de ce train que les autorités refusèrent de laisser circuler parce que les représentants de chaque entité ne parvenaient pas à s'entendre sur le blason dont il convenait de parer la locomotive... Le même blocage se retrouve à propos de la monnaie, du drapeau, des passeports, des plaques minéralogiques, autant d'attributs qui font le quotidien de la souveraineté et qui sont solidairement malmenés en Bosnie comme en Palestine.

Le redoutable effet d'entraînement de cet armistice identitaire n'a pas tardé à faire son œuvre. Les termes mêmes de l'accord de Dayton prévoyaient que chaque entité bosniaque pouvait établir des relations particulières avec les États voisins. En foi de quoi la République serbe, «entité serbe de Bosnie-Herzégovine», a pu signer, le 28 février 1997, un accord de «relations spéciales parallèles» avec la République fédérale de Yougoslavie concernant la culture, l'éducation, la science, la technologie, l'information, le sport, la production industrielle, le transport d'énergie, les communications, le tourisme, la sécu-

1. *Le Monde*, 6 décembre 1997, p. 2.

rité régionale et l'harmonisation de la politique étrangère, conformément « aux intérêts séculaires du peuple serbe[1] ».

Tout ce qui ne relevait pas de la compétence de l'État bosniaque fut ainsi explicitement transféré dans le cadre d'un accord unissant Pale et Belgrade dans « le but de créer un marché unique » et de concevoir un pacte de non-agression, assorti du droit pour les ressortissants de l'une et l'autre des parties de franchir librement la frontière qui leur est commune sans avoir à produire de visa ni à acquitter de taxes. Bel exemple de contournement d'un accord qui offrait généreusement les procédures permettant de le violer : la Bosnie était garantie dans sa souveraineté mais l'une de ses entités pouvait en même temps, par des relations spéciales parallèles, dispenser de visa et de taxes les ressortissants de certains États étrangers. Le gouvernement de Sarajevo perdait ainsi le contrôle de ses frontières internationales... Conformément aux mêmes principes, les Croates de Bosnie se virent reconnaître le droit de participer aux élections parlementaire et présidentielle qui se déroulèrent en Croatie au printemps 1997. Coagulation ethnique au-delà des frontières, État qui se délite, communauté politique qui s'abandonne à l'artifice : la politique du ghetto a été plus confirmée par les accords de Dayton que surmontée par la thaumaturgie des médiateurs qui les inspiraient.

En fait, cette politique corrode les souverainetés par un jeu de fragmentation banalisée et infinie. En remettant à l'arbitraire individuel le soin de décider qui est l'autre, elle contient inévitablement d'autres exclusions en sursis qui conduisent peu à peu à banaliser « le narcissisme des petites différences[2] », celui-là même qui convertit toute forme d'altérité la plus immédiate en conflictualité évidente. Cette guerre de proximité qui menace ainsi, comme pour consolider les solidarités communautaires les plus étroites, constitue fondamentalement un retour vers l'état de nature de Hobbes et une destruction profonde du contrat social. C'est incontestablement sur cette entropie qu'elle construit de la façon la plus décisive sa posture antisouverainiste.

---

1. *Ibid.*, 2-3 mars 1997.
2. P. Hassner, *La Violence et la paix*, Paris, Esprit, 1995, p. 58.

Ce glissement identitaire ne prend pas pour autant une tournure inévitablement dramatique. Les États se nourrissent eux-mêmes de cette rhétorique et savent jouer de ses symboles. Le recours au primordialisme est parfois un substitut utile qui vient combler les défaillances de légitimités trop exclusivement politiques; il est aussi une façon de consacrer ou de flatter le multiculturalisme ambiant. Force est d'admettre qu'au-delà des utopies de l'intérêt national ou des rigueurs de la *Realpolitik*, toutes les politiques étrangères cèdent peu ou prou aux sirènes de l'ethnicité : la solidarité de la France à l'égard des chrétiens du Liban a été davantage une entrave à sa «politique arabe» qu'un instrument de puissance, tout comme le poids du panturquisme pénalisant la politique européenne d'Ankara ou le parasitage de la russophonie dans la redéfinition de la politique de Moscou à l'égard de ses anciens partenaires de l'URSS. Mais ce sont des États-Unis que dérivent les effets les plus remarquables d'une politique étrangère qui doit plus ou moins se caler sur la dynamique même du *melting pot* américain, à tel point que d'aucuns s'interrogent sur la «balkanisation» diplomatique de la superpuissance[1]...

On connaît en effet le rôle actif de la communauté juive américaine dans l'orientation de la politique des États-Unis au Proche-Orient, celui de la communauté arménienne lors de la crise du Nagorno-Karabak ou encore des Américains d'origine cubaine, philippine, haïtienne, coréenne ou est-européenne à différents moments de l'histoire diplomatique contemporaine. La pression du *Congressional Black Caucus* a, semble-t-il, été déterminante pour résoudre Bill Clinton à rétablir Jean-Bertrand Aristide dans ses fonctions présidentielles à Port-au-Prince; elle pourrait continuer à forger à l'avenir la politique africaine de Washington[2]. Pour contrer la pression de la communauté juive s'est constituée dès 1967 une *Association of Arab American University Graduates*, d'orientation assez radicale, proche à l'époque du *Black Power*, mais qui s'est réformée depuis. Face au lobby pro-israélien, l'*American Israel Public*

---

1. Y. Shain, «Multicultural Foreign Policy», *Foreign Policy*, 1995, p. 69-87.
2. M. Weil, «Can the Blacks Do for Africa what the Jews Did for Israël?», *ibid.*, été 1974.

Affairs Committee, on a vu depuis s'activer la *National Association of Arab Americans*, l'*Arab American Institute* et l'*American Arab Anti-Discrimination Committee* (ADC) qui cherche à combattre «le racisme anti-arabe»... Toutes ces organisations prétendent en même temps parler au nom de 2 à 3 millions d'Américains d'origine arabe : tout en se disant «d'abord» américains, ceux qui les animent cherchent à «identifier les intérêts américains au Moyen-Orient[1]»...

Cette articulation complexe et active de solidarités identitaires transnationales et d'allégeances citoyennes pèse inévitablement sur le contenu même des politiques étrangères dès lors que celles-ci viennent s'inscrire dans des rationalités de type électoral. Même si le jeu est parfois pratiqué avec retenue, même si toute pression, si forte soit-elle, est équilibrée par l'action d'autres lobbies, même si ces associations accomplissent aussi une fonction d'intégration des populations ainsi mobilisées au sein du credo américain[2], on ne peut contester l'ethnicisation sélective qui affecte la politique étrangère des États-Unis et les conditions assez particulières de son élaboration. Si nul ne dénie la suprématie et l'effectivité de la puissance américaine, chacun peut s'interroger sur sa localisation ultime : son origine multiculturelle la rend en partie dépendante de compétitions ethniques qui nuisent nécessairement à la nature souveraine de la communauté politique. Si toute décision internationale est prisonnière d'un tel jeu, force est alors de retenir l'hypothèse d'une puissance intacte et croissante dont la souveraineté resterait néanmoins plus incertaine que jamais.

*
* *

L'effet perturbateur de la vague identitaire et primordialiste n'est plus à démontrer : destructrice des communautés politiques, du principe de territorialité, des allégeances citoyennes, du contrat social comme de l'altérité policée, elle remet en cause les fondements de la souveraineté ; reposant sur

1. Y. Shain, art. cit., p. 78-79.
2. *Ibid.*, p. 87.

une illusion, elle suscite l'aliénation des mobilisés et la fortune de ceux qui s'en font les entrepreneurs; exclusive et arbitraire, elle banalise la haine et l'état de nature pour se révéler profondément belligène. Pourtant elle est une donnée de notre époque que ni l'observateur ni même le praticien ne peuvent abolir par décret. Que des millions d'hommes démontrent chaque année qu'ils sont prêts à mourir ou à donner la mort au nom de fictions ethniques, ethno-religieuses ou ethno-linguistiques donne à penser, suggérant à la fois que l'État n'a pas cette faculté d'intégration universelle qu'on lui prête parfois et que la grammaire classique de la souveraineté perd de sa vertu régulatrice comme de sa crédibilité : double échec qui menace aujourd'hui le politique dans son essence même.

La recomposition du système international suppose donc une réinvention du politique prenant en compte en même temps les souverainetés trompées et les souverainetés déchues, palliant autant l'incapacité matérielle des *collapsed states* que la pauvreté symbolique des institutions destinées à encadrer et à mobiliser les gouvernés. Les défis portés à la souveraineté doivent ainsi s'inscrire en négatif dans le gigantesque processus de mutation qui affecte le système international à l'entrée du troisième millénaire. Moins international, ce système est de plus en plus mondial : la crise de la souveraineté en est l'évidente sanction, préparant ainsi d'autres modes de sociabilité, d'intégration et de communalisation qui, à travers le principe de responsabilité, marquent la renaissance encore indécise du politique...

CHAPITRE V

Les communautés de responsabilité

La souveraineté n'est pas seulement déchue ou contournée : elle est aussi dépassée par l'irruption d'enjeux nouveaux et de problèmes inédits. Ceux-ci sont intuitivement repérables : les défis nés de l'écologie mondiale, de la complexité croissante du développement, des contrastes suscités ou entretenus par la mondialisation, de l'évolution erratique de la démographie ne supportent pas un traitement de nature stato-nationale. Biens communs de l'humanité, la santé, le bien-être, l'alimentation, l'habitat, les droits de l'homme souffriront évidemment d'une gestion exclusivement souverainiste, c'est-à-dire partitive, concurrentielle et donc souvent contradictoire.

La concertation entre États et l'établissement de conventions ou de régimes internationaux ont constitué un premier pas, au demeurant insuffisant. Sur le plan des faits, ce conformisme diplomatique a très vite atteint ses limites : les États-Unis ont tout simplement refusé de signer une convention sur le droit de la mer qui ne les satisfaisait pas; le congrès de Washington n'a ratifié les accords régissant le commerce international qu'à la condition qu'ils se révèlent à terme favorables à l'évolution de l'économie américaine... Sur le plan de la logique, le multilatéralisme ainsi engagé repose sur les ambiguïtés qui hypothèquent les cessions volontaires de souveraineté : celles-ci ne sauraient être acceptées que lorsqu'un État a conscience d'être pénalisé par la conduite d'une stratégie de cavalier seul. Le multilatéralisme serait ainsi la poursuite des égoïsmes nationaux par d'autres moyens, dès lors que la gestion souveraine se révélerait trop coûteuse... Ce mouvement serait tout juste complété par le jeu de la puissance, les plus faibles étant de fait contraints à rejoindre, dans ce concert, les plus forts et les mieux dotés.

Cet amendement porté à la logique souveraine est devenu dérisoire. À mesure qu'ils s'affirment, les enjeux communs à l'ensemble de l'humanité deviennent de plus en plus indivisibles. En rationalité et en éthique, ils appellent un traitement global dans lequel le principe de responsabilité se substitue à celui de souveraineté : chaque État est bel et bien dépositaire de la survie de la planète, de son développement et des valeurs construites comme universelles. L'obligation qui se crée sur le plan éthique rejoint effectivement l'argument d'utilité : promouvoir les droits de l'homme partout dans le monde est en même temps une obligation morale et la conviction réfléchie que l'outrage qui leur est fait en un lieu du monde réagit sur un ailleurs qui dépasse les frontières de la souveraineté[1].

Mais il y a plus : en se banalisant, le principe de responsabilité découpe des communautés humaines; les rayons d'action qu'il dessine définissent une nouvelle géographie. En agissant dans le domaine de l'écologie, dans celui du développement ou celui de la démographie, l'État s'insère dans une communauté de responsabilité qui se construit à l'échelle mondiale. En prenant d'autres initiatives, sectoriellement plus limitées, il engage des communautés de responsabilité de dimension locale ou régionale qui peuvent couramment transcender les frontières. Ce faisant, l'État retrouve dans l'un et l'autre cas d'autres acteurs internationaux, évidemment plus variés et plus nombreux à mesure qu'on passe de l'échelon mondial à l'échelon local.

Cette perspective nouvelle rejoint les mutations qui dérivent de l'évolution même des communautés humaines. Perdant incontestablement leur nature prioritairement nationale, elles se complexifient, se différencient et aspirent évidemment, au-

---

1. Cf. S. Sassen, *op. cit.*; M. Sellers éd., *The New World Order, Sovereignty, Human Rights, and the Self Determination of People*, Washington, Berg, 1996.

delà de leur tropisme utilitaire ou identitaire, à faire de la politique autrement. Moins mobilisées par la fiction souveraine dont elles se nourrissaient jadis, elles se démultiplient plus aisément, se superposant, se chevauchant, outrepassant les bornages d'État ou s'émancipant quelque peu des ordonnancements hiérarchiques d'autrefois. Elles deviennent en fait plus actuelles, plus réelles et plus vivantes. Locales, régionales ou mondiales, les communautés de responsabilité rassemblent ainsi tous ceux qui se tiennent pour affectés solidairement par les mêmes actions publiques. Mode déterminant de l'organisation contemporaine des espaces mondiaux, ces communautés inventent ainsi une nouvelle grammaire des relations internationales : l'action internationale s'apprécie désormais non plus seulement en référence à une délibération souveraine mais aussi en fonction de la satisfaction des besoins de communautés de responsabilité mondiale, régionale ou locale. L'articulation classique de la hiérarchie et du contrôle s'efface ainsi devant celle d'une capacité à satisfaire des exigences collectives...

Cette attention prêtée à la responsabilité consacre la réconciliation du mondial et du local[1]. La globalisation redonne évidemment à celui-ci un rôle que la géographie nationale lui avait jadis retiré. Le néologisme terrifiant de «glocalisation» a au moins le mérite d'expliciter la solidarité très forte qui unit naturellement deux tendances nouvelles qu'on aurait tort d'opposer : la mondialisation se nourrit de la dynamique des productions locales, des aménagements locaux, de l'initiative des villes, de la coopération active entre collectivités partageant les mêmes besoins; elle s'équilibre aussi dans la formation de régions transversales comme de grands ensembles régionaux mondiaux.

Cette vitalité de la «glocalisation» recompose de manière incessante l'espace mondial, lui conférant simultanément une configuration très mouvante et les moyens de sauvegarder

---

1. O. Dollfus, *La Mondialisation*, Paris, Presses de Sciences-Po, 1997; R. Robertson, «Glocalization : Time-Space and Homogeneity-Heterogeneity», *in* M. Featherstone, S. Lash et R. Robertson éd., *Global Modernities*, Londres, Sage, 1995, p. 1-24.

un équilibre minimal en fonction de l'évolution des enjeux et du déplacement des flux transnationaux. Elle ne cesse ainsi d'actualiser l'inventaire des communautés de responsabilité, dans leur existence précaire ou durable et surtout dans leur travail actif de remise en cause profonde des dogmes de la souveraineté.

LA MONDIALISATION DU LOCAL

Aujourd'hui, tout acteur local est un acteur international en puissance. Le bel ordonnancement de jadis n'autorisait l'entrée sur la scène internationale que par la médiation obligée de l'État : ce canal est largement abandonné et, du même coup, la subordination hiérarchique et souveraine a perdu de sa superbe. Le maire d'une ville, grande ou moyenne, le président d'une région, le chef d'une entreprise quelque peu dynamique ou le responsable d'une chambre de commerce régionale ont désormais une politique étrangère, s'entourent d'experts internationaux, reçoivent ou se déplacent et surtout recherchent ardemment des politiques d'intégration qui transgressent les frontières, s'insèrent dans des régions aux dimensions variables et changeantes. Le local devient ainsi un foyer permanent de recomposition géographique, alors qu'il était autrefois le point fixe des assujettissements souverains. Il dessine, par ce jeu d'ondes, des communautés de responsabilité multiples et chevauchantes. Dans ces conditions, toute autorité locale tend à contrevenir doublement au principe souverain : en desserrant les contraintes hiérarchiques pour privilégier un comportement de responsable à l'égard de ses administrés ; en déployant ses activités dans un ensemble sans cesse plus complexe d'espaces régionaux et transnationaux.

Ces mutations se retrouvent déjà dans les processus de décentralisation qui allègent la pression souveraine au profit d'une responsabilité conquise par les élus ou octroyée par un centre étatique prenant de plus en plus la mesure des contraintes nouvelles issues de la mondialisation : à ce titre, la remise en cause de l'État jacobin centralisé n'est pas une simple réforme administrative, mais constitue bel et bien une révolution tranquille menée à l'échelle mondiale, la révision d'une géographie westphalienne dont la marqueterie figée n'est plus à l'échelle du temps[1]. Au-delà encore, ce sont les espaces locaux qui désormais s'expriment et donnent libre cours à leur propre dynamique, l'énonciation pouvant être autant contestataire que productive de pouvoir. Le regain localiste qui, dans la France rurale, se conjugue avec une défiance anti-européenne partage avec le Chiapas mexicain la même crispation à l'encontre d'un changement qui se fait menaçant : les entrepreneurs de ces mouvements entent, sur ce défi porté à l'Union européenne ou à l'ALENA, une volonté de reconstruire une communauté quelque peu déliée de ses allégeances nationales pour apparaître comme porteuse d'intérêts propres vernissés d'une culture ancestrale au particularisme persuasif... Revoilà la mobilisation identitaire dans sa rébellion contre les canons de la souveraineté stato-nationale, abandonnant au local une véritable œuvre de recomposition, répliquant autant aux effets de la mondialisation (émeutes de la faim, mobilisations «anti-FMI»...), de l'occidentalisation (regain culturaliste énoncé dans les fondamentalismes de toutes sortes...), de l'intégration régionale ou de la simple dépossession affectant en propre une population très limitée. On sait, par exemple, que la rébellion touchant l'île de Bougainville, véritable poumon de l'économie de la Papouasie-Nouvelle-Guinée, a trouvé son origine dans la protestation des propriétaires coutumiers mécontents des agissements de la compagnie minière australienne (CRA) lorgnant sur l'un des plus grands gisements de cuivre du monde[2]...

L'acteur local ne joue pas seulement un rôle déterminant d'expression critique sur la scène internationale : il est aussi producteur de pouvoirs nouveaux. Les grandes métropoles se banalisent dans leur rôle de gérantes des flux financiers et commerciaux transnationaux, qu'on songe à Hong Kong ou

---

1. Cf. M. Keating, *State and Regional Nationalism : Territorial Politics and the European State*, Londres, Harvester, 1988; pour un point de vue critique, cf. P. Le Gales et C. Lequesne dir., *Les Paradoxes des régions en Europe*, Paris, La Découverte, 1997.
2. *Le Monde*, 2-3 mars 1997.

Singapour, qui y ont gagné une personnalité internationale formalisée, mais aussi à Bombay, Mexico, Sao Paulo, Bangkok, Milan ou Amsterdam : peu importe d'ailleurs qu'elles soient le siège d'un pouvoir d'État ou le simple nœud de flux transnationaux qu'elles accueillent, souvent en transit vers le Japon ou les États-Unis. Les jumelages de villes ne correspondent plus au folklore d'autrefois, mais laissent la place à de véritables concertations permettant d'harmoniser les politiques d'urbanisation, de transport ou de sécurité. Lyon a, par exemple, conclu des accords de partenariat avec seize autres villes du monde dont Canton, Milan, Saint-Pétersbourg, Yokohama, Hô Chi Minh-Ville; de telles conventions permettent la mobilisation effective d'entreprises lyonnaises dans l'exportation d'infrastructures nouvelles comme l'installation d'un métro et d'un nouvel aéroport dans la grande cité du sud de la Chine[1]. Houston au Texas et Calgary dans l'Alberta canadien ont tissé, dans le cadre du NAFTA, des liens étroits de coopération qui ne pâtissent pas de la distance, mais s'alimentent au contraire de leur commune identité de villes pétrolières[2]. Simultanément, les États canadiens et américains de la côte Pacifique, de Los Angeles à Vancouver, négocient des modes pragmatiques de coopération et d'intégration mesurée allant jusqu'à une commune appellation (Cascadie) et le choix d'un drapeau qui en serait l'emblème...

Le rôle transnational des villes est particulièrement soutenu dans le cas de l'Asie orientale, où certains auteurs estiment qu'elles accomplissent une vocation comparable à celle jouée par les cités italiennes ou les villes de la Baltique à l'époque médiévale[3]. Centres financiers, culturels et médiatiques des flux qui parcourent avec intensité cette région du monde, elles deviennent en quelque sorte les capitales autoproclamées de ces «territoires économiques naturels» qui, selon la formule heureuse de Scalapino, s'imposent comme résultantes des dynamiques socio-économiques parcourant

1. *Ibid.*, 19 novembre 1997, p. 14.
2. M. Horsman et A. Marshall, *After the Nation-State*, Londres, Harper, 1995, p. 196.
3. F. Gipouloux, *op. cit.*, p. 30.

en particulier l'Asie côtière[1]. En Chine, le phénomène est évidemment beaucoup plus remarquable : dans la zone maritime tout spécialement, les villes deviennent les instances privilégiées de captation des technologies les plus avancées et des méthodes modernes de gestion, tout en s'imposant comme des lieux cruciaux d'échanges et des médiateurs effectifs entre l'économie mondiale et un État encore officiellement communiste... Autour de la mer de Chine et de celle du Japon, les villes apparaissent comme les acteurs très pragmatiques de coopérations émancipées de la pesanteur politique des États : moins retenues par des considérations idéologiques, moins influencées par le nationalisme, elles cultivent un style de négociation qui, selon la formule d'un universitaire japonais, sait faire abstraction du décompte des armes et des arguments de dissuasion militaire[2]. Surtout, ces acteurs locaux associent très étroitement dans leurs initiatives les autorités gérant les collectivités territoriales, les entreprises qui y sont implantées et les ONG qui s'y trouvent insérées, l'ensemble constituant ainsi une communauté qui partage effectivement des intérêts communs susceptibles d'être promus et satisfaits au sein d'ensembles transnationaux plus vastes.

On sait que ceux-ci sont effectifs et donnent lieu à des réalisations d'autant plus performantes qu'elles se réalisent à l'initiative d'acteurs non troublés par la diplomatie d'État. Karoline Postel-Vinay oppose de manière convaincante l'intégration très réussie au sein de la zone de la mer du Japon aux embarras rencontrés par le projet d'aménagement du fleuve Tumen, activement soutenu par les Nations unies et associant Russie, Japon et Corée du Nord[3]. La première implique essentiellement des collectivités locales quelque peu marginalisées par leur État, à l'instar du port japonais de Niigata ou de la ville russe de Vladivostok fort éloignée de Moscou ; elle allie aussi des entreprises locales et des entreprises transnationales. Déconnectée de toute

1. R. Scalapino, « The United States and Asia : Future Prospects », *Foreign Affairs*, 70, 4, 1991, p. 19 *sq.*
2. H. Taga, « International Network among Local Cities : the First Step towards Regional Development », *in* F. Gipouloux, *op. cit.*, p. 227 *sq.*
3. K. Postel-Vinay, « Local Actors and International Regionalism : the Case of the Sea of Japan Zone », *The Pacific Review*, 9, 4, 1996, p. 501.

finalité politique, elle construit ses objectifs exclusivement en référence aux besoins d'une communauté locale : la communauté de responsabilité se substitue ainsi, on ne peut plus clairement, à la communauté de souveraineté...

L'opposition n'est certes pas absolue. On perçoit néanmoins l'effet que représente le dépassement de la Guerre froide : autrefois, cette coopération n'eût pas été possible; il n'est pas sûr qu'aujourd'hui les États puissent réellement s'y opposer. L'exemple de la coopération qui s'instaure à l'intérieur de la mer Jaune entre Corée du Sud et Chine montre en fait l'interaction qui s'opère désormais entre le politique et l'économique, mais aussi entre les besoins internationaux et les besoins internes : ce projet coopératif interrégional prit corps en 1988, quatre ans avant la normalisation des relations diplomatiques entre les deux pays, quand le développement de la côte occidentale de la Corée fut décidé par Séoul comme une priorité nationale. Les investissements coréens dans le nord-est de la Chine firent alors un bond important, contribuant ainsi à rééquilibrer l'influence de Shanghai et des ports du Sud[1]. La synergie de l'économique et du politique paraît probable et plus soutenue qu'en mer du Japon. La logique souverainiste semble cependant plus que bousculée : les dynamiques d'investissement et d'aménagement tendent inévitablement à avoir leur propre autonomie, à obéir à des rationalités propres et à produire une politique internationale inédite. Il est clair que cette autonomie varie en intensité selon les situations et la nature même de ces projets locaux d'aménagement transnational : plus faible là où l'État et les organisation internationales demeurent les principaux entrepreneurs comme dans le projet Tumen; moyenne dans les initiatives mixtes, à l'instar de ce qui s'est réalisé dans la mer Jaune; forte là où les seuls acteurs locaux sont parties prenantes, à l'image de ce qui s'est fait autour de la mer du Japon. Il est en même temps intéressant de noter que la réussite de chacune de ces entreprises obéit à la même gradation et qu'elle est d'autant plus manifeste que le projet acquiert une personnalité internationale autonome.

1. R. Cossa et J. Khanna, « East Asia : Economic Interdependence and Regional Security », *International Affairs*, 73, 2, avril 1997, p. 229-230.

Le modèle fait d'ailleurs école. Loin de séparer, les frontières apparemment les plus rigides réunissent les acteurs qui se font face, jusqu'à susciter un peu partout de multiples communautés de responsabilité. Les frontières germano-polonaise et germano-tchèque deviennent des lieux d'interactions particulièrement denses constituées de délocalisations d'entreprises, de migrations intenses légales ou illégales, de flux commerciaux spécifiques. Cette situation propre a des effets institutionnels dérogatoires à l'ordre stato-national : l'Allemagne doit consentir une législation du travail discriminante dans ses districts frontaliers, tandis que les chefs d'entreprise locaux sont amenés à négocier directement la régulation des flux de main-d'œuvre. Des euro-régions tchéco-allemandes et germano-polonaises ont vu le jour à l'initiative de Bonn, traduisant en même temps une spécificité des comportements sociaux et politiques des populations frontalières des anciennes démocraties populaires, au grand dam des centres politiques qui voient ainsi leur souveraineté mise en péril au moment où elle est restaurée, à peine consolés par la perspective d'en faire l'argument scabreux d'une future intégration européenne[1]. En fait, la Poméranie comme la Bohême occidentale ressemblent aux régions riveraines du Mekong ou des mers d'Asie orientale qui deviennent toutes de véritables acteurs internationaux, tirant leur autonomie de l'énergie restructurante qu'elles recèlent, des solidarités qu'elles produisent par l'effet de leur propre dynamisme socio-économique, autant déconnecté des logiques souveraines qu'impliqué dans la mise en place au quotidien d'une politique de responsabilité à l'égard des collectivités localement concernées : travailleurs, entreprises, consommateurs, communauté humaine de résidence ou de culture.

De telles communautés se forgent à partir d'une définition empirique de la responsabilité, loin de la capitale, mais tout près des grands mouvements de mondialisation. Cette invention peut tenir à la simple volonté d'une collectivité locale de

---

1. Cf. les travaux d'Anne Bazin, « La dimension régionale des relations germano-tchèques : le cas des régions frontalières », multig., Paris, Institut d'études politiques, 1998.

protéger ses propres intérêts sur la scène internationale, à l'instar de ces ports australiens qui avaient mis en échec les facilités de mouillage que le gouvernement de Canberra entendait accorder aux navires de guerre américains dans le cadre du traité de l'ANZUS (Australia–New-Zealand–United States) : élus, syndicats, presse, associations écologistes avaient ainsi élaboré une véritable «politique étrangère locale[1]». La responsabilité peut être aussi de promouvoir des intérêts locaux : gestion de flux transnationaux, jumelages, aménagements concertés intégrant d'autres espaces, construction de zones spéciales ou de zones frontières. La responsabilité peut enfin recouvrir, dans des cas extrêmes, des formes de solidarité politique qui pourtant font généralement pâle figure devant le pragmatisme qui anime principalement la vie locale. On sait néanmoins que les municipalités islamistes promeuvent une véritable politique internationale, contournant ainsi la souveraineté des États et s'insérant dans des réseaux unissant des acteurs dont la communauté des convictions crée de l'obligation : à Istanbul, Ankara ou Konya, cités contrôlées par l'ancien *Refah* (parti islamiste turc), des «directions des affaires culturelles» très actives mobilisent des efforts financiers considérables pour tisser des liens avec d'autres villes islamistes, en Iran, en Arabie Saoudite ou en Afghanistan, voire avec la partie turque de Chypre, pour déployer des formes actives de coopération avec les pays musulmans et créer finalement un «espace islamique de solidarité», incluant des organisations de femmes, d'étudiants, d'intellectuels ou d'entrepreneurs[2]...

Ces initiatives locales ont des effets d'entraînement considérables, induisant aussi *a posteriori* la naissance de vastes communautés de responsabilité. La stratégie active des entreprises japonaises a favorisé, dès les années 1960, la constitution en Asie orientale d'une sphère d'influence de l'industrie nippone qui a peu à peu dessiné une vaste communauté régionale découvrant empiriquement ses solidarités, sur les plans tant

---

1. B. Hocking, *Localizing Foreign Policy : Non-Central Government and Multi-Layered Diplomacy*, New York, St. Martin's Press, 1993.
2. F. Bilici, «Le parti islamiste turc et sa dimension internationale», *in* R. Santucci dir., *op. cit.*, p. 49-51.

économique que culturel. La délocalisation des entreprises japonaises vers le sud et le sud-est n'a pas seulement permis à celles-ci de revendre à meilleur prix sur le marché de l'archipel : elle a favorisé en même temps un dynamisme commercial de l'économie japonaise en direction de l'étranger lointain et a permis d'associer les nouveaux dragons à une «sphère de coprospérité» qui les incitait à devenir sous la férule du Japon les propagandistes d'un asiatisme militant. Mahatir Ben Mohamed a pu incarner cette posture en propageant des formules chocs : *«Buy British last»* ou *«Look East»*[1]... À l'heure des vaches maigres, au moment de la grande crise de 1997, les slogans restent les mêmes : preuve est ainsi apportée que cette stratégie entrepreneuriale a bien débouché sur la constitution d'une communauté où se mêlent désormais solidarités économiques et culturelles, débordant même parfois sur la revendication d'une communauté de destin politique que Tokyo craint de devoir gérer un jour...

La fièvre régionale

Aussi les dynamiques locales ne sont-elles pas seulement un mode de rééquilibrage de la mondialisation. Elles s'inscrivent également dans un processus global de recomposition des espaces et de rupture profonde avec la conception classique de la territorialité exprimée dans cette priorité emblématique consentie à l'État-nation. Défié par la montée en force du local, celui-ci est aussi remis en cause par l'émergence de vastes ensembles régionaux un peu partout en construction. Entre ces deux mouvements, l'apparentement est fort : tous les deux traduisent, pour filer la métaphore, une libéralisation impressionnante des modes de composition de l'espace; ils font fi l'un et l'autre des règles classiques de souveraineté; ils associent de manière complexe les acteurs politiques, économiques, sociaux et culturels, hors de toute hiérarchie préalablement construite; surtout ils dessinent ces communautés de

1. B. Stevens, «L'autre capitalisme : le système nippo-asiatique», *Les Temps modernes*, déc. 1996, p. 43-46.

responsabilité chevauchantes et plurales qui introduisent à une autre pratique de la politique et de l'action internationale.

La vogue du régionalisme qui a marqué l'immédiate après-guerre évoquait déjà à sa manière la revanche de la responsabilité sur la souveraineté. Le souffle fonctionnaliste de David Mitrany était à la hauteur des drames dont il convenait de s'émanciper[1] : dénonçant le risque belligène dont la concurrence entre États souverains était inévitablement fautrice, l'auteur appelait de ses vœux un monde qui serait gouverné par les institutions les mieux à même de satisfaire les besoins humains. Responsables et non souveraines, ces agences préfiguraient certains aspects futurs du modèle onusien ; en même temps, la réflexion ainsi amorcée accompagnait les premières étapes du processus de construction européenne. Comme dans la pensée fédéraliste et chez les «pères de l'Europe», il s'agissait bien de faire du supranationalisme un instrument de paix : l'intégration sectorielle devait peu à peu engager une intégration politique ; apprenant à coopérer entre elles, les différentes élites allaient être instruites des vertus propres à la solidarité transnationale et demain communautaire. On serait moins souverain et plus responsable. La réalité fut très différente : certes, l'idée d'intégration était lancée et n'allait plus disparaître ; la recherche fiévreuse de l'insertion stratégique dans une totalité plus ample ne quitterait plus l'Histoire. Mais la surprise vint des États qui étaient accusés ou menacés, et surent néanmoins ramasser la mise : dans le contexte de la reconstruction, seuls ceux-ci étaient suffisamment dotés pour conduire le changement, menant la construction européenne au rythme rassurant de l'intergouvernementalisme...

L'équilibre était cependant précaire : de juxtaposées, les souverainetés devenaient associées et le compromis de Luxembourg lui-même annonçait en son temps des cessions de souveraineté pour peu qu'elles fussent consenties à l'unanimité. L'intergouvernementalisme laissait aussi dans l'ombre le rôle des acteurs transnationaux qui devenaient peu à peu les éléments ordinaires et quotidiens de la scène européenne, entre-

---

1. D. Mitrany, *A Working Peace System*, Londres, Royal Institute of International Affairs, 1943.

prises, associations, syndicats, groupes de pression; il s'accommodait mal de la fonction dévolue en propre à la Commission, de la multiplicité et de la variation des allégeances et des compétences[1]...

En réponse à ces équivoques, la construction européenne dut s'émanciper des anciens modèles pour se conformer plus ou moins parfaitement aux canons inédits d'un néorégionalisme en pleine ascension[2]. La genèse de celui-ci est indissociable d'une atmosphère apparue avec les années 1970. Cette nouvelle histoire est désormais mondiale : menacés en même temps par les progrès de la globalisation et par une conjoncture économique devenue défavorable, les États prennent conscience des vertus de l'intégration régionale. L'échec du multilatéralisme, qui notamment n'a pas pu policer le commerce international, la faillite des tentatives d'organisation à l'échelle continentale, comme l'OUA en Afrique ou l'OEA en Amérique, persuadent les gouvernants que l'intégration n'a de chances d'être efficace que si elle prend en compte la carte des échanges socio-économiques qui travaillent en profondeur les espaces mondiaux. Ainsi est née la thèse des « territoires économiques naturels », ceux-là mêmes qui sont tracés par la récurrence des échanges et non plus par l'autorité des institutions politiques.

Curieusement, ce néorégionalisme s'est retourné à son tour : destiné à protéger les États, il les a cette fois desservis. En promouvant les territoires économiques naturels, les titulaires du pouvoir gouvernemental ont largement ouvert la porte aux acteurs transnationaux; en voulant se protéger, ils ont vidé la souveraineté d'une partie de sa substance. Ce mode nouveau de construction régionale a calé les États sur la carte du commerce mondial. L'initiative était difficilement évitable lorsqu'on sait que, de 1970 à 1993, la part des exportations dans la production mondiale est passée de 4 à 16 %, tandis qu'en 1992

---

1. Cf. C. Lequesne et A. Smith, « Union européenne et science politique : où en est le débat théorique ? », *Cultures et Conflits*, 1997, p. 7 *sq.*

2. Sur le néorégionalisme, cf. A. Gamble et A. Payne, *op. cit.*; J. de Melo éd., *New Dimensions in Regional Integration*, Cambridge, Cambridge University Press, 1993; R. Balme, *Les Politiques du néorégionalisme*, Paris, Economica, 1997.

le montant des flux transnationaux d'investissements directs s'élevait à plus de 150 milliards de dollars[1]! De souverain, l'État devient commerçant (*trading state*), abandonnant volontairement ses droits anciens en échange d'un meilleur accès aux ressources et aux marchés, mais surtout en contrepartie de la garantie que représente un niveau minimal et récurrent de coopération et d'intégration. Au contrat social des Lumières qui instituait la souveraineté de la communauté politique succède désormais un autre type de contrat fondant une responsabilité commune de développement et de bien-être... Face à une globalisation sans frontière, l'État marchand se protège en recomposant des zones d'intégration dont l'efficacité est en même temps hypothéquée par la solidité et la force des acteurs transnationaux non étatiques[2].

Il serait bien sûr naïf de conclure à la mort de l'État, voire à son dépérissement. Ces mutations ont été moins subies que voulues par les États qui ont su par ailleurs se ménager, avec un bonheur inégal, des zones de résistance politique. L'exemple du NAFTA (*North American Free Trade Agreement*), entré en vigueur le 1er janvier 1994, est de ce point de vue édifiant : résultant d'une rupture impressionnante avec la diplomatie traditionnelle des États-Unis, jusque-là fortement hostile à toute politique d'intégration régionale, il se limite fermement au seul domaine économique et commercial, n'atténuant nullement l'étanchéité des frontières lorsqu'un migrant mexicain prétend entrer chez son grand voisin du Nord. Que vaut pour autant une souveraineté écornée par les effets quotidiens de l'interdépendance entre économies ? La sauvegarde sectorielle des souverainetés est un mythe qui s'accommode mal de la fière prétention à l'absolu et au monopole que recèle l'idée même de puissance ultime. Autant l'État demeure un acteur à travers ses institutions et son personnel, autant il invente, dans la quotidienneté de ce nouveau régionalisme, un mode original d'interactions et de tractations par lesquelles il négocie avec de nouveaux partenaires des formes inédites de régulations éco-

1. A. Scott, « Regional Motors of the Global Economy », *Futures*, 28, 5, 1996, p. 394.
2. *Ibid.*, p. 397.

nomique et sociale[1]. Dans ce contexte, la démultiplication active des sphères de coresponsabilité tranche sur le formalisme peu convaincant des espaces stato-nationaux de souveraineté : face à l'État jacobin s'entrecroisent ou s'empilent la ville, la région, les euro-régions, les territoires naturels totalement informels, les jumelages, les ensembles régionaux et une hypothétique scène mondiale. Les solidarités durables ou conjoncturelles qui se devinent alors n'ont plus rien de souverain et n'existent que par le ciment d'un contrat plus ou moins formalisé suscitant des obligations mutuelles.

George Bush a joué un rôle déterminant dans la réorganisation de la politique américaine vers l'option régionale, manifestant ainsi sa conviction que les forteresses nationales n'étaient pas adaptées au jeu nouveau de la mondialisation et qu'en même temps celle-ci ne pouvait être défiée que par la mise en place d'ensembles régionaux aussi puissants qu'ouverts. L'espace répondait désormais à des règles d'aménagement inédites : les coalitions nouvelles n'avaient plus vocation à être fermées, le NAFTA ambitionnant, dès sa création, d'intégrer les États d'Amérique latine les plus performants, proposition fermement renouvelée devant l'ensemble des États américains (sauf Cuba) à Bello Horizonte en mai 1997[2]. De son côté, l'APEC (*Asia Pacific Economic Cooperation*) offrait, dès sa naissance à Canberra, en 1989, un spectre particulièrement large de participants. L'Union européenne elle-même, qui apparut longtemps comme un club assez fermé, s'est peu à peu engagée dans une politique vigoureuse et continue d'élargissement. Cette pratique affichée du régionalisme ouvert suggère que ces formes nouvelles d'intégration ne sont pas des remparts contre la mondialisation et l'essor du commerce international, mais au contraire un moyen d'adapter les économies nationales à cette contrainte et cette ambiance nouvelles[3]. Les

---

1. S. Strange et J. Stopford, *Rival States, Rival Firms*, Cambridge, Cambridge University Press, 1991 ; E. Kapstein, *Governing the Global Economy : International Finance and the State*, Cambridge, Harvard University Press, 1994 ; R. Rosecrance, *The Rise of the Trading State*, New York, Basic Books, 1986.
2. *Le Monde*, 18-19 mai 1997, p. 4 ; 19-20 avril 1998, p. 3.
3. A. Gamble et A. Payne, *op. cit.*, p. 251-253.

nouveaux modes de régionalisation sont autant des moyens que des fins : destinés à favoriser l'accès à de nouvelles ressources et de nouveaux marchés, ils doivent aussi faciliter la conversion et l'adaptation stratégiques des moyens nationaux de production aux données nouvelles du marché mondial. Lieux de régulation et d'innovation, ils servent également de plate-forme à des intégrations plus globales. Éléments de souplesse entre le carcan national et la société mondiale, ils dessinent des formes de solidarité intermédiaires, des espaces d'échange et d'aménagement dont l'efficacité fonctionnelle tient justement à leur faculté de dépasser les exigences inhibantes de la souveraineté. Le nouveau régionalisme, en un mot, permet de désapprendre partiellement la grammaire souverainiste pour entrer dans le monde de la responsabilité et de la performance. On comprend dès lors qu'il soit couramment taxé en Europe de technocratisme et de mercantilisme, qu'il s'accompagne aux États-Unis d'une protection farouche des souverainetés politiques, et qu'il entretienne en Asie, comme par compensation, une fièvre identitaire assez fortement orientée contre la prétention universalisante du modèle occidental.

Pourtant la réalité est infiniment plus complexe que les stratégies qui l'ont inspirée. Le néorégionalisme n'est pas le résultat d'une tractation – au demeurant métaphorique – entre des États disposés à s'adapter et des territoires économiques naturels qui viendraient à se former sous l'effet d'un démiurge. Il s'impose en réalité comme effet de composition entre des acteurs sans cesse plus nombreux et variés, qui revendiquent avec succès leur droit d'agir sur la scène internationale et de participer au remodelage de celle-ci : les politiques d'intégration plus ou moins pensées et programmées par les États viennent interagir avec les initiatives complexes et désordonnées des collectivités locales, des entreprises, des syndicats, des réseaux associatifs les plus variés. Ce jeu devenu banal s'affranchit de lui-même des vieilles logiques souveraines et forge des principes originaux capables d'organiser l'action collective. Cet ordre inédit satisfait incontestablement des besoins nouveaux qui, bien évidemment, ne se limitent pas aux liens utilitaires tissés par les stratégies d'entreprise : ils alimentent les politiques d'aménagement régional de stratégies revendicatives, de coopération culturelle, de gestion des flux migratoires, voire de sécurité collective. De ces constructions mixtes, associant acteurs étatiques et acteurs transnationaux, dérivent autant de communautés de responsabilité sectoriellement spécialisées.

En cela, le néorégionalisme se distingue des formes précédentes d'intégration qui étaient explicitement désirées et revendiquées par leurs «pères fondateurs», même insérées dans des idéologies qui leur conféraient une signification politique précise. Ce processus nouveau n'a en revanche eu ni ses prophètes ni ses dogmes, tandis que son énonciation politique s'égare dans des querelles byzantines, partageant ses exégètes entre ceux qui y voient l'aube d'un nouveau fédéralisme et ceux qui croient y découvrir une resucée de l'intergouvernementalisme. Dans cette nuit du doute qui confond les savants, les praticiens ne font guère mieux, ramenant la construction européenne à «l'irréversible abandon de souveraineté» dont fait état Philippe de Villiers ou aux mirages de l'Europe fédérale... En réalité, le néorégionalisme, en obéissant d'abord à des considérations pragmatiques, en se nourrissant de dynamiques économiques et sociales, en inventant au quotidien des règles nouvelles, ne correspond *a priori* à aucun modèle prédéterminé de cité et ne vise la constitution d'aucune forme particulière de système politique. Cette étrangeté l'a dispensé de définir une communauté politique qui en serait le substrat, comme d'affirmer la nécessité d'abolir les formes institutionnelles étatiques qui le précédaient. De même cet empirisme débouchera-t-il évidemment sur des formes de réalisation concrète très différentes qui continueront, probablement pour longtemps, à distinguer entre eux les modèles européen, nord-américain, asiatique ou latino-américain. En revanche, cette profonde dispersion tranche sur l'uniforme westphalien, donne une configuration bigarrée au système international renaissant : ces pluriels irréguliers deviennent inévitablement les antonymes de l'idée de souveraineté et surtout, face à cette régression douce du politique, une source de démultiplication de communautés émancipées des anciennes allégeances stato-nationales.

Cette relative dépolitisation n'était bien entendu possible que parce que la Guerre froide et la bipolarité sont venues à dépérir. Un monde coupé en deux et une puissance qui n'était appréciable qu'en termes militaires ne favorisaient ni cette diversification de la planète en multiples espaces régionaux ni cette démultiplication des communautés de responsabilité. De même, la diminution des distances entre types de régime a fortement facilité l'œuvre d'intégration, comme en témoignent les plans d'élargissement de l'Union européenne ou la capacité de créer en Amérique latine des formes d'intégration qui n'ont plus à souffrir de la présence gênante de régimes militaires musclés.

En fait, cette marginalisation des questions institutionnelles, de celles liées au choix d'un type de cité, ce peu d'intérêt pour les grandes utopies politiques rejoignent banalement la minceur du débat idéologique postbipolaire. Elles déportent les États vers l'accomplissement de fonctions plus techniques et entrepreneuriales que réellement politiques; elles les amènent dès lors plus ou moins à jouer contre leurs valeurs en relâchant la mobilisation citoyenne au profit de la coordination de fonctions économiques et d'une sorte de cogestion avec les firmes[1]. En cela, l'État se prête bon an mal an aux processus de régulation accomplis par les ensembles régionaux auxquels il appartient, et dont il peut anticiper les bienfaits futurs sans avoir à en assumer les coûts[2]. Aussi le gouvernement mexicain doit-il admettre que, malgré les pressions identitaires qu'il engendre indirectement, notamment au Chiapas, le NAFTA devrait lui permettre de créer en quelques années plus de 600 000 emplois[3]; pour des raisons comparables, la plupart des États de l'Union européenne restent disposés, au-delà du débat politique et de l'opinion publique, à consentir des efforts budgétaires substantiels pour créer une monnaie unique. Cette apologie de la régulation régionale malmène inévitablement les communautés politiques nationales, relègue le contrat citoyen et surtout démultiplie en Europe, en Asie et en Amérique le nombre de communautés pertinentes : à l'unité nationale s'oppose une variation d'es-

1. S. Strange, *The Retreat of the State*, Cambridge, Cambridge University Press, 1996.
2. Cf. E. Cohen, *op. cit.*
3. M. Horsman et A. Marshall, *op. cit.*, p. 191.

paces d'intégration, chacun spécialisé dans l'accomplissement d'une fonction en propre. Dans ce jeu, il est aussi simpliste de considérer que l'État disparaît ou qu'il reste arbitre : il devient un pôle d'interactions au même titre, en Europe, que la Commission et que, partout dans le monde, les acteurs transnationaux et les entrepreneurs d'identité.

L'effervescence de ce nouveau modèle et son profil inédit doivent beaucoup à l'histoire contemporaine de l'Asie orientale. Il faut dire que ses réalisations là-bas, tout au long de la seconde moitié du XXᵉ siècle, ont de quoi surprendre. En aucun lieu du monde les tensions politiques et les appétits souverains n'étaient aussi affirmés; mais nulle part ailleurs l'intégration socio-économique et les sphères de coprospérité n'ont accompli autant de prouesses. Les clivages de la bipolarité se superposaient aux vieux antagonismes, opposant la Chine et le Japon, l'ancien empire des tsars à celui du Soleil levant, ou encore le Siam d'hier à ses voisins de l'ex-Indochine. Ils en aiguisaient d'autres : Corée du Sud contre Corée du Nord, Chine continentale contre Chine insulaire; ils se compliquaient d'un troisième type : à l'intérieur du même monde communiste, Pékin contre Moscou, Viêt-nam contre Chine, rouges d'Hanoi contre rouges de Phnom Penh. La disparition du vieux rideau de fer n'a pas aboli tous ces antagonismes, les vieilles méfiances se combinant aux nouveaux contentieux territoriaux pour consolider apparemment les souverainetés jalouses et emblématiser des distinctions de valeurs, voire contester l'universalité des droits de l'homme…

Pourtant, les hommes d'affaires de Taïwan se promènent librement en Chine continentale et y investissent efficacement, les flux ne cessent de s'intensifier entre le Japon et la Corée, vieux ennemis s'il en est, les «zones spéciales» se démultiplient et tout le monde intègre tout le monde par le biais d'initiatives venues d'individus, de villes ou d'entreprises, mais par le truchement aussi d'une inflation de forums, associations, groupements plus ou moins formalisés. Bastion apparent des souverainetés menacées, l'Asie orientale est devenue ainsi la patrie du néorégionalisme et en même temps le premier producteur au monde des techniques sophistiquées et des gadgets les plus frivoles qui lui sont associés.

Nous avons vu que le local jouait ici un rôle essentiel, entraînant l'essor des territoires économiques naturels, des zones économiques spéciales chinoises, des triangles de croissance. Le succès est d'autant plus net que les États et les organisations internationales ne s'en mêlent pas trop. La seule institution régionale intergouvernementale classique, l'ASEAN (*Association of South East Asian Nations*), a été créée en 1967, en pleine guerre du Viêt-nam ; elle regroupait tous les États anticommunistes de la région avec, en réalité, l'objectif de constituer un club d'États autoritaires décidés à s'épauler contre la «subversion communiste[1]». La conversion de l'institution reste plutôt décevante : elle a pu certes s'élargir au Viêtnam en juillet 1995, au Laos et à la Birmanie des généraux deux ans plus tard, s'enrichir en décembre 1995 d'un traité faisant de la zone un espace «libre d'armes nucléaires» ; mais elle est en revanche très en retard sur le plan de l'intégration économique, l'hypothèse ayant été de ramener à 5 % les tarifs douaniers intra-ASEAN en 2003, puis de les supprimer complètement à cette même date. De la même manière, le projet piloté par le PNUD (Programme des Nations unies pour le développement) d'aménagement du fleuve Tumen, aux confins de la Russie, de la Chine et de la Corée du Nord, pourrait révolutionner la région qui, sur un rayon de mille kilomètres, juxtapose pétrole, gaz et minéraux russes, main-d'œuvre chinoise et nord-coréenne, technologie et capitaux japonais : les politiques d'États sont pourtant difficiles à harmoniser, Moscou et Tokyo choisissant d'autres priorités, la Corée du Nord restant crispée sur ses options politiques et celle du Sud sur ses problèmes économiques.

Néanmoins, même ce genre d'aventure est loin d'être négligeable. Seulement, l'implication des États ne pèse pas très lourd face aux initiatives locales, à l'instar de la ville chinoise voisine de Hunchun ouverte aux étrangers, tirant profit de son identité de ville frontière du Nord-Est, conquise par les investisseurs et les promoteurs, fourmillant de voitures japonaises, misant sur le profit et l'atteinte prochaine du million d'habi-

1. Cf. S. Boisseau du Rocher, *L'ASEAN et la construction régionale en Asie du Sud-Est*, Paris, L'Harmattan, 1998.

tants. S'ils sont plus classiques, les exemples de Kunming, dans le Yunnan, de Canton ou de Shanghai sont encore plus édifiants. D'autres initiatives régionales s'inscrivent dans la même veine, dérangeant les cartes politiques et dessinant ces «territoires naturels» qui réorganisent profondément les espaces. On les sait nombreux et particulièrement performants : outre les zones économiques spéciales qui bordent la Chine, les espaces d'intégration qui se développent en Asie du Nord-Est, on compte le triangle de croissance Indonésie-Malaisie-Singapour; celui qui relie le nord de Sumatra aux États septentrionaux de la Malaisie et à la partie méridionale de la Thaïlande; l'ensemble constitué par le Yunnan, le nord du Laos, du Myanmar et de la Thaïlande; enfin l'aire de croissance de l'Asie orientale qui réunit Brunei, l'ouest de Kalimantan, le nord de Sulawesi, les provinces malaisiennes de Bornéo et Mindanao... Ces constructions bousculent les souverainetés étatiques en transgressant les frontières politiques, en unissant, au sein d'un même ensemble, des provinces relevant de systèmes politiques très différents et d'économies parfois contrastées, et surtout en donnant le champ libre aux réglementations informelles, aux micro-régulations et aux transactions mettant en scène des individus porteurs de rationalités largement extrapolitiques. Elles sont en même temps une véritable pédagogie pour les États : au sein de l'ASEAN, ils apprennent ainsi à s'adapter aux objectifs nouveaux d'intégration économique; plus généralement, ces États, prétentieux et interventionnistes, y puisent les moyens d'expérimenter les réformes économiques, d'accepter la libéralisation et la décentralisation, d'inventer des formes originales et efficaces d'intégration des flux d'investissement[1]. Si l'État, bien sûr, ne disparaît pas, il conjugue désormais au pluriel les processus de la décision économique et doit admettre de composer avec des communautés nouvelles de responsabilité qui, cette fois, ne coïncident plus avec les communautés politiques...

Cette solidarité qui se crée par-delà les frontières devient une contrainte en soi, qui s'autonomise inévitablement des considérations politiques et qui, à terme, n'est même plus sensible aux

1. R. Cossa et J. Khanna, art. cit., p. 228.

politiques d'État. C'est ce que note Karoline Postel-Vinay lorsqu'elle relève que la région occidentale du Japon couvre à elle seule 95 % des exportations japonaises en direction de la Chine, 93 % de celles qui s'opèrent en direction de la Corée du Sud et 80 % de celles qui concernent la Corée du Nord[1]... Face à des États moins forts, désorientés et affaiblis par la crise, ces intégrations «naturelles» établissent des solidarités de fait qui créditent les acteurs locaux d'une autorité renouvelée et d'une véritable identité, sinon internationale, du moins transnationale.

Cette connexion devient spectaculaire quand elle relie les deux Chine. La puissance des flux entre l'une et l'autre est aisément vérifiable. Le nombre de taïwanais «visitant» la Chine continentale est en forte expansion depuis dix ans, même s'il a tendance à stagner aujourd'hui, mais à des niveaux élevés : 430000 en 1988, 995000 en 1991, 1540000 en 1993, 1400000 pour les onze premiers mois de 1996[2]... Le nombre de contrats d'investissements conclus annuellement était dérisoire jusqu'en 1990 pour dépasser 6000 en 1992, 100000 en 1993 et décroître ensuite[3]. Enfin, les exportations de l'île vers la Chine de Pékin s'élevaient à 3,2 milliards de dollars en 1989, dépassaient 10 milliards en 1992 pour frôler 19 milliards en 1995[4]. Le rôle de transit accompli par Hong Kong dans ces différentes transactions est évidemment central.

Certes, le climat d'extrême tension politique qui a prévalu durant l'été 1995, lorsque Pékin procéda à des manœuvres militaires très ostentatoires, a contribué à décélérer le rythme de ces flux. La Chine populaire demeure pourtant le premier foyer d'investissement pour Taïwan (2,8 milliards de dollars contre 1,8 en Thaïlande...), son troisième partenaire commercial (après les États-Unis et le Japon) et son deuxième client[5]...

1. K. Postel-Vinay, art. cit., p. 495.
2. P. Chevalerias, «What Will Change for the Taiwanese?», *China Perspectives*, 12, juillet-août 1997, p. 73. Les chiffres cités ont été arrondis au millier.
3. *Ibid.*, p. 75.
4. *Ibid.*, p. 79. Les chiffres ont été arrondis.
5. J.-P. Cabestan, «Taiwan's Mainland Policy : Normalization, Yes; Reunification, Later», *The China Quaterly*, 148, déc. 1996, p. 1272.

Cette solidarité de fait peut être interprétée comme une source non négligeable de dépendance de l'économie de l'île à l'égard de la Chine continentale, mais révèle d'abord la profonde interaction qui s'établit entre le gouvernement de Taipei et la communauté de ses hommes d'affaires de plus en plus portés à prôner une politique de plus grande coopération avec Pékin afin de garantir les intérêts acquis sur le continent : la définition de ces relations bilatérales, sensibles s'il en est, se déplace ainsi des espaces purement diplomatico-stratégiques vers les communautés socio-économiques de responsabilité.

On ne peut donc que souligner l'extrême richesse et la forte complexité caractérisant les interactions qui, en Asie orientale, relient les États à des partenaires multiples et changeants, composent et recomposent sans cesse les espaces de référence, jusqu'à banaliser les règles de la géométrie variable. L'APEC a suscité, à partir de 1989, un jeu original d'«unilatéralisme concerté» devant conduire, si l'on en croit les engagements pris à Bogor en 1994, à la constitution d'un vaste espace de libre-échange à l'horizon 2010 pour les États développés et 2020 pour les économies en transition; le sommet de Vancouver, réuni dans le feu de la crise de 1997, se proposait même de ramener cette échéance à 1999 pour quelques secteurs. L'EAEG (*East Asian Economic Grouping*), proposée dès 1991 par Mahatir Ben Mohamad, regroupe – en fait sous la férule japonaise – les États asiatiques du Forum, laissant de côté les «Occidentaux» du Pacifique et d'Amérique. L'ARF (*Asian Regional Forum*) inclut, pour sa part, les États d'Asie orientale, du Pacifique, d'Amérique du Nord et l'Union européenne pour discuter des problèmes de sécurité en Asie, tandis que le CSCAP (*Security Cooperation in the Asia Pacific*) se présente comme une organisation non gouvernementale spécialisée dans le même type de problème.

Cette multiplicité des niveaux d'intégration a eu en même temps un effet d'attraction et de création de libertés nouvelles. Ainsi la Chine s'intéresse-t-elle de plus en plus à l'APEC, à l'ARF et même au CSCAP, au même titre d'ailleurs que la Russie, l'une et l'autre s'étant portées candidates pour accueillir une session de l'*Asian Regional Forum*, tandis qu'une autre organisation multilatérale et paragouvernementale, le

KEDO (*Korean Peninsula Economic Development Organization*), a été choisie comme plate-forme de dialogue entre les États-Unis, le Japon et les deux Corée[1]. Cet incontestable effet de débordement et d'entraînement (*spill over*) de l'effervescence régionale implique de plus en plus les États dans des espaces qui ne sont plus seulement ceux bornés par leurs frontières nationales et qui les éveillent à des solidarités et des responsabilités nouvelles, jusqu'au Japon qui doit faire face à une immigration chinoise de plus en plus soutenue... En même temps, ces États ne restent pas passifs et savent profiter de cette multiplication des espaces de référence, jouant alternativement et en fonction des conjonctures la carte d'un régionalisme asiatique et identitaire, celle d'un régionalisme plus restreint que leur offre par exemple l'ASEAN, celle d'une mondialisation sélective que leur apporte l'APEC ou celle du multilatéralisme global... Libertés et contraintes se combinent ainsi dans une nouvelle syntaxe qui nous empêche d'opposer l'hypothèse d'une souveraineté intacte conduisant les États à jouer cyniquement de leurs accords régionaux et celle d'une souveraineté ruinée qui marquerait le parfait triomphe d'une intégration que plus personne ne contrôlerait. Le miracle du néorégionalisme est de dépasser ce dilemme jusqu'à nous enjoindre de créer des concepts nouveaux...

Le détour par l'Asie permet peut-être de mieux comprendre ce qui se passe en Europe depuis que la Communauté devenue Union est entrée dans l'âge du néorégionalisme. Elle l'a fait à sa façon, certes loin des subtilités géographiques de l'Asie orientale, mais en s'adaptant aussi à l'intensification des flux transnationaux et à la gestion délicate des effets d'interdépendance et de débordement. Elle l'a fait également sur un mode différent, préférant, à l'inflation des accords pragmatiques plus ou moins formalisés et contraignants, l'approfondissement progressif d'institutions d'intégration beaucoup plus déterminantes, cohérentes et unifiées : au couple associant libertés et contraintes se substitue alors un modèle européen dans lequel la souveraineté est remise en cause par des formes

1. R. Cossa et J. Khanna, art. cit., p. 222.

subtiles de «compromis institutionnalisés[1]», d'allégeances et de compétences démultipliées.

L'Union européenne associe donc des États acteurs qui acceptent une limitation effective de leur souveraineté, sans admettre pour autant de l'abandonner dans un supranationalisme correspondant aux premières utopies fédérales : comme le remarque justement Stanley Hoffmann, l'objectif est bel et bien de construire une Union dotée de fonctions communes de plus en plus nombreuses et élaborées, mais cependant librement négociées par les États concernés qui, en outre, conservent le monopole de leur mise en application. Nuancée et amendée par la suite, cette thèse aboutit à l'idée d'un «*pool* de souverainetés[2]», complétant de façon un peu confuse la notion classique d'intergouvernementalisme, habillée cette fois d'un intérêt soutenu pour l'essor d'institutions nouvelles qui réglementent et organisent ce compromis entre États[3].

Cette vision bousculerait déjà à elle seule la vulgate officielle qui a cours en matière de souveraineté. Les analyses récentes suggèrent pourtant qu'elle est de moins en moins satisfaisante, les logiques de négociation et d'interaction tendant à se démultiplier à mesure que s'approfondit la construction européenne, jusqu'à menacer sévèrement le rôle pivot accompli jusqu'ici par les États. L'Acte unique puis les accords de Maastricht ont ainsi substitué le vote majoritaire au vote unanime, du moins dans certains secteurs pour lesquels les États ne contrôlent plus nécessairement les mécanismes d'abandon de leur souveraineté, tandis que les institutions communautaires, à mesure qu'elles s'affermissent, produisent «des intérêts et des valeurs propres», accumulant des ressources de pouvoir qui en font des acteurs pleins et entiers[4]. Comme en écho, les acteurs transnationaux apparaissent sur la scène européenne, nourrissant un jeu interactif dans lequel les

---

1. B. Jobert, «Le retour tâtonnant de l'État», *in* F. d'Arcy et L. Rouban dir., *De la Vᵉ République à l'Europe*, Paris, Presses de Sciences-Po, 1996, p. 318.
2. R. Keohane et S. Hoffmann, art. cit.
3. A. Moravcsik, «Negotiating the Single European Act», *in* R. Keohane et S. Hoffmann éd., *The New…*, *op. cit.*, p. 41-84.
4. C. Lequesne et A. Smith, art. cit., p. 13-14.

États ont déjà perdu une part de leur monopole... Tout en se gardant de théoriser de façon naïve, force est au moins d'admettre que le néorégionalisme se banalise de plus en plus en Europe, en faisant de la Commission, des entreprises et des collectivités territoriales des acteurs dont les ressources s'autonomisent et qui participent à un vaste jeu de régulation dont les gouvernements deviennent les exécutants de plus en plus contraints[1]. À une souveraineté de compromis – concept déjà indigeste – succède ainsi la souveraineté *régulée* et *interactive* – concept, cette fois, totalement indigent qui doit nous conduire à revoir notre vocabulaire. Les États européens peuvent certes rester les maîtres apparents de politiques internes de redistribution, mais dans le cadre très surveillé d'une régulation communautaire qui désormais règne en maître et dont la définition correspond à des tractations complexes dont les États ne sont plus les auteurs exclusifs : ceux-ci ne peuvent plus faire à leurs gouvernés toutes les offres de bien-être qu'ils peuvent souhaiter[2].

On comprend dès lors l'effroi des constitutionnalistes jacobins qui y perdent leur droit romain. Tout progrès dans la construction européenne conduit irrémédiablement à des révisions constitutionnelles en chaîne : cette curieuse chronique vérifie à souhait la lente agonie du principe de souveraineté. Comme en 1992, à la suite des accords de Maastricht, le Conseil constitutionnel a dû se résoudre, le 31 décembre 1997, à considérer que certaines des très timides propositions du traité d'Amsterdam portaient «atteinte aux conditions essentielles d'exercice de la souveraineté nationale». Il était notamment prévu que les conditions de libre circulation des personnes relevaient désormais de la compétence de l'Union et seraient à terme définies, à l'initiative de la Commission, par le Conseil, qui se prononcerait alors à la majorité qualifiée, en codécision avec le Parlement européen. Qu'il s'agisse ainsi de

1. W. Sandhlotz et J. Zysman, «1992 : Recasting the European Bargain», *World Politics*, 42, 1989, p. 108 *sq.*
2. Pour un point de vue différent, cf. A.-M. Le Gloannec, «Introduction», *in* id. dir., *Entre Union et nations*, Paris, Presses de Sciences-Po, 1998, p. 30.

la monnaie ou des droits fondamentaux, les principes qui fondent l'exercice de la souveraineté nationale s'accordent de moins en moins aux données nouvelles d'une construction régionale qui distingue de plus en plus clairement des niveaux de responsabilité banalisant l'État à un échelon intermédiaire, et le séparant ainsi radicalement de ses anciennes prétentions souveraines...

Le modèle fait école, inspirant partiellement les inventions institutionnelles qui fleurissent aujourd'hui en Amérique latine, tant avec le Pacte andin, conclu en 1969 et réactivé en 1995, qu'avec le MERCOSUR (Marché commun du Sud) créé en 1991 par le traité d'Asunsion, lui-même complété par le protocole d'Ouro Preto signé le 17 décembre 1994 sur une base qui reste encore nettement intergouvernementaliste. En même temps cependant, le MERCOSUR vise une intensification et une libéralisation des échanges sans cesse plus soutenues qui débouchent sur une implication de plus en plus forte des acteurs sociaux non étatiques, notamment des entreprises et des organisations patronales. L'Afrique suit timidement le même chemin en marquant davantage de distance, comme si le faible développement économique freinait ces nouvelles logiques d'intégration, faute de susciter la mobilisation des acteurs non étatiques. La SADC (*Southern African Development Community*), créée en 1979 mais dynamisée par l'arrivée de l'Afrique du Sud en 1994, a favorisé la mise en place non seulement d'une communauté économique mais aussi d'une communauté de sécurité en Afrique australe. Dans un contexte de désengagement des puissances «lassées» de prendre en charge la sécurité du continent noir aux prises avec la démultiplication des *collapsed states*, ces organisations d'intégration subrégionale peuvent devenir les pôles d'une régionalisation de la sécurité africaine : après s'être opposées, les diplomaties française et américaine misent de plus en plus sur l'élargissement des fonctions d'intégration économique à des fonctions sécuritaires, à l'instar du soutien apporté par la CEDEAO (Communauté économique des États de l'Afrique de l'Ouest) à l'ECOMOG, lors des crises libérienne et sierra-léonaise...

Le néorégionalisme déstabilise grandement les formules classiques, les modèles reçus et les concepts tout faits. En démultipliant les espaces pertinents, en banalisant les chevauchements, en suscitant des acteurs nouveaux et des unités inédites, en éveillant des allégeances sans cesse diversifiées, en consacrant des pluralités de compétence, il maltraite la souveraineté et crée les conditions d'interdépendances subtiles. Il dessine des domaines de responsabilité dont la géométrie correspond non plus à une autorité fixe consacrée et omniprésente, mais à des enjeux qui, au gré de leur nature et des circonstances, divisent ou réunissent les communautés politiques citoyennes. Le jeu n'est pas sans risques : certains parlent de retour aux fragmentations médiévales, d'autres se chagrinent du déficit démocratique qui risque d'entraîner le dépérissement des communautés citoyennes, de plus en plus éclipsées par la prolifération des communautés de responsabilité. Nul doute que celle-ci sert les bureaucraties, libère les acteurs politiques du contrôle électoral et amnistie même les pratiques autoritaires sur lesquelles elle déborde. Donner la priorité aux besoins pouvant être arbitrairement définis sur l'autorité qui doit être rigoureusement dévolue peut être source d'une nouvelle tyrannie habillée de technocratie. On doit pourtant réfléchir à ce que vaudrait un pouvoir impeccablement souverain dans ses formes institutionnelles mais qui aurait perdu l'essentiel de son efficacité : avant d'épouser les contours de la responsabilité, les mutations du système international renvoyaient déjà l'image d'une souveraineté qui était arrivée au bout de sa propre fiction... Il faudra en revanche être attentif au nouveau verbe démocratique de la responsabilité et aux pièges qui lui sont déjà tendus.

Au nombre de ceux-ci apparaît clairement l'effet hégémonique de ces nouvelles constructions : la NAFTA ne réintroduit-elle pas la puissance des États-Unis au moment même où elle se sentait menacée par la mondialisation ? Le Japon perce sous la plupart des manifestations régionales en Asie orientale, alimentant de surcroît un nationalisme qui lui est récurrent et un asiatisme que sa culture est prête à fédérer. L'Union européenne ne survit, dit-on, que grâce à l'axe franco-allemand et à une dyarchie puissante dont l'avenir est suspendu au choix différé que la Grande-Bretagne est censée faire entre le Vieux Continent et le grand large. Et que dire de l'Afrique du Sud dans la SADC, du Nigeria dans la CEDEAO, du Brésil au sein du MERCOSUR ? Comment ne pas relever *a contrario* que l'échec de la SAARC (*South Asian Association for Regional Cooperation*), créée en 1985, est largement imputable à l'hégémonie de l'Inde dont ne veut surtout pas le Pakistan ? On voit déjà se profiler, derrière l'effondrement des souverainetés, la revanche de la puissance que seule peut contenir l'implication sans cesse plus forte et toujours plus autonome des acteurs infra-étatiques, des associations, des réseaux et des collectivités territoriales.

Pour les mêmes raisons, les responsabilités risquent souvent d'être captées : pour plus de puissance, mais aussi pour plus d'identité ardemment locale ou prétentieusement transrégionale. On comprend fort bien qu'elles puissent être dévoyées pour construire les particularismes locaux les plus sourcilleux et les irrédentismes les plus hautains. L'Asie orientale peut cultiver l'exceptionalisme du *look east* et l'Europe les certitudes du vieux messianisme occidental. Le moindre des problèmes n'est probablement pas la délicate opération permettant de stériliser l'expression identitaire, souvent belligène, des communautés de responsabilité ainsi formées. Celles-ci peuvent en revanche tout autant créer des effets de débordement : de l'économie vers la sécurité, vers la promotion des biens communs, vers la solidarité ou vers le respect.

LES AVATARS D'UNE SCÈNE MONDIALE

Pour toutes ces raisons et bien d'autres, le local et le régional ne se distinguent pas du mondial. Cette articulation forte est devenue une banalité : il arrive cependant que les évidences aient raison... L'internationaliste, paradoxalement, a du mal à l'accepter : le mondialisme évoque les utopies et le cosmopolitisme une posture militante. Le discours pionnier sur la société mondiale passait mal les frontières du réalisme[1], et le discours

---

1. J. Burton, *World Society*, Cambridge, Cambridge University Press, 1972 ; cf. aussi P. Ghils, «La société civile internationale», *Revue internationale des sciences sociales*, août 1992, p. 467-481.

contemporain sur la mondialisation et la *global governance*, s'il inspire beaucoup d'ouvrages, succombe la plupart du temps sous l'effet des sentences qui le taxent d'économicisme, de néolibéralisme ou d'utopisme – quand il ne s'agit pas de lui reprocher sa banalité ou son flou[1]...

La critique n'est pas toujours injustifiée ni trop sévère : elle s'alimente d'une propension à faire de la mondialisation une réalité magiquement construite, ordonnée et cohérente, étape ultime de l'histoire de l'humanité. Elle serait moins à l'aise si le phénomène était approché de façon plus modeste, comme un effet irréductible des *interdépendances* croissantes qui unissent entre eux les acteurs du système international, diminuant d'autant leur possibilité de faire cavalier seul et les conduisant tout naturellement à opter pour des stratégies leur permettant de tirer un maximum d'avantages de cette situation d'interdépendance. Un tel jeu ne se substitue pas aux autres : il les enrichit avec une vitalité d'autant plus forte que le progrès technologique, en améliorant la communication, facilite et dédramatise les interactions ; il les rend plus complexes puisque cette interdépendance ne cesse effectivement de se libéraliser en s'ouvrant à des acteurs de plus en plus nombreux, l'État perdant ainsi le monopole des relations internationales ; il les décloisonne puisque ces contacts toujours plus intenses suscitent des pratiques universelles, c'est-à-dire des comportements sociaux plus homogènes et des formes de régulation de plus en plus inclusives.

Pour toutes ces raisons, l'ordre de la mondialisation relève davantage de l'hypothèse que du dogme : il permet de s'interroger sur des phénomènes, au demeurant nombreux et à multiples facettes, qui, pour autant, voisinent avec des comportements particularistes et des stratégies stato-nationales. Les États n'entrent pas à reculons dans la mondialisation : faisant contre mauvaise fortune bon cœur, ils savent l'utiliser pour faire d'une tendance qu'ils ne maîtrisent plus, ou du moins qu'ils n'ont pas

1. Cf. notamment L. Putterman et D. Rueschemeyer éd., *State and Market in Development : Synergy or Rivalry?*, Boulder, Lynne Rienner, 1992, et S. Latouche, *Les Dangers du marché planétaire*, Paris, Presses de Sciences-Po, 1998.

toujours choisie, un instrument de régulation de leurs propres infirmités. L'abandon du cavalier seul vaut renoncement à la superbe du discours souverain : il s'intègre aussi dans une démarche en fait très cohérente. L'interdépendance ne crée pas que des blessures : elle pallie les effets d'un système planétaire trop complexe et trop contrasté pour être abandonné à la seule gestion diplomatique des États[1]. Parce que le développement est devenu l'enjeu qu'il n'était pas jadis, parce que la dégradation de l'environnement s'est mise de la partie, parce que la concurrence commerciale ne concerne plus cette petite fraction du monde qu'elle recouvrait autrefois, des pratiques nouvelles doivent désormais associer entre elles les différentes sociétés du globe. Non seulement les États apprennent ainsi les vertus de la complémentarité, mais ils savent le parti qu'ils peuvent tirer d'une coopération active de leurs sociétés civiles[2].

Comme souvent, les lendemains de la Seconde Guerre mondiale ont pu être prometteurs. En promouvant le multila-téralisme, la diplomatie américaine flattait une idéologie d'ouverture, de libéralisme et d'échange, héritière du wilsonisme et de cet *aggiornamento* des théories souverainistes qui sied aux vainqueurs, jusqu'à leur faire oublier les délices concurrents de l'isolationnisme. Le GATT, les institutions de Bretton Woods, le système onusien suscitaient bien une communauté internationale à défaut d'établir une société mondiale : la coopération de tous avec tous devenait la règle[3]. Encore ne s'agissait-il que des États et du choix de libre coordination de leurs politiques, là où progressivement l'hypothèse de la mondialisation va beaucoup plus vite et bien au-delà : les partenaires se diversifient en surgissant de la société civile, la convention diplomatique laisse la place à des formules souples et à des pratiques informelles de régulation, les agendas s'élargissent à des questions naguère dévolues à l'intimité souveraine des États, et sur-

---

1. P. Evans, H. Jacobson et R. Putnam éd., *Double-Edged Diplomacy*, Berkeley, University of California Press, 1993.
2. J. Snyder, *Myths of Empire : Domestic Politics and International Ambition*, Ithaca, Cornell University Press, 1991 ; S. Strange, *The Retreat...*, *op. cit.*
3. M.C. Smouts, *Les Organisations internationales*, Paris, Armand Colin, 1995, p. 29-30.

tout le droit s'efface devant l'informel, l'accord conventionnel devant l'agrément tacite, les institutions devant les réseaux, les réunions officielles devant les contacts récurrents...

L'atmosphère des années 1960 amorce de loin cette évolution. La décolonisation et l'aggravation de la question du développement ont révélé l'inadaptation des méthodes communes du multilatéralisme. Si les Nations unies ont pu faire un moment illusion, c'est parce que les grandes figures du premier tiers-monde avaient délibérément donné la préférence à l'émancipation politique et à l'expression diplomatique sur les questions de société. Celles-ci ont vite rattrapé l'Histoire : l'inefficacité patentée de la CNUCED, l'échec de la planification socialiste exportée outre-mer et le dépérissement des idéologies ont redonné aux acteurs sociaux un rôle qu'ils n'avaient pas encore acquis. Les grandes catastrophes écologiques, comme celles du *Torre Canyon* en mars 1967, puis de l'*Othello* (1970) et du *Wafra* (1971) familiarisèrent le monde à l'idée de marée noire et plus généralement de pollution et de destruction progressive des grands écosystèmes de la planète. Surtout, l'extinction progressive de la Guerre froide, l'atténuation des grands conflits idéologiques, la fin de la décolonisation comme celle de la guerre du Viêt-nam permirent de redécouvrir la réalité d'un bien commun de l'humanité. La crise aidant, on se fit peu à peu à l'idée que les biens collectifs n'étaient pas inépuisables et que leur protection devenait un besoin fondamental de l'humanité tout entière. Dès lors apparaissaient les éléments d'une nouvelle géographie : au-delà des frontières politiques se dessinait un espace mondial qui était le réceptacle de biens qui ne connaissaient plus les bornages ; l'action politique ne correspondait plus seulement au domaine des cités juxtaposées, mais se doublait désormais du devoir de gestion de problèmes véritablement universels. L'idée de biens communs qui végétait entre le solidarisme de la pensée chrétienne et les vieilles énonciations du libéralisme américain trouvait ainsi un cours nouveau : ce bien dont chacun est responsable pour la survie de tous énonçait une autre politique internationale dans le droit-fil de l'interdépendance comprise et raisonnée.

L'espace mondial suscite ainsi sectoriellement des communautés de responsabilité dont l'essor dépend de plusieurs facteurs : la prise de conscience par les individus qu'ils appartiennent à une même espèce humaine, dépositaire de biens communs que les États doivent gérer globalement, au-delà des égoïsmes nationaux; la propension des États à prendre en charge ces fonctions et à trouver des avantages à cette gestion non partitive; l'existence d'acteurs transnationaux capables de se mobiliser dans chacun des domaines concernés, de constituer au moins un embryon de société civile mondiale, de faire pression sur les États pour les ancrer dans une véritable cogestion transnationale. On retrouve ici, à côté des ONG, les réseaux associatifs, les médias, les intellectuels, les organisations religieuses, les diasporas, les migrants et tout acteur qui construit une action par référence implicite ou explicite à un bien commun.

Cette démultiplication des communautés de responsabilité s'apprécie à l'aune de l'élargissement des agendas sociaux de la communauté internationale. Les premiers sursauts apparaissaient déjà en 1919, aux lendemains de la Première Guerre mondiale, lorsque l'Organisation internationale du travail, agence autonome de la SDN, recevait pour mission de contribuer à l'établissement d'une paix durable grâce à l'universalisation du progrès social et l'amélioration partout dans le monde des conditions de travail. Désormais, la paix n'était plus seulement une affaire politique ni le domaine des seules diplomaties : elle n'était plus uniquement un problème externe d'adaptation aux autres États et à leurs intérêts nationaux, elle devenait aussi affaire d'aménagement interne et d'organisation des sociétés civiles. Non seulement les questions du travail devenaient naturellement un objet de coopération internationale, mais l'OIT se donnait aussi pour mission l'élaboration, par voie de conventions entre États, d'un droit interne du travail. Celui-ci s'inscrivait désormais, au nom de la paix et du progrès, comme objet de responsabilité internationale. Certes, la souveraineté n'était pas attaquée de front puisque cette responsabilité était mise en œuvre par la conclusion de conventions entre États; mais on énonçait clairement que la souveraineté ne pouvait plus être opaque, que les États n'avaient ni intimité ni linges sales privés. Le droit social devenait un peu de la commune compétence de tous.

La première grande vague de multilatéralisme a confirmé, amplifié et diversifié un tel mouvement. De nouveau, la guerre a fait son œuvre en soulignant que les interdépendances sociales figuraient parmi les conditions d'un retour durable à la concorde et à la stabilité. Le GATT et les institutions de Bretton Woods visaient d'abord à asseoir un ordre de concertation entre États dans les domaines commercial, économique et financier, mais l'éthique de responsabilité à l'égard des sociétés n'était pas absente : le GATT se proposait explicitement de contribuer à l'élévation des niveaux de vie, à la recherche du plein emploi et à l'usage collectif des ressources mondiales; quant à la Banque mondiale, elle apparaissait comme un instrument privilégié de la reconstruction et du développement. Enfin, les Nations unies incluaient une profusion d'institutions spécialisées qui faisaient basculer dans la vie internationale autant de domaines jusque-là réputés internes et appelant désormais à une responsabilité collective : outre le travail (OIT) s'affichaient l'agriculture et l'alimentation (FAO), la culture et l'éducation (UNESCO), la santé (OMS), le développement industriel (ONUDI), etc. Par la suite, la création de l'AIEA (Agence internationale de l'énergie atomique), en 1957, reflète de manière encore plus précise ce principe encore fragile de responsabilité : à côté de la promotion d'un usage pacifique de l'atome, il s'agit également d'établir des normes de protection de l'environnement, mais aussi de s'assurer que l'aide fournie à un État dans le domaine nucléaire ne sera pas détournée à des fins militaires, ce qui ouvre un droit d'investigation et d'inspection banalisant l'ingérence comme l'illustre fort bien la mission que les Nations unies ont mise sur pied en Irak suite à la résolution 687 du Conseil de sécurité.

Toute cette génération d'institutions nouvelles est performante sur le plan de l'énonciation; elle est à vrai dire moins convaincante sur celui de l'action effective. On voit se dessiner des communautés de responsabilité qui, cette fois à l'échelle mondiale, se nourrissent d'interdépendances constatées qu'on ne pourra plus occulter et qui énoncent des obligations de solidarité garanties par les besoins de paix et même de survie. La frontière entre cette solidarité évidemment admise et l'ingérence qu'elle devrait impliquer est floue, comme le suggéraient déjà la création précoce de l'OIT et le traité de Washington qui scellait la naissance de l'AIEA. En fait, le principe était désormais acquis, mais la grammaire onusienne, faite d'inter-gouvernementalisme rigide, dessinait les limites de son appli-cation, l'État restant encore une volonté intermédiaire incontournable, un passage obligé, un lieu de négociation des conditions mêmes de mise à exécution de cette responsabilité : la chute est pour le moins paradoxale, elle n'est pas pour autant irréversible.

Ce serait en effet sans compter avec la pression des sociétés civiles et la prise de conscience croissante de la nature incon-tournable des biens communs de l'humanité. L'Histoire va sou-vent plus vite que les dogmes, mais ceux-ci ont les moyens de résister ; aussi les compromis et les bricolages sont-ils souvent complexes, mais leur mise en œuvre sans retour. Les années 1970 s'imposèrent à nouveau comme un tournant : le démar-rage lent des « grandes conférences spéciales des Nations unies » fut suivi d'une sensible accélération correspondant à l'effondrement de système bipolaire. La conférence de Stock-holm sur l'environnement inaugura en 1972 une longue série. La date est à méditer : non seulement les questions écologiques venaient alors à émerger, mais l'achèvement des Trente Glo-rieuses consacrait cette prolifération d'acteurs associatifs qui fut le dernier luxe de ces années de bonheur ; la crise qui poin-tait à l'horizon annonçait des besoins forts de solidarité trans-nationale. Au milieu du gué, des États neutres, extérieurs au clivage bipolaire, trouvaient des gratifications non négligeables en s'alliant à ces acteurs transnationaux encore politiquement démunis : l'État suédois put jouer ainsi efficacement ce jeu de bascule en obtenant l'inscription des problèmes d'environne-ment sur l'agenda des Nations unies et en devenant l'hôte de la première conférence. La suite est connue : les États acceptèrent de conférer, en cette fin de millénaire, sur des thèmes qui échappaient désormais à leur stricte intimité et qui dessinaient le cadre de nouvelles responsabilités partagées. Au-delà du thème de l'environnement repris à Rio (1992), puis à Kyoto (1997), apparaissent aussi ceux de la démographie (Le Caire, 1994), du développement social (Copenhague, 1995), de la condition féminine (Pékin, 1995) ou de l'habitat (Istanbul,

1996). L'effet d'annonce est cette fois réellement révolutionnaire : les États acceptent désormais de se réunir, en compagnie
d'autres acteurs, pour parler à la face du monde de leurs problèmes de régulation démographique, de leur droit social ou de
la manière dont les femmes vivent chez eux leur condition au
quotidien... La déclaration qui vient clore le sommet de
Copenhague établit notamment : «Nous posons en principe
que même si le développement social est une responsabilité
nationale, il ne peut être assuré sans l'engagement et les efforts
collectifs de la communauté internationale», précisant ensuite
que les États ne peuvent pas s'acquitter *seuls* de cette responsabilité[1].

On sait que cette rupture douce n'a pas toujours été acceptée. L'Arabie Saoudite, le Soudan, le Liban refusèrent d'impliquer leur démographie dans un débat international et
s'abstinrent de siéger à la conférence du Caire. Présents, l'Iran
d'une part, l'Algérie et la Chine d'autre part opposèrent – le
premier pour des raisons culturelles, les deux autres pour des
raisons politiques – leur souveraineté à toute norme de régulation décidée au nom de la communauté internationale. Des
dizaines d'États ont émis des réserves officielles sur la plate-
forme d'action adoptée à Pékin sur le droit des femmes. Des
pays musulmans (de l'Iran à la Tunisie) ou catholiques (de
Malte au Pérou... et au Vatican) ont mis en avant des considérations éthiques, mais aussi la souveraineté des lois internationales...

L'essentiel n'est pourtant pas dans ces combats probablement d'arrière-garde. Il se situe dans la vertu d'une énonciation
désormais irréversible contre laquelle le principe de souveraineté intervient comme facteur de résistance ou de freinage et
non plus comme élément central du jeu. Il se trouve aussi dans
cette nouvelle atmosphère qui, autour d'une responsabilité
prudemment affirmée, associe explicitement les États et les
acteurs non étatiques dans la réalisation de ces nouvelles
conférences. Qu'on en juge : à côté de 175 États présents, la

1. Y. Daudet, «Le développement social international, nouveau
concept pour un nouveau droit?» *in* id. dir., *Les Nations unies et le développement social international*, Paris, Pedone, 1996, p. 22.

conférence du Caire réunissait quelque 1 500 ONG. Celles-ci étaient au nombre de 500 à Stockholm, de 1 000 à Rio et 2 000 à Copenhague, sans compter, bien sûr, les multiples organisations, individus et témoins plus ou moins actifs présents à titre officieux et le grand nombre de journalistes couvrant l'événement. À l'occasion de la conférence de Rio put se tenir un «Forum global des ONG» au parc de Flamengo qui doublait, à quarante kilomètres de distance, la tenue de la conférence officielle et qui groupait près de 20 000 personnes, savants, experts, réseaux associatifs formés pour une grande part d'ONG du Sud, tandis que le monde des affaires ne dédaignait pas un marché de l'environnement qui venait à se constituer et qui, par le biais d'une foire industrielle, regroupait quelque 400 firmes[1]... 30 000 femmes ont participé, de la même manière, au forum des ONG qui se tenait en marge de la conférence de Pékin.

Au minimum, on peut en retenir la constitution par bribes d'une société civile mondiale : plus les États évoquent les questions de société au sein même de l'arène internationale, plus ils encouragent les associations spécialisées à se transformer en acteurs transnationaux et à déplacer au-delà des frontières leurs activités de pression et de lobbying. Autrement dit, le simple élargissement du domaine de la concertation interétatique s'accompagne spontanément d'un maillage social. Si la fonction diplomatique traditionnelle ne retenait l'attention que des associations spécialisées dans la promotion du pacifisme ou de l'éthique politique, si elle a de plus en plus impliqué les groupes d'intérêt économique les plus puissants ou les plus structurés, ses mutations récentes ont entraîné dans le jeu international tous les réseaux qui se sentent aujourd'hui concernés : associations écologistes, familiales, féminines, médicales ou humanitaires, ONG de jeunes, de protection de l'enfance, de promotion du développement ou de défense des droits de l'homme. Il en ressort inévitablement une vie sociale internationale, comme en témoigne par exemple le rapprochement qui s'est opéré à la faveur de ces rencontres entre ONG du Nord et ONG du Sud

1. Cf. C. Milani, *L'Environnement et la refondation de l'ordre mondial : régulation concertée ou régulation par le marché?*, thèse de l'École des hautes études en sciences sociales, juin 1997.

et ainsi que l'attestent encore les documents adoptés. Il en dérive également des stratégies d'alliances multiples non seulement entre ONG mais aussi entre certaines ONG et certains États, compliquées par la capacité des délégations gouvernementales de mobiliser en leur faveur leurs propres nationaux siégeant à titre d'experts. Même si les États impriment en dernier ressort leur propre volonté, ils sont ainsi amenés à le faire en liaison de plus en plus soutenue avec d'autres acteurs qui apprennent les vertus de l'énonciation internationale : au grand désespoir des nostalgiques de la *Realpolitik*, les interactions et les rapports de forces qui faisaient le quotidien des vies politiques internes se prolongent désormais dans les arcanes de la vie internationale. Cet amalgame nouveau qualifie la responsabilité face à la souveraineté : l'action internationale de l'État troque la majesté familière à la pensée classique contre l'œuvre d'ajustement habile aux sinusoïdes de la pression, des mouvements d'une opinion transnationale balbutiante et des expressions d'intérêts... En bref, l'État dans la vie internationale devient moins souverain parce qu'il est plus proche d'un jeu social qui s'y organise et qui reflète des enjeux dont il doit être responsable.

Tous ces acteurs sociaux ont pourtant dépassé le seuil de la pression, sans atteindre pour autant celui de la gestion ou de la cogestion. Interrogés à Bucarest (1974), à Mexico (1984) puis au Caire (1994) sur les problèmes de démographie, les États ont dû se plier à un débat collectif sur des questions que, décidément, ils ne peuvent pas maîtriser seuls : contrôle des naissances, aménagement des grands équilibres démographiques, avortement, égalité des sexes... Même si le vice-président Al Gore célébrait au Caire la primauté des législations nationales en matière d'avortement, comme pour camoufler les dissensions intra-américaines sur le sujet, il n'en jetait pas moins un double doute qui illustre bien les mutations en cours. Que vaut d'abord la souveraineté d'un débat national concernant un problème de société, dès lors qu'il porte sur des questions dont on a vu au Caire qu'elles sont bien universelles, se posent à tout un chacun sur la planète et que les solutions que l'on apporte ont des effets directs ou indirects sur l'ensemble de l'humanité ? Que vaut, par ailleurs, une déclaration internationale strictement interétatique dès lors qu'elle ne fait que prolonger un débat interne dans lequel acteurs religieux, associations familiales et groupes de toutes sortes se taillent la part belle? En fait, les «grandes conférences spéciales» célèbrent d'un même mouvement l'inadaptation des dogmes souverainistes et la pression «cogestionnaire» qui suit la prise de conscience des responsabilités transnationales des États.

Cette pression n'est pas dépourvue d'effets. La conférence d'Istanbul, dite «Habitat II», a associé, de façon plus étroite que jamais, ONG, acteurs économiques et collectivités territoriales aux négociations menées. Cette implication a été explicitement demandée par son secrétaire général, Wally N'Dow, arguant de la nature même du thème abordé pour remettre en cause le monopole délibératif des États: les ONG purent donc prendre la parole pour faire des «suggestions» et à condition de ne pas mettre en opposition les points de vue des États sur les questions soulevées. Mieux encore, une commission de partenariat fut constituée pour restaurer un dialogue entre acteurs gouvernementaux et acteurs privés[1]. Une telle approche a permis de mettre en place, malgré les réserves des États du Sud, jaloux de leur souveraineté, un plan d'action «autorisant la participation des représentants des autorités locales et des acteurs de la société civile aux travaux de la commission des Nations unies pour les établissements humains[2]». Les progrès accomplis depuis «Habitat I» (Vancouver, 1976) sont considérables, puisque ces nouveaux acteurs voient ainsi reconnu leur droit de participer «au suivi onusien» de la conférence. Son secrétaire général adjoint, Jorge Wilheim, demanda même que les collectivités locales puissent «accéder directement aux financements des grandes banques internationales», sans passer par l'intermédiaire des États, et puissent aussi mener, sur la scène internationale, des projets conjoints avec les États et les acteurs privés[3].

---

1. M.C. Smouts, «La construction équivoque d'une opinion mondiale», *Revue Tiers-Monde*, XXXVIII, 151, juillet-sept. 1997, p. 683.
2. J. Binde, «Sommet de la ville: les leçons d'Istanbul», *Futuribles*, juillet-août 1996, p. 84.
3. *Ibid.*, p. 85 et 88.

Cette évolution du concert international concède aux acteurs non étatiques un rôle qui n'est plus celui du figurant. Elle dessine ainsi, dans chaque secteur, des communautés de responsabilité qui tendent à devenir complètes en incluant, aux côtés des États, différentes formes de représentations, élective ou fonctionnelle, du secteur concerné : villes, régions, mais aussi associations, groupes d'intérêt, syndicats, etc. Encore faut-il, bien sûr, qu'on puisse aller au-delà de l'effet d'ostentation pour atteindre le seuil d'une décision qui contraindrait les États de façon minimale. Les juristes positivistes affichent volontiers leur septicisme en ne voyant dans ces conférences que des « grands-messes » prolongeant un multilatéralisme aujourd'hui mi-séculaire mais apparemment peu disposé à contourner le choix souverain des États qui, au sein des institutions internationales notamment, peut paraître immaculé. Est-ce pourtant si certain ? Le passage par le droit semble l'assurer, mais des détours ne sont-ils pas prompts à apparaître, retirant à la norme strictement définie le statut qu'on lui donnait naguère [1] ?

Dans une étude consacrée à la conférence de Copenhague sur le développement social, Yves Daudet envisageait trois fondements juridiques possibles de la réduction de la souveraineté des États : la référence aux droits de l'homme et donc à une norme supérieure, l'édiction d'un partenariat permettant à l'État de « partager le fardeau » des responsabilités qui lui incombent, le droit de contraindre l'État, au nom du développement social (mais on pourrait le dire de n'importe quel bien commun de l'humanité), d'enrichir sa législation de dispositions nouvelles à l'instar de ce qui fut tenté à propos de la clause sociale [2].

La première de ces références est effectivement probante sur le papier et devient un élément courant du discours international, si l'on en croit la déclaration finale adoptée à Pékin sur les droits des femmes, reconnaissant que ceux-ci « sont partie intégrante et indivisible de tous les droits humains et des libertés fondamentales, dans l'esprit de la Déclaration universelle

1. J.-C. Javillier, « Les interventions des organisations internationales », in M. Berthod-Wurmser et al. dir., op. cit., p. 144.
2. Y. Daudet, op. cit., p. 19 sq.

des droits de l'homme et des conventions internationales». Au nom de ces principes, les gouvernements sont appelés à promouvoir «l'indépendance économique» et «l'éducation» des femmes, à lutter contre «la pauvreté et la violence» dont elles sont victimes, à favoriser «la prise de décision et l'accès au pouvoir des femmes», ainsi que l'accès aux ressources, le partage des responsabilités familiales ou encore «le droit des femmes à maîtriser tous les aspects de leur santé». La plate-forme qui suit détaille des dispositions plus précises, au nom des mêmes grands principes... mais les présente explicitement comme «non contraignantes». Le même raisonnement pourrait s'appliquer aux autres domaines qui ont entraîné la tenue d'une conférence : le développement social implique ainsi «l'élimination de la pauvreté», «le droit au plein emploi», à «l'intégration», à «l'égalité entre hommes et femmes», à «l'accès à l'éducation», au «développement économique»...

Constamment présente, la référence aux droits de l'homme ne parvient pas pour autant à s'imposer dans la pratique comme norme impérative, transcendant les législations nationales et s'élevant au-dessus du pluralisme culturel. Trop couramment saisie comme instrument facile et banalisé d'une occidentalisation aveugle, elle est souvent suspecte aux yeux des acteurs venus d'ailleurs, cette suspicion devenant à son tour un argument hâtif et commode pour justifier à bon compte des attitudes de refuge. Cela d'autant plus que la force de la norme supérieure fait aussi sa faiblesse : plus proche du général que du concret, expression d'un idéal accessible aux seuls nantis, elle mobilise contre elle l'argument sérieux du réalisme, attestant que tout n'est pas possible tout de suite. Pourtant, l'œuvre de sédimentation est accomplie : non seulement la référence aux droits fondamentaux devient, bon an mal an, le langage structurant de ces communautés de responsabilité à défaut d'un autre plus universel, mais elle est reprise à l'intérieur de chaque État, jusqu'au plus autoritaire, devient source de mobilisations et d'enjeux nouveaux, légitimant par avance des ingérences ultérieures au nom d'une responsabilité ainsi déclinée.

La montée en puissance de l'idée de partenariat tend à se doter à son tour d'une base juridique tout aussi suggestive.

Yves Daudet en trouve un argument fondateur dans la résolution 2 542 de l'Assemblée générale des Nations unies qui, en date du 11 décembre 1969, relevait dans son article 9 : «La communauté internationale tout entière doit se préoccuper du progrès social et du développement social et doit compléter, par une action internationale concertée, les efforts entrepris sur le plan national pour élever le niveau de vie des populations[1].» On découvre effectivement dans ce texte l'expression d'une doctrine de la coopération qui tend à concilier une nouvelle fois souveraineté et responsabilité : si celle-ci est clairement établie, obligeant chaque État à l'égard de la communauté internationale, le principe souverainiste ne disparaît pas pour autant puisque le propre du partenariat est la liberté contractuelle et donc le choix souverain de s'y plier. On y trouve ainsi les bases juridiques d'interventions aujourd'hui connues : les plans d'ajustement structurel négociés avec la Banque mondiale ou les accords de rééchelonnement de la dette conclus par chaque État avec le FMI. À mesure, en outre, que la concertation s'ouvre à d'autres acteurs, privés cette fois, on pressent les dimensions multiples de ce partenariat et la manière dont sa diversification conduit à tisser une toile où figurent États, organisations internationales et ONG, et dans laquelle la souveraineté devient de plus en plus fictive.

Le droit de contraindre mérite, en revanche, d'être appréhendé différemment. Celui-ci peut devenir un élément actif d'intégration, imposant notamment à un État le respect d'un droit social comme condition expresse de participation à un ensemble : l'ALENA-NAFTA a pu effectivement en faire une disposition de ses accords, grâce à quoi plusieurs plaintes ont pu être déposées pour non-respect des droits essentiels des travailleurs dans l'un ou l'autre des pays membres[2]. On objectera en revanche que le mécanisme est beaucoup plus incertain quand on passe de l'échelle régionale à l'échelle mondiale où les contraintes se révèlent beaucoup plus hypothétiques, la déviance étant alors moins dramatique et la nature de la sanction beaucoup moins intimidante. On notera pourtant comment

1. *Ibid.*, p. 21-22.
2. *Ibid.*, p. 27.

l'OCDE a réussi à faire reculer le gouvernement sud-coréen en lui imposant une modification substantielle des lois «anti-sociales» adoptées au débotté et à la dérobée le 26 décembre 1996 : ce que des semaines de grèves et de mouvements sociaux extrêmement durs n'avaient pas pu arrêter en janvier, l'Organisation de coopération et de développement économiques, à laquelle Séoul avait adhéré quelques mois plus tôt, sut l'obtenir à la veille du printemps en déclarant que «ces lois ne répondaient pas pleinement aux engagements sociaux souscrits par l'État sud-coréen». La litote était remarquable, mais l'injonction fut assez efficace pour que la communauté internationale pût se réclamer avec succès d'un droit de regard sur la vie sociale de ce qui était la onzième puissance industrielle au monde...

Cet exemple suggère que les contraintes exercées sur les États et leurs législations nationales sont plus efficaces et plus sûres lorsqu'elles s'accomplissent sur un mode plus socio-politique que strictement juridique. L'histoire de l'OIT est là pour rappeler la profusion des normes en matière sociale que la communauté internationale prétend universaliser : cette œuvre s'accomplit cependant par des conventions que les États ont le choix de signer ou d'ignorer, sans que s'exerce aucune sanction à l'encontre de ceux qui restent en dehors. Lorsque les États adhèrent à ces conventions, un suivi est pourtant opéré par le BIT ; des plaintes peuvent être déposées en cas de non-respect, y compris parfois contre des États qui ne seraient pas partie prenante. Comme le souligne Marie-Ange Moreau, cette vigilance est remarquable concernant le comité des libertés syndicales dont le travail a permis «que la pression du BIT soit suffisamment forte pour que les législations changent[1]». Contacts avec les gouvernements, effet de visibilité au sein d'un espace économique international où nul ne veut se distinguer par ses déviances : le jeu informel des pressions et des orchestrations accomplit un rôle plus déterminant que la menace d'une hypothétique sanction juridique. La mondialisation de la norme ne se fait pas par le droit qui reste clairement ancré aux

---

1. M. A. Moreau, «Mondialisation de l'économie et régulation sociale», in M. Berthod-Wurmser *et al.*, *op. cit.*, p. 77.

rivages de la souveraineté. Celle-ci est en revanche défaite par l'action de tous les jours et par un banal effet de système qui rend ainsi, dans chaque domaine, tout le monde responsable de tout le monde.

On perçoit bien que, pour l'essentiel, ces communautés de responsabilité ne se mettent pas en place sur le mode institutionnel mais bien sur celui de l'interaction empirique, de l'interdépendance constatée puis acceptée et enfin souhaitée. Les prises de conscience l'emportent sur les injonctions et les effets de lentes sédimentations sur les mesures spectaculaires. Se dessinent pourtant aujourd'hui des configurations qui, secteur par secteur, auraient semblé utopiques il y a vingt ou trente ans : communautés de responsabilité en matière de développement, d'environnement, de démographie, de développement social, d'habitat... posant et reposant la question de leurs éventuels débordements dans le domaine strictement politique et en particulier celui de la sécurité.

Le développement est probablement le plus ancien de ces secteurs, si l'on met de côté les premières expériences de l'OIT, dans le domaine social. Sur ce plan, l'évolution suivie par la Banque mondiale est tout à fait significative. On sait qu'elle fut créée au moment où s'achevait la Seconde Guerre mondiale pour célébrer et pratiquer les vertus du multilatéralisme dans un monde qui découvrait les besoins de la reconstruction et qui allait entrer dans l'ère de la décolonisation. Dans cette perspective, son propos était de financer des projets de grande envergure, s'adressant à des États tenus pour des acteurs-sujets et dont on ignorait encore tout des vicissitudes et des échecs à venir. Le réveil fut désagréable : le surendettement des pays concernés et l'échec concomitant des projets ambitieux ainsi mis en route suggéraient que le développement n'était pas seulement affaire de transferts de capitaux, mais engageait une responsabilité plus globale touchant désormais aux structures mêmes de l'autorité et de la société.

Associée au FMI, la Banque mondiale s'est dès lors orientée vers la mise en place de plans d'ajustement structurel qui révèlent une tout autre lecture du développement. L'aide est dorénavant consentie aux États sous forme d'un prêt global n'impliquant plus un projet précis ; en revanche, l'État destinataire s'engage à déréglementer son économie, à réduire la taille de l'administration et du secteur public et à s'ouvrir à la concurrence internationale. Une telle démarche, sur le papier, s'apparente assez clairement à une responsabilité partagée et contractualisée : l'État bénéficiaire est en même temps restauré dans son rôle de coordonnateur, voire de régulateur de l'aide reçue, tout en devant désormais se lier contractuellement à la communauté internationale, c'est-à-dire consentir un véritable partenariat et orienter celui-ci dans le sens d'une intégration plus poussée. Théoriquement donc, l'évolution semble s'inscrire impeccablement dans le sens d'un traitement interactif de la question du développement, donnant à l'idée de responsabilité un sens optimal : la communauté internationale soutient conditionnellement les budgets des États qui en ont besoin, ceux-ci doivent en contrepartie rendre compte d'une politique jugée apte à promouvoir une forme de développement de plus en plus intégrée. Tout est pourtant suspendu à cette idée de «jugement» et aux dissonances qui l'accompagnent inévitablement : il est banal de rappeler que la politique de développement conduite par la Banque mondiale relève d'une petite minorité d'États parmi les plus riches, s'inscrivant peu ou prou dans une ligne évidemment néolibérale. Dans le court terme en tout cas, celle-ci est reçue de façon contrastée au sein des sociétés demanderesses : si la Banque rencontre assurément une élite occidentalisée totalement au fait de ses attentes, importatrice de ses modèles et prompte à la surenchère pour devenir interlocutrice de choix, elle fait face aussi à des gouvernements naguère nationalistes et populistes, hâtivement convertis au possibilisme[1], et surtout à des élites intermédiaires, syndicalistes sud-coréens ou indonésiens, islamistes, égyptiens ou maghrébins, conduites à gérer des grèves ou des émeutes de la faim d'abord orientées vers la dénonciation d'un Occident arrogant et coupable d'ingérences...

1. B. Pouligny-Morgant, «Quelques questions posées par l'intervention des organisations internationales en matière sociale», *ibid.*, p. 159. Sur le possibilisme, cf. J. Santiso, *De l'utopisme au possibilisme : une analyse temporelle des trajectoires mexicaines et chiliennes*, thèse de l'Institut d'études politiques, Paris, 1997.

Aussi la communauté de responsabilité prend-elle une ampleur paradoxalement plus large : de technique, elle devient sociale et politique, s'étendant à des formes interactives non prévues initialement. La communauté internationale se saisit désormais du débat sur le développement pris dans son ensemble : le face-à-face entre les organisations internationales et les États s'élargit aux acteurs sociaux et politiques, aux ONG, aux mouvements politiques et sociaux, voire aux diverses facettes de l'opinion publique internationale. À l'aide globale s'ajoutent de même des plans de réduction de la pauvreté, de protection de la santé, de l'environnement, ainsi que la promotion de la «bonne gouvernance». Encadré par des études et des analyses approfondies, le développement est ainsi de plus en plus cerné de manière large, tant pour faire face aux risques sociaux des plans d'ajustement que pour rencontrer l'ensemble des questions de politique et de société qui grèvent en amont les processus de développement, notamment dans les sociétés meurtries par la guerre, comme le révèle en particulier le plan de «démobilisation et réintégration» défini un peu schématiquement par la Banque mondiale, mais qui connut quand même certains succès, en Éthiopie ou au Mozambique [1].

La relative réussite du PNUD (Programme des Nations unies pour le développement) s'inscrit précisément dans cette perspective globale. Depuis sa création en 1965, sa mission est de soutenir les efforts consentis par les États pour «parvenir à un développement humain durable» en les aidant à concevoir et mettre en œuvre des programmes de développement visant à éliminer la pauvreté, créer des emplois et des moyens d'existence durable, promouvoir le rôle des femmes et protéger l'environnement. Agissant comme financier et comme conseil, son rôle s'est démultiplié, aidant à la formation d'institutions judiciaires, à la mise en place de procédures électorales dans une trentaine de pays africains, jouant un rôle actif lors de la tenue des élections de 1994 au Mozambique ou de celles de 1996 au Bangladesh. Proclamant la nécessité de passer de l'*institution-building* des années 1950 et 1960 à l'*institution-strengthening*

---

1. N.J. Colletta, M. Kostner et I. Wiederhofer, *The Transition from War to Peace in Subsaharian Africa*, Washington, World Bank, 1996.

puis à l'*institutional development*, le PNUD contribue à la formation des fonctionnaires et à l'approfondissement du dialogue entre gouvernements et groupes sociaux, comme en témoignent les programmes lancés en Afrique, notamment au Cap-Vert, au Gabon, en Guinée-Bissau, à Madagascar, au Malawi, en Zambie et, de façon plus avancée, en Côte d'Ivoire et au Burkina Faso. Cette œuvre d'adaptation des institutions importées aux sociétés, complétée par un appel au renforcement des institutions locales, engage ainsi le développement vers une intégration sociale beaucoup plus lucide si on la compare aux naïvetés évolutionnistes d'antan : restaurés dans leurs rôles, les acteurs et les sociétés sont ainsi au moins partiellement réintroduits dans le jeu international. Cette recomposition ne peut pas être plus consensuelle à l'échelle mondiale qu'elle ne l'est à l'échelle nationale : aux différences d'intérêts s'ajoutent bien naturellement des différences culturelles. La responsabilité qui se crée tient probablement à la capacité croissante de ne plus ignorer, occulter ou discréditer ces différences, mais de les intégrer dans le débat et parfois de les mettre sur l'agenda des décisions...

Après Stockholm, mais surtout après Rio, le problème de l'environnement tend à se poser de manière comparable. Une communauté de responsabilité tend à se constituer, d'abord autour de la visibilité internationale acquise par les questions qui en relèvent. Débats, confrontations, médiatisations, constitutions d'associations transnationales, campagnes internationales de boycottage ou de promotions, mais aussi, bien sûr, concertations entre États deviennent autant de composantes d'une sphère nouvelle qui vient à émergence, donnant toute son ampleur au slogan adopté à Stockholm : « une seule terre ». La politique de l'environnement s'inscrit ainsi comme un ensemble d'actions accomplies au nom de l'humanité, en foi de quoi chaque État dispose du droit d'exploiter des ressources, tout en étant limité par le devoir de ne pas porter atteinte aux intérêts et aux besoins vitaux des autres.

Cette perspective nouvelle trouve son écho conceptuel dans la formule de « développement durable » forgée par le rapport Brundtland commandé par les Nations unies et publié en 1987. Il s'agit bien de fonder ici une communauté de responsabilité

se parant cette fois d'une double légitimité : disposer des ressources sans porter atteinte au bien-être collectif; les mettre à
profit dans l'immédiat sans créer de préjudices pour les générations futures. Cette solidarité dans l'espace et dans le temps
inaugure à son tour un débat porteur, lui aussi, de ses contradictions, de ses conflits et de ses incertitudes : la catastrophe
écologique qui frappe l'Indonésie et le nord du Brésil en cette
fin de millénaire montre bien que l'intérêt collectif peut être
mis en péril par l'affairisme, mais aussi par des égoïsmes qui
n'ont rien de monstrueux, et qui expriment simplement le droit
individuel à la survie de petits exploitants qui n'ont pas
d'autres choix que de mettre le feu pour défricher ou pour
exploiter leur lopin de terre[1]... Cette absence d'harmonie
entre les besoins à court terme des individus et les besoins à
moyen ou long terme de l'humanité se conjugue à tous les
temps et sur tous les modes entre aujourd'hui et demain, les
responsabilités passées et présentes, entre le Nord et le Sud, la
campagne et la ville, le producteur et le consommateur, l'entreprise et son environnement : elle dessine donc un vaste espace
de régulation nécessaire que le G7 a officiellement pris en
compte dans sa déclaration finale en 1988 et surtout lors du
sommet de Paris en juin 1990, lui consacrant 19 paragraphes
abordant les thèmes des pluies acides, de la pollution des mers
et des fleuves, de la couche d'ozone, de l'effet de serre, de la
désertification, la déforestation, la sécurité atomique et le
transfert des technologies[2].

Certes, là aussi, l'élaboration d'un nouveau droit tarde à
venir : Stockholm, dans un contexte international difficile, et en
l'absence il est vrai du camp communiste, avait permis néanmoins de réunir les États participants sur quelque 26 principes
et 109 recommandations non contraignantes. Les années qui
ont suivi ont été jalonnées de nombreux accords multilatéraux,
dont le principal cependant, la convention sur le droit de la

1. F. Durand, « Les forêts indonésiennes à l'orée de l'an 2000, un capital en péril », *Hérodote*, 88, 1998, p. 62 *sq.*; sur le Brésil, cf. *Le Monde*,
10 février 1998, p. 4.
2. Cf. C. Milani, *op. cit.*; P. Taylor, *An Ecological Approach to International Law*, Londres, Routledge, 1998.

Troisième partie

ENTRE RESPONSABILITÉ
ET PUISSANCE

mer, n'a jamais été signé par les États-Unis. Des progrès ont malgré tout été accomplis au sujet de la protection de la couche d'ozone et, grâce à Rio, sur les changements climatiques et la biodiversité, qui ont fait l'objet de conventions. La grande conférence de 1992 a pour autant accumulé les déclarations générales non contraignantes, notamment sur les forêts, évité les décisions précises concernant les modes de financement et s'est bien abstenue de trancher entre le Nord et le Sud sur le droit souverain à l'exploitation des ressources, sur les transferts de technologie, sur la déforestation, sur la dette ou sur le gaspillage... Comme dans d'autres domaines, la responsabilité renvoie plus à l'inventaire des éléments d'un débat accepté et à son introduction admise au sein des agendas nationaux et internationaux qu'à un processus soutenu de production normative : il est vrai que cette tendance est naturellement alimentée non seulement par la concurrence de puissances mais aussi par l'incertitude croissante qui pèse sur les expertises, les discours de savants qui prétendent arbitrer et se contredisent continuellement. Nul ne saurait s'étonner, dans ces conditions, que cette communauté de responsabilité ne fasse pas exception au processus de politisation qui s'empare de ses enjeux à mesure qu'ils viennent à émerger... Ce que l'opinion publique crée par son effervescence, elle l'intègre ainsi tout naturellement dans la force de ses clivages. Il en reste une transnationalisation de plus en plus manifeste devant laquelle cèdent cependant les certitudes souverainistes.

L'analyse vaut pour les autres secteurs. La conférence du Caire sur la démographie se distingue de celles qui l'ont précédée sur le même sujet en allant au-delà de la simple délibération interétatique, telle qu'elle se manifestait à Bucarest ou à Mexico du temps de la bipolarité. Dans la capitale égyptienne, les délégations ont franchement abordé les questions afférentes aux droits individuels, à l'éthique personnelle et aux différences de cultures. La démographie en tant que telle se trouvait moins sollicitée que les questions ayant trait au droit des femmes de contrôler leur maternité ou à celui des familles de planifier les naissances. Les clivages confessionnels et culturels l'emportaient la plupart du temps sur les considérations jacobines et la défense rituelle de la souveraineté des États. Les convergences

entre le Saint-Siège et les pays musulmans, le travail prépara-
toire effectué dans ce sens par le Vatican qui avait préalablement envoyé des émissaires dans diverses capitales du monde
de l'islam, les alliances passées entre États et ONG ont retenu
davantage l'attention que les positions souverainistes radicales
de la Chine. À une organisation de moins en moins étatique de
l'espace mondial faisaient ainsi écho la banalisation du clivage
culturel et la démultiplication des acteurs internationalement
concernés. En même temps, le programme d'action adopté
définissait au moins le cadre des responsabilités explicitement
admises par les États : concilier croissance économique et
développement durable, promouvoir l'égalité des sexes, soutenir un effort d'éducation généralisée.

De même n'est-il pas indifférent que le sommet de Copenhague ait proclamé le droit au développement social ainsi que
les conditions de son épanouissement : prévenir les dysfonctionnements du marché, stabiliser les investissements à long
terme, organiser la concurrence, respecter les droits fondamentaux, la diversité culturelle, le droit des minorités, accroître la
production alimentaire, l'assistance technique, alléger la dette,
combattre la pauvreté, donner la priorité au plein emploi, promouvoir l'intégration sociale, l'égalité des sexes et l'éducation[1]... Il n'est pas sans conséquences que le sommet de New
York permît d'établir une convention des droits de l'enfant et
que le sommet d'Istanbul ait pu, au-delà des réticences américaines, consacrer un droit au logement «convenable et accessible pour tous». Cet écheveau de principes dépasse la simple
figure de rhétorique : il pose des responsabilités puisque celles-
ci sont clairement affichées par les États eux-mêmes; il bouscule les souverainetés, puisque les normes énoncées prétendent
transcender les législations nationales pour ordonner la scène
mondiale; il mobilise des acteurs sociaux en nombre infini,
puisqu'il inclut des questions de société pour lesquelles, de leur
propre aveu, les États n'ont le monopole ni de la compétence
ni de l'efficacité; il suscite des sanctions, puisqu'il offre aux
contestataires l'occasion de censurer leurs États en prenant à

---

1. M. Fodha, «Les principes issus du sommet mondial pour le développement social», *in* Y. Daudet dir., *op. cit.*, p. 83.

témoin la scène internationale tout entière; il donne forme à
l'action internationale, puisque la cohérence croissante des
principes placardés à la face du monde distingue ainsi nettement les déviances et leurs coûts, contrôle les productions bilatérales et indique de plus en plus clairement le chemin de la
continuité dans le processus d'élaboration normative. L'œuvre
de rupture devient ainsi davantage coûteuse et difficile.

On pressent pourtant les limites de toute cette construction.
La rhétorique devient aussi acceptable grâce à sa polysémie, cul-
tivant dès lors l'ambiguïté. Le thème fondateur des droits de
l'homme a pu, peu à peu, s'imposer au sein de la communauté
internationale grâce au début de consensus que la barbarie nazie
avait permis de forger contre elle. Si désormais l'expression de
telles valeurs devient recevable sur la scène internationale, elle
risque pourtant d'en épouser les clivages de façon d'autant plus
rigoureuse qu'on se rapproche des enjeux plus strictement politiques. Aussi la Guerre froide généra-t-elle la concurrence entre
deux acceptions des droits de l'homme, l'une occidentale, de
consonance libérale et s'appuyant sur l'idée d'État de droit,
l'autre, apparentée au camp socialiste, promouvant l'idée des
droits sociaux et vantant le principe d'autodétermination des
peuples. De même la décolonisation favorisa-t-elle l'opposition
croissante entre une conception chrétienne dominante des
droits de l'homme et des visions concurrentes, islamique ou asiatique notamment. Sur cette base, la Déclaration universelle des
droits de l'homme du 10 décembre 1948 ne fut pas ratifiée par
l'URSS et ses alliés, tandis que, le 19 septembre 1981, fut proclamée, dans le cadre de l'UNESCO, une «déclaration islamique
universelle des droits de l'homme»[1].

Cet effet de polysémie se confond avec un effet d'hégémonie. L'universalisation réelle des droits de l'homme est évidemment gênée par l'orientation dominante du discours occidental
qui prétend à la paternité presque exclusive des valeurs huma-
nistes, suscitant ainsi mécaniquement un discours culturaliste
de contestation, notamment dans les milieux intellectuels saisis
par l'islamisme, le fondamentalisme hindouiste ou l'asiatisme

1. Cf. R. Mullerson, *Human Rights Diplomacy*, Londres, Routledge,
1996.

cher à Lee Kwan Yew ou Mahatir. Au nom des mêmes considérations, l'avènement de la sécurité collective comme bien commun peut paraître tout aussi suspect. Le traité de non-prolifération des armes nucléaires, signé en juillet 1968 et reconduit en mai 1995, ouvre, d'un certain point de vue, une communauté de responsabilité puisqu'il vise à maîtriser au niveau mondial les dangers d'une dissémination des armes de destruction massive. Il limite explicitement la souveraineté des États en prohibant le transfert d'armes atomiques vers ceux qui n'en disposent pas, en interdisant à ces derniers de s'en doter et en prévoyant des procédures de contrôle. Il repose en même temps sur un dangereux paradoxe, qui officialise un partenariat étrange réunissant, sous le seul effet des rapports de puissance, des États jugés suffisamment responsables pour détenir légitimement des instruments de destruction et d'autres présumés irresponsables puisqu'on tient pour prudent de les écarter conventionnellement d'un tel club... Se profile ainsi froidement l'idée que celui qui est riche et puissant dispose aussi des moyens réels d'une responsabilité active à laquelle celui qui est moins bien nanti ne peut qu'opposer le lustre moral et fier de sa souveraineté, à l'instar de la diplomatie indienne ou pakistanaise... À moins qu'il n'accepte de payer le prix d'une intégration progressive dans ce club de la responsabilité active en renonçant partiellement à sa souveraineté, tout en acceptant de différer les bénéfices de cet abandon : il en va ainsi du Brésil, de l'Ukraine ou de l'Afrique du Sud de Mandela qui ont choisi de se priver de l'arme nucléaire... Disqualifiant déjà le multilatéralisme classique, les logiques de puissance pèsent encore sur la prise en compte des biens communs.

Portées par l'opinion publique, par la prolifération des réseaux et par les vertus d'une interdépendance croissante, les communautés de responsabilité s'affirment aussi dans un climat de frustrations, d'inégalités et d'équivoques qui rendent incertaines les stratégies d'États qui ne gagnent pas toujours à se distinguer des conduites égoïstes... Pourtant, les logiques agrégatives tendent presque inévitablement à les rattraper : par l'effet suspect des contraintes, des contrôles ou des conformités, ou, au contraire, par celui des pressions internes qui saisissent les États au sein de leur propre territoire, à l'initiative d'acteurs infra-étatiques dont les visées propres sont encouragées par la visibilité de cette internationalisation croissante. Responsables actifs ou passifs, volontaires ou contraints, convaincus ou sceptiques, à titre utilitaire ou en finalité, seuls ou en union avec d'autres acteurs, les États glissent sur une pente qui les conduit à jouer le jeu de l'interdépendance et à s'obliger à l'égard de biens communs, au détriment d'une souveraineté qui se dénature réellement à mesure qu'elle compose avec ces pratiques nouvelles.

*

*   *

Souverainetés déchues et responsabilités construites sont les deux faces d'une même crise de la vie internationale qui ne parvient plus à ruser avec les vieilles fictions d'antan. La souveraineté du plus faible n'est plus crédible pour personne, alors qu'elle était encore acceptable lorsqu'il s'agissait de régenter le monde de Bismarck ou celui de Wilson, à la rigueur même celui qui s'achevait à la veille de la décolonisation. Théoriquement conçu pour la relève, le principe de responsabilité souffre pourtant de malformation faute d'avoir suivi clairement son destin. Sanctionnant la montée en force des interdépendances, il apparaît comme le fruit d'une contrainte à laquelle nul ne peut échapper. Voile pudique dissimulant les manœuvres du plus puissant chez le plus faible, il aiguise la suspicion. Parlant le langage des solidarités extra-étatiques, il inquiète les jacobins qui assistent navrés au démantèlement culturel ou néolibéral des États-nations. Face à ces menaces, les blandices des biens communs ou celles de l'acte d'altruisme perdent de leur éclat et de leurs vertus persuasives. Dans un monde d'équivoques, souveraineté, responsabilité et puissance semblent s'entremêler. Pourtant, l'essentiel demeure : la responsabilité est désormais inscrite comme une référence pour toute action internationale, pour sa production comme son évaluation, comme indicateur de la compétence qu'elle donne et de la légitimité qu'elle dispense, comme dépassement aussi du monopole que l'idée exclusive de souveraineté conférait aux seuls États sur la scène internationale. Il n'est pas négligeable que celle-ci devienne aussi, par intrusion du principe de responsabilité, un véritable espace public...

Les tenants de la *Realpolitik* ne se sentent pas toujours dépaysés dans le monde postbipolaire. Ils ne manquent pas d'arguments pour plaider la continuité : l'intervention conduit essentiellement les forts à agir chez les faibles et amène les puissants à ménager leurs semblables, mais aussi à contourner la tutelle des organisations internationales. Certains parlent d'«intervention par procuration», pour mieux mettre en valeur le rôle des grandes puissances qui bénéficient ainsi d'une délégation forcée de la part de la communauté internationale[1]; d'autres se plaisent à rappeler que de telles pratiques s'opèrent toujours et encore au nom des intérêts nationaux de ceux qui les déploient[2]; d'aucuns relèvent aussi que les organisations internationales les plus généreuses et les plus sincères ont bien besoin de la puissance des États les mieux dotés pour mettre leurs projets à exécution : que vaudrait l'AIEA sans les capacités de la technologie américaine ? On sait aussi que toutes ces pratiques suscitent d'abord la méfiance du faible et que les membres les plus rétifs du Conseil de sécurité, lorsqu'ils ont à se prononcer à leur sujet, appartiennent à la périphérie du système international, à l'instar de Cuba, du Yémen, du Zimbabwe, ou

---

1. H. Bull, «Introduction», *in* id. éd., *Intervention in World Politics*, New York, Oxford University Press, 1984, p. 2.
2. S. Krasner, «Sovereignty and Intervention», *in* G. Lyons et M. Mastanduno éd., *op. cit.*, p. 228-249, en particulier p. 249.

sont des rescapés de l'esprit de Bandoeng, comme la Chine ou l'Inde[1]. Ce qui est vrai de l'intervention l'est tout autant des communautés de responsabilité et des biens communs : arrogance des plus forts à leur égard, craintes, scepticisme ou impression d'être floués de la part des plus faibles.

Tout n'est pourtant pas si simple : dès lors qu'il fut forgé, le principe de responsabilité n'a plus quitté la scène internationale et ne peut plus disparaître, contraignant désormais les énonciations, les pratiques, forgeant les débats et les concertations, créant cette inévitable «interdépendance morale[2]», suscitant des acteurs sans cesse plus nombreux, plus complexes et plus performants. Se soutenant entre eux pour protéger un *statu quo* qui les sert, les États sont pourtant de plus en plus impliqués dans des «coups» qui bouleversent régulièrement les données classiques de la vie internationale. De ce fait, souveraineté, responsabilité et puissance se mêlent et s'entremêlent : la responsabilité peut, de manière inattendue, faire les délices de la puissance ; elle se heurte à des contradictions qui la rendent parfois aporique et paradoxale ; mais il en dérive aussi des formes nouvelles et empiriques de régulation par lesquelles, ces principes devenant interactifs, aucun d'eux ne triomphe. De cette transaction découle un ordre international inédit et éloigné des sentiers connus.

---

1. G. Lyons et M. Mastanduno, «State Sovereignty and International Intervention», *ibid.*, p. 260-261. Sur ces interventions en général, cf. J. Mayall éd., *The New Interventionism*, Cambridge, Cambridge University Press, 1996.

2. J. Donnelly, «Sovereignty and International Intervention : the Case of Human Rights», *op. cit.*, p. 145.

CHAPITRE VI

Les délices de la responsabilité

Le jeu est d'autant plus complexe que, dans un monde privé de *deus ex machina* et de normes universelles effectivement contraignantes, la responsabilité ne cesse de créer de la puissance, aiguisant ainsi les appétits des acteurs les mieux dotés, suscitant aussi leurs désirs d'en faire un usage profitable. Tout altruisme est ici prometteur de dividendes et de récompenses, peut-être de pourboires, dirait-on de façon polémique. Pourtant, la remarque ne devrait pas être fondamentalement offensante : la promotion des biens communs passe inévitablement par le détour de récompenses individuelles, précisément parce qu'elle est à la charge d'acteurs qui ne sont pas liés par un contrat social unique et exclusif, à l'instar de celui qui fonde une communauté nationale et qui ôte à ses membres le droit de transaction. C'est ici probablement que résiste le mieux la théorie réaliste : les États ne sont certes plus les acteurs uniques de la scène internationale, rien ne leur est totalement interne ni totalement externe, leur souveraineté est plus que jamais fictive et inadaptée, mais ils participent avec d'autres acteurs à un jeu qui n'est que partiellement contraignant pour les inciter à réinventer la responsabilité au gré des délices qu'elle leur procure.

Encore faut-il s'entendre : ces délices sont fréquemment celles qui parlent à l'affect, ou de moins qui s'agencent au court terme, parfois à l'immédiat et souvent à la facilité. Les réalistes nous avaient égarés en construisant un intérêt national permettant de définir scientifiquement la conduite optimale des États; ils nous berçaient d'illusions en réservant cette œuvre à un prince, expression froide et calculatrice des États[1]. La mise en œuvre de la responsabilité est infiniment plus brouillonne, incertaine et tâtonnante, faite de transactions souvent cyniques entre acteurs. Dans cette effervescence, la tentation du bienfait à court terme joue naturellement son rôle : les délices recherchées peuvent se retourner plus ou moins rapidement, créer des déceptions, des frayeurs ou des désirs de désengagement, susciter d'autres analyses et d'autres choix. Être le soldat du droit ou celui qui «rétablit l'espoir» (*Restore hope* en Somalie) peut séduire un jour et flatter un désir de puissance pour se révéler coûteux le lendemain... Aider, assister ou coopérer valorise celui qui revêt à son gré la tunique de César ou la panoplie du bon Samaritain : on connaît pourtant les dérives de la politique africaine de la France et les naufrages auxquels elles aboutirent au Rwanda ou ailleurs...

Si au total la responsabilité réveille les délices de la puissance, les facteurs qui y concourent sont nombreux. Même les meilleures intentions régalent, comme l'illustre la brève aventure de la clause sociale : tout bras séculier d'une communauté internationale encore désorganisée sait se servir; aucun acteur n'abandonne ses prétentions identitaires ni sa vision du monde dans les vestiaires de l'intervention; enfin celui qui agit le fait au nom d'intérêts multiples et sous couvert de périlleux réseaux de clientélisation, de coopération et de subtiles combinaisons diplomatiques.

Peut-on être le serviteur incontestable et désintéressé du bien commun? La question ressemble à un sujet de philosophie surgissant des annales d'une académie. Elle accompagne pourtant le long débat international suscité par l'idée de soumettre le commerce mondial au respect de droits sociaux fondamentaux. On est dans la stricte logique de la responsabilité : le droit social de l'autre ne saurait nous être totalement étranger, surtout lorsque nous consommons des biens importés, éventuelle-

---

1. Pour un point de vue critique, cf. D. Battistella, *Le Discours de l'intérêt national : politique étrangère et démocratie*, thèse de science politique, Amiens, 1995.

ment produits au mépris des règles essentielles protégeant la dignité des travailleurs ou sauvegardant les droits élémentaires de l'enfance. L'idée apparut assez tôt dans la réglementation du commerce mondial puisqu'elle figurait dans la fantomatique charte de La Havane, jamais ratifiée par les États-Unis et donc jamais appliquée. L'article 7 mentionnait cependant que «tous les pays [avaient] un intérêt commun à la réalisation et au maintien de normes équitables de travail»; il établissait aussi qu'une entrave à ce principe «[créait] des difficultés pour les échanges internationaux». La question rebondit dans la dernière phase de l'*Uruguay Round*, alors que les esprits s'étaient habitués à cette diversité de communautés de responsabilité qui avaient vu le jour en ce dernier quart de siècle. Pourtant, l'acte final de Marrakech, en avril 1994, n'y fit aucune mention et le problème fut laissé à la toute nouvelle Organisation mondiale du commerce (OMC) qui s'en empara dès sa naissance, pour en débattre à Singapour en décembre 1996.

L'idée-force des partisans de la clause sociale était *a priori* convaincante : à côté de l'œuvre de rapprochement des législations nationales accomplie par l'OIT, le commerce mondial peut faire pression sur les États en les contraignant, par la menace de sanctions économiques, à respecter les droits fondamentaux. Ce non-respect est assimilable à un avantage comparatif déloyal et il serait donc normal de le bannir. Si au centre de ces droits figurait la stricte réglementation du travail des enfants, chacun dans les débats apporta son interprétation et son lot de normes jugées incontournables : travail des femmes, libertés syndicales, négociation collective, santé, sécurité, salaire minimum[1]... Ainsi l'éventail des responsabilités tendait-il à s'ouvrir et la marge des souverainetés à se restreindre de façon même spectaculaire parmi les adeptes d'une universalisation significative du droit social. Mieux encore, à l'effet lentement corrosif d'une OIT qui a renoncé à la contrainte faisait désormais face une conception active de la responsabilité selon laquelle les lois du marché se substitueraient à la sanction juridique.

---

1. M. A. Moreau, «La clause sociale dans les traités internationaux», *Revue française des affaires sociales*, janv.-mars 1996, p. 91.

Pourtant la vivacité du débat engagé à Singapour suggère d'emblée que la mise en forme de cette responsabilité généreuse n'est pas totalement innocente. Certes, il ne suffit pas, pour s'en convaincre, de relever que les États-Unis figuraient au premier rang de ses partisans, au même titre d'ailleurs que la France, la plupart des États européens et du monde développé. En revanche, certains arguments donnent à réfléchir : à côté de la stricte orthodoxie libérale alors défendue par la Grande-Bretagne de John Major, le dossier plaidé par la plupart des pays en développement dénonçait clairement les délices égoïstes de cette nouvelle croisade internationale. Les positions défendues par les représentants de l'Inde, de Singapour, de la Thaïlande ou de la Malaisie étaient parfaitement cohérentes : une législation sociale protectrice est un luxe apporté par le développement et qui se révèle ruineux pour les économies émergentes. Même si l'on n'adhère pas à l'évolutionnisme des néoclassiques, qui misent sur les effets du développement et de l'activation des échanges pour rendre possible ensuite une amélioration sensible des conditions de travail, on résiste difficilement à un double argument : les économies européennes se sont en leur temps nourries d'une législation sociale relâchée; elles seraient surtout les grandes bénéficiaires, avec les États-Unis, du renchérissement qui grèverait les produits importés des pays émergents en cas d'application de la clause sociale. Lors de la même conférence, le ministre indien du Commerce a clairement exprimé ses soupçons : «Notre opinion est que [ces] mesures commerciales ne sont pas destinées à promouvoir ce type d'objectifs [l'amélioration des normes de travail], aussi louables soient-ils[1].» Le ministre cubain préféra de son côté plaider contre la dépendance plutôt qu'en faveur d'un élargissement de la législation sociale, en dénonçant «les pressions pour introduire de nouveaux points à l'ordre du jour de l'OMC, dont certains n'ont rien à voir avec le commerce – c'est le cas des normes de travail –, au moment où les pays en développement ne sont pas encore parvenus à assimiler les clauses des accords du cycle de l'Uruguay[2]». De manière signi-

1. *Le Figaro*, 10 décembre 1996, p. II.
2. *Ibid.*

ficative, il prenait ainsi une position contraire à celle de la CGT, qui, deux mois auparavant, avait accepté de faire front commun avec les autres syndicats français et le CNPF pour appuyer les efforts du gouvernement Juppé et de son représentant à la conférence de Singapour, Yves Galland, en faveur de l'adoption d'une clause sociale conséquente.

Les précédents pouvaient effectivement inciter à la méfiance. La section 301 du *Trade Act* américain, adoptée par le Congrès en 1974, avait déjà mis en place de manière unilatérale une clause sociale prévoyant l'usage de moyens de rétorsion à l'encontre de pratiques «déloyales» ou «déraisonnables», au nombre desquelles apparaît le non-respect des dispositions fondamentales du droit social[1]. Les États en développement, notamment en Amérique latine, avaient accueilli ces dispositions comme une marque de tutelle, voire comme un instrument d'hégémonie. Figurant ensuite dans les accords parallèles à ceux qui fondèrent la NAFTA (ALENA), «l'Accord nord-américain de coopération en matière de travail» fut conclu en septembre 1993 à la demande du président Clinton et s'insérait dans un ensemble de marchandages conditionnant l'adhésion du Congrès. L'efficacité du dispositif qu'il prévoit est loin d'être négligeable, des syndicats mexicains indépendants en tirant parti pour déposer des plaintes contre des manquements graves au droit du travail[2] : celles-ci, médiatisées mais aussi canalisées par les syndicats américains, impriment un style néanmoins paternaliste et tutélaire à cette œuvre de responsabilité qui, par ailleurs, affecte davantage les petites entreprises familiales que les grosses entreprises ou les firmes multinationales, pour qui le respect de la législation sociale se révèle beaucoup moins coûteux.

Dans un tel débat, les frontières s'estompent : la marge entre la responsabilité et le paternalisme devient mince, tout comme celle qui sépare ensuite le paternalisme de la défense cynique de ses intérêts par le donneur de leçons. Face à un tel glissement et compte tenu de la façon dont il est reçu par le

---

1. Sur la section 301, voir notamment J.-Y. Carfantan, *L'Épreuve de la mondialisation*, Paris, Le Seuil, 1996, p. 166 *sq.* et M.A. Moreau, art. cit., p. 96.
2. M. A. Moreau, art. cit., p. 98 *sq.*

plus faible, nul ne s'étonnera que les vertus de la souveraineté se trouvent soudainement redécouvertes comme rempart protecteur face à des dispositions qui apparaissent inévitablement menaçantes. Cette frilosité souveraine eut des résultats inattendus : les États qui l'éprouvaient se sont fait, du même mouvement, les défenseurs imprévus de la régulation douce opérée par l'OIT, autrefois suspecte et aujourd'hui perçue comme un moindre mal... Ainsi, lors de la conférence de Singapour, la Malaisie et le Pakistan rejoignaient-ils la Grande-Bretagne pour réclamer que le dossier des droits sociaux ne sorte pas de l'enceinte de l'Organisation internationale du travail. Au contraire, les représentants américain, belge et français plaidaient pour que celle-ci collabore étroitement avec l'OMC. Le délégué français, Jean-Louis Cartier, notait ainsi que «le BIT [avait] un rôle éminent, précis, mais [n'avait] pas l'exclusivité de traiter la question», puisque l'OMC avait également pour but «la libéralisation des échanges, l'amélioration des conditions de vie, le niveau du revenu et d'emploi, ce qui englobe les normes sociales fondamentales[1]». Le compromis finalement adopté est édifiant : exposé de bonnes intentions, il ne prévoit aucun mécanisme contraignant. Certes, comme l'a suggéré alors le directeur général de l'OMC, Renato Ruggiero, le texte de synthèse, par sa seule existence et par les amendements qui lui ont été adressés de toute part, démontre que les pays en développement ont finalement accepté d'entrer dans un débat qu'ils récusaient. Mieux encore, en rappelant que les États membres «renouvelaient leur engagement à observer les normes fondamentales du travail internationalement reconnues», cette résolution vaut reconnaissance du droit de tous à avoir un regard sur les législations sociales de chacun et leur condition d'application. En revanche, la mise en pratique de ces intentions révèle un dosage subtil : l'essentiel de la tâche est rejeté à l'extérieur de l'OMC puisque les ministres du Commerce présents à Singapour s'engagèrent à «soutenir» leurs collègues ministres du Travail dans la tâche qu'ils accomplissaient à l'OIT. Quant à l'OMC elle-même, on admet qu'elle n'est pas entièrement disqualifiée puisqu'elle peut contribuer au progrès en matière de droit social par

1. *Le Figaro*, 20 novembre 1996, p. III.

la croissance économique et le développement que favoriserait la libéralisation accrue des échanges : le libéralisme pur vient ici à la rescousse de la souveraineté et les lois strictes du marché apparaissent comme les moyens les plus sûrs de brouiller les effets de puissance.

La crise asiatique de 1997 a, de ce point de vue, agi comme un révélateur. La conférence régionale de l'OIT, tenue à Bangkok en juin 1997 et réunissant 36 pays d'Asie, a favorisé une nouvelle radicalisation des points de vue. Rassurés d'apprendre, de la bouche même du directeur général de l'OIT, Michel Hansenne, que «la clause sociale [était] bien morte», les pays concernés n'ont pas cru bon de devoir renouveler leur stratégie de repli sur l'Organisation internationale du travail. Au contraire, face aux effets inquiétants de la crise, il n'était même plus question de parler des normes sociales et de tout ce qui risquait de ralentir les exportations partant d'Asie : on dénonçait en revanche le «néoprotectionnisme» des Occidentaux, les «arrière-pensées» de ceux qui, en Europe ou en Amérique, parlaient de normes sociales, les stratagèmes échafaudés au sein de l'OIT pour étiqueter les marchandises fabriquées en conformité avec le droit social occidental...

De manière significative, la demande des pays d'Asie évoluait : ils attendaient plus ou moins explicitement de la conférence régionale qu'elle puisse promouvoir le dialogue social partout où la crise avait frappé, y compris donc à l'intérieur de leur vie nationale ; ils sollicitaient de l'OIT l'accomplissement d'une fonction médiatrice auprès du FMI et des grandes institutions financières internationales pour adoucir les effets sociaux les plus durs des politiques d'ajustement commandées. En outre fut-il suggéré, à l'initiative de certains États, que la globalisation de l'économie, autrefois vantée, pourrait aussi «renforcer les positions dominantes des pays industrialisés» et qu'il serait bon, dans ces conditions, de réglementer le marché mondial. D'autres États, au contraire, continuaient à miser sur le libéralisme le plus parfait[1]...

La crise divise ainsi les camps, rendant beaucoup plus difficile l'organisation de communautés de responsabilité, activant

1. *Ibid.*, 16 décembre 1997, p. x.

parfois aussi les stratégies de cavalier seul. Surtout, elle renforce les effets pervers d'une mobilisation en faveur des biens communs, suscite de nouveaux avantages comparatifs et jette évidemment un voile de soupçon sur ceux qui, de bonne ou de mauvaise foi, prétendent promouvoir des intérêts collectifs et mondialisés. L'hypothèse des délices de la responsabilité devient plus crédible chez ceux qui la craignent et peut-être plus motivante chez ceux qui peuvent en profiter... Tous ces paramètres ont eu raison du projet d'instauration d'une clause sociale. La maladresse de certains États occidentaux fut en partie responsable de ce naufrage, tant étaient ostentatoires la dénonciation et la mise en procès d'États émergents qui, du même coup, ne pouvaient plus éviter de faire assaut de souverainisme pour défendre en même temps un honneur moral mis en cause et des intérêts évidents directement menacés. Le libre-échangisme loué par d'autres, associé à un développementalisme toujours ambiant, intervenait à point nommé pour habiller ce souci souverain des vertus d'une idéologie mondiale que tour à tour les institutions internationales et les grandes puissances avaient appelé à célébrer. À travers cette attitude se profile en fait une conception de la souveraineté appartenant à une génération nouvelle : au-delà de l'expression symbolique de la fierté blessée et de l'usage habile d'un argumentaire juridique officiellement toujours admis, la souveraineté apparaît désormais comme une ressource que les États monnayent de façon sélective pour déroger à l'ordre de la responsabilité, dès lors qu'il leur semble trop coûteux.

Cette posture stratégique n'est pas toujours confortable ni pratique : un recours abusif peut susciter des soupçons d'immoralité ou marginaliser, jusqu'au risque de rétorsions, l'État qui en fait un usage trop zélé. C'est ici que les délices de la responsabilité rejoignent de nouveau les effets de puissance. Le domaine de l'écologie illustre parfaitement ce retour de l'hégémonie : il est difficile de convaincre les responsables économiques et politiques du tiers-monde de la parfaite bonne foi de ceux qui, au nord, se font les champions de la défense de l'environnement, lorsqu'on sait qu'à l'instar de la clause sociale, le débat n'avait même pas cours en Europe ou en Amérique du Nord avant les années 1960 et était totalement ignoré pendant la phase d'industrialisation. Le lourd passif accumulé en ce domaine par les pays développés rend déloyale ou suspecte l'invention tardive d'une théorie de la responsabilité obligeant les États plus jeunes à limiter, au nom du bien-être collectif, l'usage d'énergies fossiles dont ils sont largement pourvus et que les donneurs de leçons mobilisèrent en leur temps, sans aucune restriction morale. C'est aussi au nom d'une responsabilité globale que l'on prétend abusivement que la survie de la planète passe par un plan d'ensemble limitant l'industrialisation des pays neufs, réduisant la consommation de leurs ressortissants, et contenant leur droit d'émettre des déchets. La preuve de l'orientation utilitaire du discours sur le bien commun n'est-elle pas apportée de surcroît par la faible propension des États-Unis à diminuer le niveau d'émission tolérable de gaz polluants et à mettre en application, chez eux, les décisions prises lors de la tenue des différents sommets?

Les délices de la responsabilité s'agrémentent, dans ce contexte, d'un jeu subtil de procuration qui exige des autorités politiques en place dans les États en développement de suspendre elles-mêmes une part de leur souveraineté, de se faire le bras séculier d'une communauté internationale dont l'unité est plus ou moins suspecte. Le gouvernement brésilien éprouve les plus grandes difficultés à arbitrer entre la protection des équilibres écologiques mondiaux et les avantages individuels que procure le processus de déforestation progressive de l'Amazonie. Aussi celui-ci se poursuit-il : 29059 km² en 1995, 18161 km² en 1996, plus de 13000 km² en 1997, soit plus d'un demi-million de km² en moins d'un demi-siècle[1]. Même s'il accuse une certaine décélération, ce rythme traduit la complexité des arbitrages internes qui font entrer en ligne de compte des projets de réforme foncière et d'aménagement du territoire, les intérêts de grands groupes internationaux, les besoins de survie d'une paysannerie pauvre recourant au commerce du bois et ceux de l'économie d'exportation qui tente de compenser ses déficits en augmentant sensiblement les ventes de bois tropicaux... Un peu partout dans le monde en développement, des régimes souvent peu légitimes et faiblement performants se voient

---

1. *Le Monde*, 10 février 1998, p. 4.

contraints, au nom des biens communs de l'humanité, d'interdire des pratiques traditionnelles, de contenir les pressions du commerce mondial, de résister aux firmes multinationales et de combattre des circuits mafieux. Cette pratique de la responsabilité par procuration met à mal la souveraineté en abolissant la fonction délibérative et en faisant fi de certains intérêts parfois légitimes, aggravant ainsi le fossé entre gouvernants et gouvernés ; mais elle révèle aussi, en l'amplifiant, la faible capacité de ces systèmes politiques, donc leur impuissance à arbitrer et leur légitimité très précaire.

Ce qui est surtout vrai des questions économiques et sociales l'est tout autant du domaine purement politique, même si celui-ci échappe davantage à l'effet amplificateur des opinions publiques ou des intérêts sociaux intermédiaires. Le TNP (traité de non-prolifération des armes nucléaires) et le CTBT (*Comprehensive Test Ban Treaty*, traité interdisant totalement les essais nucléaires, approuvé par l'assemblée générale des Nations unies le 10 septembre 1996 avec seulement trois voix contraires et cinq abstentions) font les délices du club très fermé des puissances nucléaires reconnues, puisque, sous couvert de sécurité collective et de protection de l'environnement, ils bloquent les risques de généralisation de l'arme nucléaire et ceux liés à la pratique des essais. De nouveau, la référence collective dissimule la protection des acquis réalisés par les plus puissants, de manière d'ailleurs probante : la prolifération est incontestablement dangereuse, surtout lorsqu'elle atteint des zones sensibles et les États moins à même de maîtriser de manière uniquement dissuasive la détention de telles armes. Pourtant, cette référence collective trompe de moins en moins : le premier traité d'interdiction partielle des essais, tout comme le TNP, prétendait être un premier pas dans la réalisation d'un désarmement nucléaire progressif et généralisé à une époque pourtant encore dominée par la Guerre froide, tandis qu'aujourd'hui le CTBT n'y fait même plus allusion... En outre, les puissances technologiques les plus développées, et en premier lieu les États-Unis, se régalent de l'interdiction d'essais qui ne sont plus pour elles porteurs d'utilité à un moment où la simulation est capable de prendre le relais, jusqu'à conduire peut-être à la production, outre-Atlantique, d'armes atomiques encore plus sophistiquées, à l'instar de ce que prépare le projet B 61[1].

Par ce jeu, la notion de bien commun perd sa vertu solidariste pour composer avec une pratique banale de la puissance et de la transaction. Cet affadissement conduit inévitablement au cynisme et au marchandage. Gérés sur ce mode, les biens communs deviennent, dans les pays en développement, des prétextes à exiger des compensations, liant, par exemple par le biais du *swap* vert, le respect de l'écologie mondiale à une aide au développement économique. De la même manière, la signature du TNP ou du CTBT fut couramment marchandée par les pays dits «du seuil», c'est-à-dire capables d'accéder à l'arme nucléaire, contre des compensations économiques ou diplomatiques. La souveraineté – ou ce qu'il en reste – s'en trouve totalement dévoyée : de principe ultime et non négociable, elle devient un élément banal de marchandage; la responsabilité entre, quant à elle, dans le domaine de l'équivoque : à côté d'un principe pur d'obligation morale de chacun à l'égard de tous, qui se déduit de toute réflexion sur les données nouvelles du monde, se banalise une syntaxe beaucoup plus cynique des rapports internationaux, aménageant le postulat accepté de l'interdépendance pour en faire le principe structurant de toute négociation. Pour autant, l'effet n'est pas retombé : même conçue de la sorte, cette responsabilité, plus empirique que morale, est fortement contraignante et recompose, pour l'essentiel, l'idée de biens communs à partir du calcul utilitaire et égoïste.

L'aspérité est plus forte dès que la mise en œuvre de la responsabilité réclame un bras séculier qui, du même coup, ne manquera pas de se servir. Ici, la construction multilatérale se rétracte et devient même purement formelle; les besoins d'action et d'urgence personnalisent la responsabilité et l'intervention qui en découle. En son temps, Boutros Boutros-Ghali paya très cher sa suggestion de mettre en place une force d'intervention qui eût transcendé les États pour refléter leur intégration au sein de Nations unies incarnant de façon propre la

---

1. B. Posen et A. Ross, «Competing US Grand Strategies», *in* R. Lieber éd., *Eagle Adrift*, New York, Longman, 1997, p. 107 *sq.*; E. Arnett, *Nuclear Weapons after the CTBT*, Oxford, Oxford University Press, 1996.

sauvegarde et la promotion d'une sécurité réellement collective. Au temps de la Guerre froide, on pouvait aisément plaider le caractère parfaitement utopique d'une telle vision : ou l'ONU n'était que le réceptacle de transactions entre puissances et surtout superpuissances, ou elle permettait une action collective, à l'unique condition que l'un des deux grands fît préalablement défection, comme ce fut le cas lors de l'intervention en Corée, effectivement conduite et réalisée sous commandement américain. Paradoxalement, en ce temps-là, la légitimité de l'intervention par procuration pouvait faire illusion : la défection militante de l'URSS et l'absence de la Chine de Pékin, à l'époque non reconnue, abandonnaient aux États-Unis et à leurs alliés le rôle de gendarme d'un monde construisant sa sécurité. Aujourd'hui, la disparition de la bipolarité et l'intégration de la quasi-totalité des États confèrent théoriquement à l'ONU ce rôle d'agent responsable de la sécurité collective. Pourtant, l'hostilité du Congrès à l'égard de la Maison de verre et les sinuosités de la diplomatie américaine suggèrent que de nouveau la puissance ne s'efface pas devant la responsabilité et que cette coexistence difficile des deux principes devient la condition première de l'insertion des États-Unis – et en fait aussi des autres Grands ou demi-Grands – dans un jeu dont on pressent qu'il n'en deviendra que plus subtil. Néanmoins, là aussi, l'idée de responsabilité est loin d'être annulée : les gendarmes du monde y perdent de leur autonomie et de leur marge de manœuvre, devant respecter l'essentiel du mandat tout en devant aussi en assumer les effets pervers. Les délices en deviennent souvent empoisonnées et le coût se révèle la plupart du temps élevé : la puissance se fait alors paradoxale, jusqu'à s'insérer dans des règles nouvelles, solidaires des principes nouveaux qui germent avec la mondialisation.

L'affaire haïtienne est emblématique. Le coup d'État du 30 septembre 1991 avait chassé du pouvoir le président Jean-Bertrand Aristide, démocratiquement élu et qui continua à être reconnu par l'ensemble de la communauté internationale comme le seul détenteur légitime de l'autorité politique. Cette unanimité était déjà porteuse de responsabilité : la démocratie que nul ne pouvait rétablir de l'intérieur devait être restaurée de l'extérieur, par l'action des institutions internationales. Telle fut la fonction de pressions multiples exercées sur la junte et surtout des embargos successifs et de plus en plus contraignants décidés par le Conseil de sécurité des Nations unies. La proximité géographique des États-Unis, leur implication à travers notamment le flux de réfugiés qui quittaient la dictature en direction de Guantanamo ou de la Floride confortaient leur rôle habituel de mandataire de la communauté internationale, auquel évidemment, si près de leur côte, nul autre ne pouvait se prêter.

Le mandat avait ses délices, malgré une opinion publique assez hostile : il confortait l'hégémonie américaine au sein d'un espace gardé jalousement tout en démontrant que ce *leadership* servait, au travers des valeurs démocratiques, l'un des biens communs de l'humanité les plus précieux. Ces délices étaient pourtant banalement perverses. La presse américaine et l'opinion internationale n'avaient pas manqué de révéler l'implication de la CIA et de multiples réseaux américains dans le coup d'État de septembre 1991 contre un président populiste peu aimé de Washington et dont la restauration paraissait coûteuse aux stratèges américains sans susciter leur enthousiasme ; l'échec du débarquement d'octobre 1993 mis en déroute par quelques unités locales et le caractère peu contraignant des différents embargos, contournés d'ailleurs par le truchement du voisin dominicain, traduisaient la faible détermination du président Clinton. Seules l'escalade de la violence et les provocations dirigées contre les valeurs démocratiques contraignirent les États-Unis à changer d'attitude : face aux pressions de quelques intellectuels américains qui pourtant ne surent pas mobiliser l'opinion nationale, mais surtout face à une situation autrefois banale et courante, mais aujourd'hui proprement insupportable, qui condamnait la puissance américaine à réagir aux outrages publiquement faits à la démocratie par quelques soudards voisins. À travers le miroir grossissant de la communauté internationale, les défis portés aux valeurs démocratiques venaient bafouer la doctrine officielle des États-Unis du *democratic enlargement* proclamée quelques mois auparavant[1]... La crise haïtienne révèle ainsi les progrès réalisés par

1. R. Lieber, « Eagle without a Cause : Making Foreign Policy without the Soviet Threat », *ibid.*, p. 14.

le thème de la responsabilité dans les représentations et les consciences : elle consacre la redécouverte, cette fois empirique et articulée au réel, des principes abstraits du wilsonisme.

Aussi la résolution 940 adoptée le 31 juillet 1994 par le Conseil de sécurité institua-t-elle un mandat : elle autorisait les États-Unis à utiliser «tous les moyens nécessaires», y compris la force, pour faciliter le départ des généraux rebelles, «pour assurer un climat sûr et stable» en Haïti et «permettre un prompt retour du président légitimement élu». La force ainsi autorisée était explicitement placée sous commandement américain, financée par les États-Unis et simplement contrôlée par quelque soixante observateurs de l'ONU, le président américain décidant seul de l'opportunité et du moment d'intervenir : Madeleine Albright, à l'époque représentante des États-Unis à l'ONU, ne se priva pas de rappeler que, non contraignante, cette résolution laissait toutes les options ouvertes au président Clinton. Celui-ci choisit finalement d'agir le 13 septembre, bien avant les élections de novembre, comme pour se protéger de son opinion publique.

Toutes les précautions furent prises pour rehausser l'idée de la responsabilité morale : la force d'intervention de 21 000 hommes était multinationale et associait des États de la région ; il était convenu qu'elle laisserait la place à des casques bleus de la Minuah qui devaient garantir le retour à la paix civile et la tenue d'élections libres – ce qui fut fait le 31 mars 1995, même si le tiers du contingent et le commandement venaient de nouveau des États-Unis. Toute cette mission fut cependant accueillie avec hostilité par la plupart des États d'Amérique latine (à l'exception de l'Argentine), le Brésil joignant, au Conseil de sécurité, son abstention à celle, traditionnelle, de la Chine. L'ambassadeur mexicain aux Nations unies développa un point de vue proche de celui de Cuba en déclarant que «la crise haïtienne [était] une crise intérieure qui ne [représentait] pas une menace pour la paix et la sécurité dans la région», ajoutant que «le Conseil [avait] donné un chèque en blanc aux États-Unis pour envahir Haïti»[1]. Ici les délices redeviennent amères : les avantages unilatéraux du mandat laissent

1. *Le Monde*, 2 août 1994, p. 3.

apparaître un soupçon de puissance délicat à gérer sur le plan diplomatique, annulant sélectivement l'effet d'affiche du bras séculier défendant les valeurs de la communauté internationale. La puissance policée par la responsabilité entretient probablement la nostalgie de la diplomatie libre du «gros bâton» : plus subtile et plus périlleuse, cette formule nouvelle paraît inévitablement moins rentable aux yeux du cynique, même si elle est plus rassurante pour la communauté internationale.

En fait, l'essentiel se jouait déjà à l'autre bout du monde, entre le golfe Persique et l'Anatolie, à travers la longue affaire irakienne qui, à la faveur de ses multiples rebondissements, a révélé, au jour le jour, les effets inattendus de la médiation du bras séculier. La crise ouverte le 2 août 1990 avec l'invasion irakienne du Koweït avait inauguré une curieuse division du travail : par l'intermédiaire du Conseil de sécurité, la communauté internationale faisait connaître ses oracles et énonçait en quelque sorte les droits et devoirs de la responsabilité, tandis que la puissance américaine en organisait l'exécution. On pressent que l'ambiguïté était double : cette répartition des rôles supposait que ces deux pôles eussent des volontés synchronisées et que la nature exacte de la délégation de l'une vers l'autre fût admise communément par tous. Les délices du mandat tenaient au jeu que le mandataire pouvait accomplir de façon autonome dans ce double interstice. La mise en œuvre effective du principe de responsabilité par la communauté internationale dépendait de son côté de l'orientation même de ce jeu et de son aptitude à ne pas dénaturer les objectifs collectivement définis.

Les Nations unies firent d'abord leur travail : depuis la résolution 660 du 2 août réclamant le retrait «immédiat et inconditionnel» des troupes irakiennes du Koweït jusqu'à la fameuse résolution 678, qui envisageait tous les «moyens nécessaires» pour faire respecter par l'Irak les précédentes décisions du Conseil de sécurité. Boycottage commercial, blocus maritime et blocus aérien s'intercalaient comme des mesures intermédiaires contraignant tous les membres de la communauté internationale à l'égard de l'un des leurs qui disparaissait de la carte politique du monde. En ouvrant la voie à l'opération Tempête du désert, la résolution 678 amorçait ce périlleux transfert de compétence qui instituait de fait les États-Unis en bras séculier, marginalisant désormais le secrétaire général des Nations unies, Javier Perez de Cuellar, qui se rendit le 13 janvier 1991 à Bagdad, privé de toute marge de manœuvre. L'acte décisif fut bien un vote du Congrès américain, le même 13 janvier, et le choix du président des États-Unis qui fixa au 17 le début des opérations militaires. Le jeu était désormais exclusivement américain, comme le rappelle l'ultimatum du 22 février adressé par George Bush à Saddam Hussein et la décision d'arrêter l'offensive, prise le 28 février, pour n'être formalisée que le 2 mars par le Conseil de sécurité.

Ce décalage se creusa lors des étapes suivantes, appartenant pourtant à des phases conflictuelles moins aiguës, mais banalisant en même temps la répartition initiale des rôles. On se rappelle que la défaite de Saddam Hussein avait suscité un nouveau soulèvement des populations kurdes, au nord de l'Irak. La répression fut suffisamment vive pour que, dans une logique de responsabilité, la communauté internationale s'en emparât et que le Conseil de sécurité, à l'initiative notamment de la France et de la Belgique, adoptât le 5 avril 1991 la fameuse résolution 688 qui envisageait, pour la première fois, une répression interne menée par un État souverain comme une «menace contre la paix». Condamnant Bagdad et exigeant que fût «mis fin sans délai» à la répression, le Conseil demandait surtout que «l'Irak [permît] un accès immédiat des organisations humanitaires internationales à tous ceux qui [avaient] besoin d'assistance». Il ne s'agissait plus de se solidariser avec un État envahi mais d'aider une population victime d'arbitraire et de violence; il ne s'agissait plus d'intervenir pour rétablir un ordre international dont chaque État était responsable, mais de s'ingérer dans les affaires intérieures d'un État réputé souverain au nom d'un devoir d'assistance ainsi ouvertement proclamé. L'Inde et la Chine ne s'y trompèrent pas en s'abstenant; le Yémen, Cuba et le Zimbabwe en mesurèrent les effets déstabilisants en votant contre.

La pratique du bras séculier mit deux jours pour se mettre en place, à travers l'opération *Provide Comfort* lancée par les États-Unis, la Grande-Bretagne et la France, afin d'apporter accueil et assistance à la population kurde tout en la protégeant grâce à l'instauration d'une zone d'exclusion aérienne. On retrouve, affiné, ce même espace interstitiel qui sépare l'énonciation de l'exécution et qui confère ainsi une autonomie de puissance aux mandataires : *Provide Comfort* n'a jamais fait l'objet d'un vote au Conseil de sécurité qui lui-même n'avait pas prévu, dans sa résolution 688, une opération militaire conjointe des alliés occidentaux. Ceux-ci gagnèrent ainsi la maîtrise de son appréciation et de la définition de ses fonctions. Du même coup, la signification exacte et les objectifs de la responsabilité engagée variaient, selon les parties prenantes, allant d'une conception idéaliste de l'ingérence humanitaire défendue par les *French doctors* et relayée par la diplomatie française à une vision beaucoup plus réaliste nourrie par les États-Unis, faisant de l'intervention au Kurdistan un instrument privilégié d'affaiblissement et d'endiguement (*containment*) de l'État irakien, ou du moins des ressources qui avaient été laissées à son dictateur. Le débat implicitement engagé devenait lui-même une manifestation de puissance : la syntaxe de la responsabilité ressuscitait les principes qu'elle devait transcender.

Preuve en fut fournie dès le 31 août 1996, lorsque l'armée irakienne rentra brutalement dans la zone kurde à l'appel d'une des factions, le PDK de Massoud Barzani, en guerre fratricide contre l'UPK de Jalal Talabani plus ou moins soutenu par l'Iran. On était au comble de l'absurde : des Irakiens kurdes faisaient très légalement appel à l'armée irakienne pour les protéger face à une faction pro-iranienne qui, à ce titre, pouvait difficilement s'attirer les faveurs de la diplomatie américaine. Mieux encore : l'argument développé par Bagdad pour justifier l'opération militaire irakienne mettait en avant le principe de souveraineté, tout en le combinant astucieusement avec les résolutions prises par la communauté internationale. Tarek Aziz précisait ainsi : «Nous ne pouvons en aucun cas permettre à l'Iran de contrôler la région, directement ou à travers les bandes de Jalal Talabani, car cela mettrait en danger la sécurité et la souveraineté de l'Irak»; en même temps, l'Irak annonçait qu'il retirerait «très prochainement» ses troupes «parce que la direction irakienne n'[avait] pas encore décidé de rétablir l'administration gouvernementale dans les régions kurdes»[1]... L'argument humanitaire lui-même ne tenait plus, puisque les

1. *Le Monde*, 3 septembre 1996, p. 2.

Occidentaux avaient fait la preuve de leur impuissance et de leur inaptitude à protéger la population kurde des effets de cette nouvelle guerre civile.

Aussi le bras séculier perdait-il tout contact avec la responsabilité dont il était mandataire, pour ne garder de l'intervention originelle qu'une embarrassante fonction de démonstration de puissance dirigée contre Saddam Hussein. En pleine campagne électorale, Robert Dole, alors candidat républicain à la Maison-Blanche, ne retenait de ce dernier avatar d'une opération se voulant humanitaire que « l'échec du *leadership* américain » qu'il venait ainsi consacrer. C'est dans ce contexte que le président Clinton décida alors le déclenchement de frappes aériennes dès le 3 septembre et choisit unilatéralement (et sans vote du Conseil de sécurité) de porter la zone d'exclusion aérienne au sud de l'Irak (donc à l'opposé du Kurdistan), du 32e au 33e parallèle. De manière significative, le ministre britannique de la Défense, Michael Portillo, dut défendre cette décision en arguant que « la zone de non-survol dans le sud de l'Irak ser[ait] étendue pour que les forces alliées opérant là-bas puissent avoir des possibilités plus grandes de surveiller une plus large partie de l'espace irakien et mieux contrôler Saddam Hussein [1] ».

La fin d'un acte décisif s'est jouée en décembre 1996, lorsque l'opération *Provide Comfort* arriva à échéance et que les États-Unis lui substituèrent, après accord des gouvernements britannique et turc, l'opération *Northern Watch*, qui se limitait exclusivement à une surveillance aérienne de la région située au nord du 36e parallèle. Sans qu'aucune dérogation nouvelle ne modifiât les dispositions de la résolution 688 qui servait officiellement de fondement aux opérations menées dans cette zone, tous les termes de la responsabilité énoncée en avril 1991 venaient ainsi à disparaître ou du moins à se dénaturer : il n'était plus du tout question d'assistance humanitaire alors qu'en fait de répression antikurde, seule demeurait celle menée par la Turquie contre le PKK qui se traduisait couramment par des incursions en territoire irakien. Non seulement *Provide Comfort* n'avait pas atteint les objectifs convenus, mais

1. *Ibid.*, 4 septembre 1996, p. 2.

sa fonction avait été totalement remodelée par son principal mandataire en fonction d'une logique de puissance qui n'avait plus grand-chose à voir avec les responsabilités naguère endossées par la communauté internationale. Le *leadership* triomphait ainsi des raisons qui fondaient l'intervention.

La proposition se vérifie tout autant si l'on examine les aspects centraux du dossier irakien. On peut d'abord constater comment l'évolution de la crise a été rythmée en fonction du calendrier politique américain, des manifestations de puissance qui l'accompagnaient et des défis à la puissance qu'il suscitait. Après la question kurde qui concernait la périphérie nord de l'Irak, la première crise grave qui attisa les braises de la guerre du Golfe prit place en janvier 1993, une semaine avant le départ de George Bush de la Maison-Blanche; elle s'apaisa le 19, veille de la prise de fonction de Bill Clinton, lorsque Saddam Hussein décida d'un cessez-le-feu unilatéral valable à compter du jour d'investiture du président américain. En novembre 1997 puis en janvier 1998, la crise rebondit très clairement sur le seul site des rapports de puissance américano-irakiens, lorsque le président irakien choisit d'abord d'expulser six Américains membres de l'UNSCOM, réintégrés une semaine plus tard, puis lorsqu'il décida d'interdire l'accès de certains lieux à une équipe d'experts dirigée par un citoyen des États-Unis.

La crise de février 1998 a atteint son paroxysme précisément parce qu'elle consacrait pour la première fois clairement l'autonomie d'intention du mandataire. Les Nations unies et les États-Unis, de manière nouvelle, ne se confondaient plus, les seconds distinguant explicitement la mission fondatrice et leurs intérêts nationaux, la référence aux besoins globaux de la communauté internationale et la prise en compte de leurs besoins de puissance. Ce décalage devenait évident, dans la pratique comme dans la rhétorique. Répondant à une demande japonaise de respecter la trêve olympique qui avait pour cadre la ville de Nagano, Bill Clinton fit valoir, dès le 8 février, que «les États-Unis ne tiendr[aient] compte que de leurs intérêts nationaux[1]». Le 11 février, les États-Unis s'opposèrent à ce

1. *Ibid.*, 10 février 1998, p. 2

que le secrétaire général des Nations unies, Kofi Annan, prît l'initiative de constituer une équipe technique de repérage des sites présidentiels irakiens soupçonnés de dissimuler des armes prohibées avant de revenir le lendemain sur leur décision et d'accepter que Stefan de Mistura en prît la tête[1]. Dans les jours qui suivirent, la diplomatie américaine accepta avec réticence de confier à Kofi Annan une mission à Bagdad allant au-delà de la simple démarche de pure forme qu'avait dû accomplir, sept ans plus tôt, Javier Perez de Cuellar. Quand un accord fut trouvé à Bagdad, le 22 février, Madeleine Albright fit part de son scepticisme, suggérant même «qu'il [était] possible que [Kofi Annan] rapporte quelque chose qui ne nous plaise pas» et proclamant que les États-Unis jugeraient «en fonction de leurs intérêts nationaux»[2]. L'affaire se conclut de fait par une négociation ultime entre le secrétaire général des Nations unies et les États-Unis dans les jours qui suivirent.

Cette dérive n'est pas imputable à la maladresse ou à l'erreur stratégique, en tout cas à titre principal; il serait naïf de se contenter de l'expliquer par une simple volonté d'hégémonie ou de dénoncer «les méfaits de l'impérialisme». Elle renvoie à une relation équivoque qui s'est établie presque mécaniquement entre la responsabilité affichée par la communauté internationale et l'action menée par son bras séculier, entre un projet rationnellement élaboré par les instances internationales et la traduction pratique effectuée par la puissance mandataire. Parce que demeurent les ressources accumulées par les États les plus forts, cette traduction est inévitablement revendiquée par les plus grands. Parce que le service effectué n'est pas altruiste, la volonté qui se construit dans l'action se distingue peu à peu des intentions initiales. Parce que ce décalage s'accuse à mesure que l'action s'intensifie jusqu'à devenir sa propre fin, les risques de désynchronisation vont en se renforçant. Parce que l'interdépendance entre acteurs internationaux, États ou non, est de plus en plus forte dans ce monde postbipolaire et globalisé, cette désynchronisation devient insupportable et une politique autonome de puissance, comme

1. *Ibid.*, 15-16 février 1998, p. 3
2. *Libération*, 23 février 1998, p. 2

celle des États-Unis envers l'Irak, devient ingérable pour tous, y compris pour eux-mêmes : c'est exactement ce qui s'est passé en février 1998.

Cet effet pervers est facile à reconstituer sur le plan empirique : le *leadership* américain, dans la gestion de la crise irakienne, s'est effectivement traduit par une diabolisation de Saddam Hussein bien supérieure à la raison, n'équivalant en degré qu'à celle orchestrée par Téhéran aux moments les plus forts du conflit entre l'Irak et l'Iran. La référence constante à Hitler témoignait d'une implication affective qui dépassait la sphère d'une responsabilité assumée à l'égard des besoins de sécurité collective. L'exagération de la menace, au-delà des calculs stratégiques inspirés par les impératifs propres à l'alliance israélienne, témoignait des mêmes outrances. Au demeurant, celles-ci se révélaient dangereuses et contradictoires : une action militaire d'envergure menée contre l'Irak, en marginalisant un peu plus celui-ci, risquait de fermer définitivement la porte aux missions d'inspection de l'UNSCOM. Tel est peut-être le cœur du paradoxe : la mise en œuvre du principe de responsabilité, dans ce qu'il a de nouveau et d'inédit, suppose non plus l'écrasement du fauteur de trouble mais sa discrète acceptation des règles de la sanction ; elle retient, au moins pour partie, le bras de la puissance mandataire et doit progressivement amener le coupable à répudier ainsi la stratégie de cavalier seul dans l'expiation de sa faute. Une inspection des sites est impossible sans un minimum d'accord de celui qui doit s'y prêter[1] ; l'embargo devient abusif dès lors qu'il n'ouvre pas à celui qui en est l'objet une voie de retour au sein de la communauté internationale, comme le suggère la mise en place progressive et subséquente de la formule «pétrole contre nourriture» prévue par la résolution 986 du Conseil de sécurité (14 avril 1995), entrée en application en décembre 1996 et actualisée le 20 février 1998 par la résolution 1153.

Cette «guerre impossible» se double d'un coût élevé pour les États-Unis, dont la politique de puissance a contribué à

---

1. Comme le suggèrent encore la crise d'octobre-novembre 1998 et les «cinq points» de la décision irakienne – certes provisoire – avec l'UNSCOM, distinguant entre les activités de surveillance licites et illicites.

distendre la coalition formée sous leur houlette en 1990. L'effet le plus spectaculaire a été notamment l'hostilité croissante que leur politique a pu susciter parmi leurs alliés régionaux : réserves du Caire dès janvier 1993, lorsque George Bush tira ses dernières salves contre l'Irak; refus de la Turquie et de l'Arabie Saoudite d'accorder aux États-Unis le droit d'utiliser leurs bases pour frapper le territoire irakien lors de la crise kurde de septembre 1996; attitude critique et même hostile de la quasi-totalité des États arabes lors de la crise de 1998. Au-delà des diplomaties, c'est toute une opinion publique qui apparut progressivement, comme en témoigne la forte mobilisation des populations palestiniennes : les premières manifestations surgirent dès le 6 février à Gaza, Hebron, Ramallah, Bethléem, tandis que, les jours suivants, les mouvements islamistes parvinrent à mobiliser, un peu partout dans le monde arabe, une population dont l'humeur anti-américaine s'était pourtant refroidie...

Ainsi la responsabilité suscite-t-elle des effets de puissance, mais dans un contexte profondément renouvelé. Comme si cette puissance ainsi dégagée restait sous surveillance : plus coûteuse qu'autrefois pour celui qui s'en sert, elle arme de façon ambiguë les éventuels «bras séculiers» de la communauté internationale; contrevenant aux mécanismes de contrôle et de persuasion que suscite le principe nouveau de responsabilité, elle risque souvent de se contredire elle-même, de se tétaniser, peut-être de s'annuler, en tout cas de perdre cette autojustification qui faisait sa vertu au temps du système bismarckien; pesante, voire contre-indiquée dans ce monde d'interdépendance où tous les acteurs sont liés, populations civiles, ONG, acteurs religieux, médias, firmes et entreprises de toute nature, elle supporte difficilement les assauts de ceux qui la dénoncent au nom des victoires qu'elle produit et des manques à gagner qu'elle entraîne... L'intérêt du mandataire n'en est que plus visible et plus contestable : inévitable réémergence dans cette grammaire nouvelle des relations internationales, il devient peu à peu le principal suspect des crises au sein desquelles il s'affiche, l'intrus de cette conception interactive des relations internationales. Le retour du cavalier seul n'en paraît que plus difficile à assurer.

Pourtant, la partie ne se joue pas uniquement à ce niveau. Le principe de responsabilité ne réveille pas la puissance pour en faire seulement l'instrument des actions qu'il suscite ou des interventions qu'il engage. L'expérience yougoslave a notamment montré comment l'effet de puissance pouvait apparaître également comme frein aux mécanismes d'intervention. La diplomatie russe avait au moins deux bonnes raisons de limiter l'engagement de la communauté internationale dans la régulation de la crise bosniaque : la démultiplication, dans l'ancien espace soviétique, de mouvements identitaires redoutables, notamment dans le Caucase, en Moldavie et au Tadjikistan; la solidarité l'unissant aux Serbes qui assurèrent l'essentiel du processus d'épuration ethnique. Deux raisons pour limiter, cette fois, le rôle du Conseil de sécurité à des missions strictement humanitaires et pour l'empêcher d'aller trop loin dans la désignation des coupables. Si la résolution 770 du Conseil de sécurité, adoptée le 13 août 1992, «condamn[ait] le nettoyage ethnique» après quelques mois d'hésitation, si plus tard était créé un tribunal pénal international destiné à juger les crimes contre l'humanité commis au cours du conflit, le mandat confié à la Forpronu se limitait «à faciliter l'acheminement par les organisations humanitaires compétentes de l'assistance humanitaire à Sarajevo et partout où elle est nécessaire»... Parallèlement, l'action concertée des États-Unis, de la Russie, de la Grande-Bretagne, de la France et de l'Allemagne ratifiait implicitement le découpage ethnique et distinguait six zones de sécurité de triste mémoire qu'elle plaçait sous la protection de la même Forpronu.

Plus que bras séculier d'un règlement, la puissance agit ici comme instrument de neutralisation des forces en compétition, la Russie pesant en faveur de la Serbie et les États-Unis leur faisant équilibre en appuyant le plus souvent la cause bosniaque musulmane. Contrairement à ce que l'on peut observer à l'aube de la crise du Golfe, la puissance n'agit plus comme mandataire intéressé cherchant à protéger un bien commun à travers la restauration d'un État bafoué dans son intégrité, mais comme simple facteur d'équilibre entre partenaires d'un jeu conflictuel qui, en banalisant l'épuration ethnique, menace un autre bien commun de l'humanité. Le résultat fut doublement catastrophique. À court terme, cette approche privait la Forpronu de tout mandat clair ; contrairement à ce qui fut tacitement admis au Kurdistan, la mission d'«assistance humanitaire» ne se dotait d'aucune ressource réelle, faute de pouvoir dénoncer clairement le fauteur de misère. À moyen terme, cette pratique vieillotte de l'équilibre validait les découpages géographiques obtenus par les armes, banalisait ainsi l'épuration en entérinant ses résultats, tout en en dénonçant formellement les effets.

Ici, l'ingérence devient frileuse, timide, incertaine d'elle-même et de son droit, réduite à la portion congrue du minimum humanitaire que la communauté internationale se doit de consentir à ceux qui souffrent. La responsabilité ne suscite plus la puissance, elle la réveille, et celle-ci ne joue plus le rôle amplificateur qu'elle prétendait simultanément tenir dans le Golfe : elle accomplit plutôt un rôle d'endiguement, voire de régression vers des temps qui semblent inspirer la nostalgie. Est-ce pour autant un signe avant-coureur du retour annoncé à la *Realpolitik*? Le principe tout jeune de responsabilité rend-il les armes aux guerriers d'autrefois? Peut-être, si l'on en juge par les impasses dans lesquelles a été projeté le conflit yougoslave ; probablement, si l'on se rappelle les apories des ghettos culturels homologués par la communauté internationale et confirmés par les accords de Dayton ; certainement, si l'on en croit le rôle effacé de la Forpronu qui affecta grandement la crédibilité des Nations unies ; évidemment, si l'on apprécie pour ce qu'elle fut la réaction du ministère russe des Affaires étrangères alors qu'en mars 1998 la question yougoslave rebondissait tragiquement au Kosovo : il jugeait alors «inadmissibles les déclarations de certains représentants de pays occidentaux sur la possibilité d'une ingérence directe de l'extérieur et leur insistance en faveur de toutes sortes de sanctions contre la République fédérale de Yougoslavie[1]»...

Pourtant le conflit yougoslave reste très éloigné du modèle classique des guerres interétatiques. Derrière la puissance russe se dissimulait autre chose qu'un jeu cynique et froid qui était le lot commun du système bismarckien et de la stratégie

---

1. *Le Figaro*, 9 mars 1998, p. 3.

soviétique : on y retrouve les traces évidentes d'une logique de responsabilité qui ne s'apprécie plus par rapport à une humanité globale mais par référence à des solidarités culturelles faisant écho jusqu'au cœur de la société russe. Ce détournement de la puissance qui ne se raccroche plus ici à l'humanité tout entière, mais à une parcelle déterritorialisée de celle-ci, a certes quelque chose d'éminemment inquiétant mais aussi de profondément déstabilisant par rapport à l'ordre international traditionnel. Surtout que la Russie n'intervenait pas comme acteur unique de ce nouveau jeu identitaire, tissé de solidarités culturelles étatiques ou extra-étatiques : la Grèce eut une attitude de même nature, faite également de panorthodoxie, réveillant la solidarité de la Turquie avec les minorités musulmanes.

Cette affirmation d'une responsabilité sectorielle se retrouve plus vivement encore dans le comportement de la République islamique d'Iran qui afficha, dès 1992, sa solidarité active avec les musulmans bosniaques. L'officialisation progressive du découpage ethno-confessionnel était du pain béni pour Téhéran, qui pouvait ainsi valider sa lecture du monde et proclamer haut et fort sa solidarité avec les principales victimes de l'épuration ethnique. Preuve était ainsi apportée que l'Iran islamique était le protecteur de l'*Umma* et des opprimés[1]... La partie valait la peine d'être jouée et les coûts de l'intervention se révélaient au total bien faibles à côté des gains ainsi escomptés : au-delà d'une rhétorique de la solidarité et des manifestations symboliques bien orchestrées pour dénoncer pêle-mêle le complot anti-islamique et l'inefficacité des institutions internationales, notamment celle de l'ONU, l'Iran déploya un triple effort d'assistance militaire, de soutien humanitaire et d'aide économique. Dès le printemps 1992, un pont aérien fut mis en place, par l'intermédiaire de la Croatie, pour fournir les forces musulmanes : on évalue à 50 % la part de leurs équipements livrés par leurs «frères iraniens» entre 1992 et la conclusion des accords de Dayton. Des conseillers militaires issus des rangs des *Pasdaran* furent envoyés pour encadrer les milices musulmanes et

---

1. J. Esposito éd., *The Iranian Revolution : its Global Impact*, Miami, Florida University Press, 1990.

certaines de ces dernières bénéficièrent d'un entraînement en Iran. De multiples ONG, appartenant à la constellation du panislamisme iranien ou «pro-iranien», complétèrent le travail sur le plan de l'assistance sociale portée aux populations et donc de l'éducation ou de l'«endoctrinement» qui en dérivait inévitablement[1].

L'aisance avec laquelle ce panislamisme militant put s'insérer dans le conflit bosniaque appelle trois observations. D'abord, par référence à une éthique de responsabilité que l'activisme militant de la république islamique ne saurait nullement gommer : à l'origine de cette intervention apparaît toujours le spectacle médiatisé des victimes, aiguisé par l'impuissance manifeste des organisations internationales. L'histoire de cette guerre est déjà en cela très moderne : elle entra très vite dans la vie quotidienne des individus et suscita un sentiment de responsabilité d'autant plus marqué que la facilité offerte par les communications aériennes rendait l'intervention aisée, peu coûteuse et correspondait clairement à un besoin des populations sinistrées. En deuxième lieu, les recettes classiques de la diplomatie internationale n'avaient que peu de prise : crise du modèle stato-national dramatiquement inefficient dans les Balkans, le conflit yougoslave tétanisait les modes intergouvernementaux de régulation et aiguisait dangereusement les appétits des acteurs identitaires; d'interétatique, la responsabilité devenait interculturelle, ce qui précipitait les musulmans de Bosnie, le SDA et leur chef, Alija Izetbegovic, vers un alignement identitaire de plus en plus marqué, profitant à l'alliance iranienne. Surtout, l'intervention iranienne reflète à la perfection la transaction subtile qui s'opère dans le cadre de tels conflits entre la rationalité des États, tendant vers la *Realpolitik*, et celle des entrepreneurs identitaires valorisant l'affirmation primordialiste. Les États-Unis acceptèrent et même, dit-on, soutinrent efficacement l'œuvre de solidarité militaire islamique, parce qu'elle contribuait à rééquilibrer le rapport de forces entre combattants et facilitait ainsi un futur compromis : cet accommodement causa les fureurs de Robert Dole qui, dans le feu

---

1. On se réfère ici à une recherche en cours menée dans le cadre du DEA d'études politiques, Institut d'études politiques de Paris, 1997-1998.

de la campagne présidentielle, accusa son rival d'avoir indirectement favorisé une révolution islamique en Europe et obtint même la constitution d'une commission d'enquête. L'Iran gagnait en échange un rôle stratégique et diplomatique dans ce conflit et parvenait, par le biais du panislamisme et de l'énonciation identitaire, à réévaluer sa puissance d'État classique.

Peut-être cette transaction est-elle en partie fonctionnelle et heureuse, puisqu'elle a permis de contenir une victoire totale des Serbes et un écrasement militaire de l'autre partie. Peut-être est-elle un instrument de régulation valable pour des crises qui dépassent la pure rivalité entre États et qui ne sont plus réductibles à un simple jeu bismarckien de puissances. Peut-être même permet-elle d'introduire un minimum de souplesse et de fluidité dans le jeu international, comme le suggère le rapprochement qu'elle favorisa entre les États-Unis et l'Iran. La contrepartie est pourtant élevée : cette combinaison de références étatiques et culturelles a permis de rendre compatibles la carte des États et celle des identités, au prix d'une épuration ethnique confirmée et de l'invention d'États dans lesquels la citoyenneté a perdu son âme pour désormais rimer avec ethnicité.

Cette subtile dénaturation du principe de responsabilité par les mécanismes mêmes de la pression identitaire n'éteint donc pas la puissance, mais la place au service de solidarités qui ne se réfèrent plus à l'humanité dans son ensemble et qui reconstruisent des antagonismes n'obéissant ni à la logique stato-nationale, ni à celle des territoires nationaux, ni à celle des communautés politiques. Ces espaces identitaires résiduels, entre le monde des États et celui des biens communs, mobilisent encore beaucoup de ressources sans que la communauté internationale sache les réguler hors de ces transactions et bricolages conjoncturels. La banalisation de ces procédés évoque pourtant un jeu qui n'est plus celui de la souveraineté ni celui du froid rapport de puissance, mais qui est fait de visibilité mondiale, d'interdépendance, de solidarités obligées, d'assistance humanitaire demandée et consentie, de récusation des cavaliers solitaires, d'opinion publique mondiale qui s'exprime et, tout de même, de tribunaux pénaux internationaux qui se forment et d'épurations ethniques qui sont à la fois homologuées et dénoncées... Autrement dit, toutes ces dénaturations successives n'effacent pas la dimension symbolique et morale de la responsabilité, et en même temps gênent la mise au point de régulations capables de contenir les souffrances et la guerre.

On notera surtout que le principe de responsabilité peut être détourné de ses fonctions pour légitimer de façon inattendue, voire cynique, les actes unilatéraux parfois les plus égoïstes, maquillant ainsi les manifestations de puissance les plus pures en obligation morale altruiste. On connaît les relents hégémoniques des politiques de coopération ou les assauts subtilement paternalistes des politiques de «protection» les plus classiques : elles ne manquent pas, les unes et les autres, de s'agrémenter de l'argument de responsabilité, du fort vis-à-vis du faible, du patron à l'égard du client, du grand voisin vis-à-vis de ses satellites. La banalisation croissante de l'idée d'intervention, le rappel récurrent et consensuel des devoirs du Nord vis-à-vis du Sud, l'invention de multilatéralismes de façade, dans le cadre par exemple de la CEI ou de la francophonie, ont donné à ces pratiques une allure courante et parfois trompeuse au cours des années 1980 et 1990.

Tel fut bien l'esprit qui conduisit François Mitterrand à apporter dès janvier 1991 «le soutien de la France» au président rwandais Juvenal Habyarimana, alors que s'amorçait le drame qui conduisit au génocide de triste mémoire. Deux composantes suffirent pour monter l'engrenage : les liens bilatéraux unissant un État-patron et un État-client, et la certitude acquise comme un réflexe que la déstabilisation dont souffrait le régime de Kigali ne pouvait provenir que d'un «complot étranger» issu de l'Afrique anglophone, manipulant évidemment la minorité tutsi[1]. On sait ce qui c'est ensuivi : l'encadrement et l'équipement d'une armée rwandaise qui grossit à vue d'œil, soit un effort de 14 millions de francs en 1992, 28 millions sur trois ans, somme officielle, dont on dit qu'elle est fortement sous-évaluée[2]...

1. Cf. G. Prunier, *Rwanda, 1959-1996 : Histoire d'un génocide*, Paris, Dagorno, 1997, et «France-Rwanda : le syndrome de Fachoda», *Le Figaro*, 13 janvier 1998, p. 4.
2. *Ibid.*; cf. aussi les témoignages auprès de la Mission parlementaire d'information sur le Rwanda, notamment le général Quesnot à propos de la formation par la France de l'armée rwandaise en 1983, *Le Monde*, 21 mai 1998, p. 4.

L'exemple rwandais est aussi extrême que révélateur. Par le drame hors du commun qu'il a engagé, il démontre comment les logiques d'assistance sont facilement porteuses de leurs propres corruptions. Dans le jeu clientélaire, l'effacement des principes souverainistes explique la façon très ordinaire dont les institutions régaliennes d'un État de droit peuvent banalement et sans contrôle prêter main-forte à celles d'un régime client, autoritaire, patrimonial et en pleine dérive, voire parfois se substituer à elles. Par un badigeonnage cynique, ou plus rarement de toute bonne foi, les idées généreuses de responsabilité viennent à la rescousse, au nom d'une fidélité qu'on ne peut pas décevoir ou d'une francophonie qu'on ne peut pas abandonner : l'insertion du grand frère se moule alors dans les objectifs du client, épouse ses perversions et se délustre... Bel exemple de suivisme par lequel le client compromet le patron, le domine dans ses actes de court terme, jusqu'à inverser, le temps d'un conflit, la relation de dépendance. Situation qui conduisit un ancien conseiller diplomatique de l'Élysée à avouer : «J'ai dû recevoir dans mon bureau 400 assassins et 2000 trafiquants de drogue. On ne peut pas ne pas se salir les mains avec l'Afrique[1].» L'obligation morale, dans la relation de clientélisation, devient passive, s'adaptant à l'avilissement du client pour mieux partager son fardeau.

En même temps, l'affaire rwandaise est banale car ses composantes sont communes : la responsabilité est sélective, puisqu'elle n'oblige qu'à l'égard de l'autrui politique, c'est-à-dire du seul prince-client; elle est concurrentielle, puisqu'elle s'impose à l'encontre d'un tiers menaçant extérieur à une communauté de responsabilité imaginaire construite en zone d'influence ou en fonction d'un hypothétique destin partagé; elle est tout entière tournée vers la survie politique du prince local et non plus vers la promotion d'un bien commun qui devient dès lors accessoire. On prête à François Mitterrand d'avoir confié à l'un de ses proches : «Dans ces pays-là, un génocide, ce n'est pas trop important[2].» Tout juste la méthode employée fit-elle l'objet d'un rappel à l'ordre... Cette conception particulière de la

---

1. «France-Rwanda : un génocide sans importance...», *Le Figaro*, 12 janvier 1998, p. 4
2. *Ibid.*

responsabilité se retrouve dans de nombreuses interventions consenties par la France en Afrique : au Gabon, pour rétablir l'ancien président Mba lorsqu'il fut déposé, en République centrafricaine de multiples fois depuis la chute de Bokassa en 1979, aux Comores, au Congo lors de la crise de l'été 1997, au Tchad de façon récurrente depuis 1965, face aux rébellions du Nord, au Togo pour consolider le régime d'Eyadema... Jusqu'au Zaïre peut-être, mais de façon indirecte, lorsque Laurent-Désiré Kabila menait l'offensive finale contre un Mobutu agonisant : une enquête menée par le *New York Times* fait ainsi état du rôle d'une société française spécialisée dans le commerce en gros de matériels électroniques qui put mobiliser équipements et mercenaires serbes, belges, français ou ukrainiens dans «l'espoir de stopper l'avance des rebelles». L'implication présumée de l'État français par l'intermédiaire de services parallèles fit l'objet d'un démenti : cette enquête n'en suggère pas moins les procédés indirects ou transactionnels qui rendent les interventions particulièrement complexes, variées et difficiles à saisir[1]...

La France n'est certes pas la seule à disposer de ces «zones d'influence» qui sollicitent et dénaturent le principe de responsabilité. Acquis de tout État qui prétend accomplir un rôle de puissance, cette pratique fait l'ordinaire d'une vie internationale dans laquelle les plus dotés abandonnent volontiers à leur semblable l'exercice d'une responsabilité géographiquement sélective. La communauté internationale n'a que très mollement et formellement réagi aux exactions de l'armée russe en Tchétchénie dont la guerre civile ne fit jamais l'objet de délibération au sein du Conseil de sécurité. La Russie put parler librement de «bandes armées illégales» ou de «traîtres» pour mieux réduire en cendres la ville de Grozny et faire valoir avec peine sa supériorité militaire ; malgré une timide initiative de l'OSCE et les prises d'otages spectaculaires menées par des commandos tchétchènes, les nationalistes ne réussirent pas à mobiliser la communauté internationale et à intéresser à leur sort les Grands du G7 + 1 réunis en avril 1996, en plein conflit...

---

1. *New York Times*, 2 mai 1997, et *Le Monde*, 4-5 mai 1997, p. 4

Seule responsable en Tchétchénie, la Russie prétendait l'être également hors de ses frontières, dans l'ensemble du Caucase, obtenant de fait de la communauté internationale un rôle presque exclusif dans le «règlement» de la question abkhaze. Malgré la petite mission d'observation mise en place par l'ONU (Unomig), l'essentiel du travail de «pacification» fut confié en mai 1994 à la Russie et aux forces d'interposition de la CEI, tandis que la communauté internationale restait assez largement indifférente au nettoyage ethnique dont furent victimes les Géorgiens d'Abkhazie. Quelques semaines plus tôt, la Géorgie avait dû se résoudre à intégrer la CEI pour bénéficier du soutien de Moscou dans l'élimination de la guerre civile entretenue par les partisans de l'ancien président géorgien Gamsakhourdia. La *pax russica* se retrouve dans le règlement de la question du Haut-Karabakh et ponctue aussi l'évolution de la question tadjike en Asie centrale. Pendant plusieurs années, la Russie put ainsi maintenir quelque 20000 hommes en république du Tadjikistan qui stationnaient essentiellement à la frontière afghane, mais avaient en fait pour mission de protéger le président Rakhmonov, dirigeant depuis l'indépendance le clan Kouliabi, ex-communiste et pro-russe, opposé au clan islamiste et nationaliste. L'accord signé au Kremlin en juin 1997 favorisa la réconciliation des deux clans tout en autorisant le maintien des troupes russes : il fut formalisé en présence des représentants de l'ONU, de l'OSCE et des États voisins, mais fut surtout imposé par la volonté de Moscou, au mieux de ses propres intérêts, et au prix d'une dévalorisation sensible de la souveraineté des États concernés[1].

Une autre variante de cet unilatéralisme déguisé se retrouve dans la politique américaine d'embargo engagée par la loi «Helms-Burton» signée le 12 mars 1996 par le président Clinton, et par la loi «d'Amato-Kennedy» scellée également à la Maison-Blanche le 5 août suivant. La première, également dite *Cuban Liberty and Democratic Solidarity Act*, prétendait punir tout citoyen, entreprise ou gouvernement étranger qui ne respecterait pas l'embargo décidé par les États-Unis à l'encontre de Cuba. La seconde prévoyait des sanctions à l'encontre des

1. *Ibid.*, 11 juillet 1997, p. 4.

entreprises étrangères dont les investissements en Iran et en Libye auraient pour effet de renforcer le secteur énergétique de ces deux pays. L'une et l'autre de ces lois se réclamaient explicitement du principe de responsabilité : la loi Helms-Burton indique, dans son titre 2, que les sanctions ne seront levées que lorsque le président américain aura constaté que Cuba a rétabli un gouvernement démocratiquement élu, un système judiciaire indépendant et des élections libres. Elle devait consacrer «un effort interne pour accélérer la transition de Cuba vers la démocratie». La loi Kennedy-d'Amato, selon les propos de Bill Clinton, fut, quant à elle, élaborée dans un objectif très clair : «les États-Unis [devaient] agir [...] parce qu'ils [avaient] une responsabilité spéciale» dans la lutte anti-terroriste[1].

Aucun dispositif législatif n'a probablement été si loin dans la remise en cause du principe de souveraineté. Le titre 3 de la loi Helms-Burton rend passible des tribunaux américains toute personne faisant commerce avec des établissements cubains qui, avant leur nationalisation ou leur confiscation par la révolution castriste, étaient des biens privés américains. Le titre 4 menace de refuser tout visa américain à toute personne qui se serait prêtée à ce genre d'opération. Les effets de toutes ces dispositions unilatérales sont énormes : ils privent les autres États du droit de produire une politique étrangère distincte de celle des États-Unis, ils font fi d'un des principes fondamentaux du droit international qui oblige d'accepter comme légales les expropriations et nationalisations décidées par un État souverain; ils confèrent à des juridictions américaines une compétence extraterritoriale pour connaître des stratégies commerciales d'entreprises étrangères implantées à l'étranger[2]. Helms-Burton et Kennedy-d'Amato prétendent, d'un point de vue plus général, mettre la puissance économique et commerciale américaine au service d'une œuvre d'encadrement des politiques économiques des États et des entreprises étrangères. Pour compléter ce tableau saisissant, elles remettent en cause les accords du GATT et de l'OMC, tandis que la loi concernant

1. *Ibid.*, 7 août 1996, p. 2.
2. S. Lisio, «Helms-Burton and the Point of Diminishing Returns», *International Affairs*, 72, 4, 1996, p. 708-709.

Cuba bouscule les dispositions de la NAFTA en restreignant le droit de libre entrée aux États-Unis des hommes d'affaires mexicains ou canadiens, faisant commerce avec Cuba, ainsi que de leur famille. Tel fut notamment le sort des dirigeants de l'entreprise mexicaine Domos, de leurs épouses et de leurs enfants mineurs, et de ceux de la compagnie minière canadienne Sheritt International qui fit la première les frais de cette procédure[1].

Le dévoiement unilatéral du principe de responsabilité est ici exemplaire : les deux mesures qui visent théoriquement l'obtention de biens collectifs (lutte contre le terrorisme, restauration de la démocratie) n'ont pas été prises par des instances délibératives internationales mais par un État et, de surcroît, comme point d'aboutissement d'un lobbying complexe au sein du Congrès ; elles ne concernaient pas la promotion de ces biens en tant que tels mais leur réalisation dans un nombre limité de pays directement en contentieux avec la diplomatie américaine, à l'exclusion de tous les autres ; leur suspension ne dérivait pas d'une décision collective mais d'une appréciation portée par le président américain ; leur réalisation était garantie non par des juridictions internationales mais, d'une part, par la seule justice américaine et, d'autre part, par le seul exercice d'une puissance dissuasive menaçant tout un chacun de ne plus avoir accès au marché américain ; leur énonciation enfin ne s'inscrivait pas dans les dispositifs du droit international mais dans ceux de l'affirmation unilatérale de puissance. En outre, les avantages unilatéralement recherchés par les États-Unis étaient évidents : consolider des objectifs diplomatiques clairement affichés et éviter ainsi que des compagnies étrangères ne prennent la place de leurs concurrents américains sur un marché dont celles-ci avaient dû se retirer. Lors de la signature de la loi Kennedy-d'Amato, le porte-parole du département d'État, Nicholas Burns, déclarait explicitement, à titre de justification : «La compagnie Total a essentiellement pris la place de Conoco et décroché [en Iran] un contrat qui aurait été très profitable pour Conoco [...]. Nous voulons punir les entreprises qui auraient ce genre d'attitude à l'avenir[2].»

1. *Le Monde*, 25-26 août 1996, p. 2.
2. *Ibid.*, 7 août 1996, p. 2.

Ces lois essuyèrent un tollé de protestations de par le monde. Réunis à Cochabamba en septembre 1996, les chefs d'États latino-américains condamnèrent fermement la loi Helms-Burton, reprenant la formule du Comité juridique de l'OEA qui l'avait déjà jugée non conforme au droit international. Siégeant le mois suivant, les ministres des Affaires européennes des Quinze mirent au point un impressionnant dispositif de représailles, soutenus en outre par le Canada et le Mexique. Dès le 23 août, Klaus Van der Pas, porte-parole de la Commission européenne, dénonçait «l'extraterritorialité» et «l'unilatéralisme de la décision américaine», qu'il présentait comme «perverse», ajoutant : «Les États-Unis ont décidé sans consulter personne que les dispositions de la loi qu'ils avaient votée s'appliqueraient à des citoyens non américains concernant des affaires situées hors de leur territoire. Et tout cela au moment même où la grande majorité des pays cherchent, à travers l'OMC, à établir des règles multilatérales pour régir le commerce international[1].»

Il est remarquable que ces contre-offensives aient porté leurs fruits : par deux fois, le 16 juillet 1996 et le 3 janvier 1997, Bill Clinton dut suspendre les dispositions du titre 3, celles-là mêmes qui autorisaient de poursuivre aux États-Unis les sociétés étrangères commerçant avec des entreprises cubaines issues de la nationalisation de biens américains. Le 14 avril suivant, un accord intervenait entre les États-Unis et la Commission européenne, suspendant la loi Helms-Burton et la loi d'Amato-Kennedy. La compagnie Total qui passa en septembre 1997 un contrat de deux milliards de dollars avec l'Iran n'eut même pas à subir les représailles américaines. Le boycott a ainsi été à son tour boycotté, mais cette fois avec succès, pour suggérer que, dans ce nouvel ordre mondial qui se construit, les phénomènes d'interdépendance, la démultiplication des intérêts et la diversification des acteurs qui prétendent jouer sur la scène internationale ont finalement raison des affirmations de puissance par trop unilatérales et monolithiques. Si, dans ces défis, l'alibi de la souveraineté est encore brandi, la référence qui y est faite demeure en réalité accessoire : c'est bien d'un

---

1. *Ibid.*, 25-26 août 1996, p. 2.

débat sur la responsabilité qu'il s'agissait, sur les moyens permettant de la mettre en œuvre, et surtout sur son défaut de multilatéralisme, mais aussi sur l'extraordinaire multiplicité des intérêts étatiques et extra-étatiques qu'ils impliquaient. Note optimiste face à des dispositions très contestables, cette capacité paralysante de l'énorme machine que constitue le jeu international extra-étatique d'aujourd'hui nous renseigne aussi sur l'efficacité très relative d'autres embargos futurs.

En fin de compte, les délices de la responsabilité restent sous surveillance... mais sans surveillant attitré. Les effets de puissance demeurent, s'infiltrant partout, volontiers reproduits par des États qui en gardent la culture et se plaisent à leur conserver un rôle médiateur fondamental dans l'accomplissement de leur fonction internationale. En cela, la puissance reste un indispensable paramètre de l'analyse pour interpréter les stratégies étatiques, en évaluer les effets et comprendre les dérives subies par le principe de responsabilité. On observe pourtant que ces dévoiements réels sont à leur tour contenus par des effets de combinaison subtils, constitués pêle-mêle de la publication des enjeux et des débats, de la démultiplication des acteurs et des intérêts, de leurs poids et contrepoids. Entre la dynamique d'inertie et la surveillance sans surveillant, ces jeux complexes ressuscitent la responsabilité en la rendant en même temps moins consciente, moins volontaire, plus prudente et plus collective.

Cette pression réelle décourage, malgré tout, les initiatives par trop unilatérales. La reculade vécue par la plus grande puissance du monde, à travers l'échec relatif de ses politiques d'embargo ou celui de sa politique irakienne, n'abolit nullement la vigueur de ses prétentions ni la réalité de ses capacités. Le «multilatéralisme engagé» proclamé par Mme Albright en avril 1993, alors qu'elle était encore ambassadeur de son pays auprès des Nations unies, s'accordait avec la doctrine de l'«élargissement» de la démocratie et du marché, élaborée simultanément par Anthony Lake, alors conseiller du président pour les affaires de sécurité[1]. L'un et l'autre convergeaient

---

1. C.P. David, *Au sein de la Maison-Blanche*, Québec, Presses universitaires de Laval, 1994, p. 456.

vers la célébration d'un *leadership* américain conciliant les intérêts propres aux États-Unis et la volonté wilsonienne de bâtir un nouvel ordre mondial profitable pour tous. C'est peut-être cette mystérieuse alchimie qui est en train de se défaire, l'engagement se limitant à l'endiguement (*containment*), voire, au goût de certains, au retrait et à une volonté d'économiser sa peine. Si cette tendance se confirmait, la responsabilité pourrait en partie céder devant les assauts d'un nouvel isolationnisme.

Le désengagement s'inscrit ainsi dans la ligne de tous ces cafouillages. Le retrait français de la scène africaine est significatif : en décidant la création de la Minurca (Mission des Nations unies en République centrafricaine), le Conseil de sécurité a redonné le 30 mars 1998 les responsabilités de la sécurité africaine au multilatéralisme onusien. La résolution 1159 ainsi adoptée bouscule une logique qui avait installé la France en puissance régionale de la francophonie africaine. Elle complète la nouvelle politique énoncée par Hubert Vedrine de régionalisation et de «renforcement des capacités africaines de maintien de la paix», permettant à la France de «ne plus se laisser impliquer dans des conflits internes». Dans le sillage d'un ECOMOG autrefois moqué mais désormais flatté, il s'agit ainsi d'équiper unilatéralement, sous les auspices de l'ONU et de l'OUA, une force militaire interafricaine de maintien de la paix. L'évolution de la doctrine américaine, du projet ACRF (*African Crisis Response Force*) au projet ACRI (*African Crisis Response Initiative*), en donnant un rôle plus marqué à l'OUA et voie au chapitre aux États africains les moins dotés, laisse apparaître un consensus minimal dans cette affirmation, certes précaire et formelle, d'un multilatéralisme qu'on pourrait qualifier de «décentralisé». Cette responsabilité, théoriquement affichée, des Africains à l'égard d'une sécurité africaine casse, au moins dans son énonciation, certaines des délices de la responsabilité, ou du moins conduit-elle à les réintroduire à un niveau déjà inférieur et plus discret de manipulation. En cela, la régionalisation de la responsabilité peut consacrer son approfondissement, en Afrique comme ailleurs, et contribuer au recul des formes les plus radicales de l'unilatéralisme.

CHAPITRE VII

Les droits de l'homme
entre ruse et raison

Parmi tous les biens communs, les droits de l'homme ont valeur d'emblème. De toutes les responsabilités, celle de s'engager en faveur de leur promotion et de leur protection est aussi la plus stimulante : la limite la plus claire qu'on puisse imposer à la souveraineté des États tient au droit de leur interdire de disposer arbitrairement des libertés essentielles. Autant d'affirmations qui sont volontiers tenues pour acquises, qui habilitent le droit de regard sur l'autre et qui semblent écarter l'argument de puissance pour servir de fondement théorique à l'idée de responsabilité sans frontières[1]. La décision de la Chambre des lords de refuser à Augusto Pinochet le droit d'«immunité souveraine» fit l'effet d'un coup de tonnerre, à Londres et dans le monde entier. Tout comme l'initiative prise quelques semaines plus tôt par le juge espagnol Baltasar Garzon de délivrer un mandat d'arrêt international contre l'ancien dictateur de Santiago, imité par d'autres juges européens qui se saisissaient ainsi des crimes perpétrés au Chili contre des ressortissants de leur pays. La souveraineté n'est plus un rempart absolu pour les fauteurs de crimes contre l'humanité : l'exercice du «pouvoir ultime» n'est plus un alibi ni une protection sans faille, la compétence territoriale des institutions judiciaires ne peut plus faire efficacement écran. Au-delà des incertitudes d'un

---

1. F. Deng *et al.*, *op. cit.*, p. 27 *sq.*

droit encore hésitant, les débats qui surgissent un peu partout suggèrent l'émergence d'un espace international des droits de l'homme, en fonction duquel les droits fondamentaux de chacun tendent peu à peu à devenir l'affaire de tous. L'événement vient de loin et les progrès accomplis sont considérables : l'Assemblée générale des Nations unies avait adopté à Paris, le 10 décembre 1948, une «Déclaration universelle des droits de l'homme», qui se référait, dans ses considérants, à «une conception commune de ces droits et libertés», qui proclamait «un idéal commun à atteindre par tous les peuples et nations» et qui prévoyait d'«en assurer, par des mesures progressives d'ordre national et international, la reconnaissance et l'application universelles et effectives». Le 3 janvier 1976 entrait en vigueur un «Pacte international relatif aux droits économiques et sociaux», et deux mois plus tard, un «Pacte international relatif aux droits civils et politiques». Celui-ci incluait la création d'un Comité des droits de l'homme examinant les rapports présentés par les États sur les mesures prises dans les différents domaines prévus par le Pacte, et demandant même à certains d'entre eux de s'expliquer sur leurs manquements. Par un protocole additif, il était même entendu que des particuliers qui s'estimaient victimes d'une violation des droits pouvaient saisir directement le Comité. On notera de même l'institution, en décembre 1993, d'un haut-commissariat des Nations unies aux droits de l'homme et, sur un plan plus régional, la «Convention américaine des droits de l'homme», la «Charte des droits de l'homme et des peuples» adoptée par l'OUA en 1981 et la «Convention européenne des droits de l'homme» signée à Rome dès novembre 1950, dont les dispositions sont garanties par la Cour européenne des droits de l'homme – ses compétences ont été renforcées en 1998 – et qui peut être saisie directement par les individus. La Cour a déjà fait évoluer les législations nationales, notamment en France, sur les écoutes téléphoniques[1]. Si toutes ces dispositions ménagent de façon complexe la souveraineté, elles vont

---

1. On y ajoutera aussi les recours en annulation déposés par les personnes physiques devant la Cour de justice des communautés européennes. Cf. J.-L. Quermonne, *Le Système politique de l'Union européenne*, Paris, Montchrestien, 1994, 2ᵉ éd., p. 69.

incontestablement dans le sens d'une banalisation croissante de l'idée de responsabilité partagée en matière de droits fondamentaux. Les institutions européennes spécialisées fonctionnent en particulier à un rythme soutenu, commençant notamment à protéger les populations immigrées bafouées dans leurs droits, qui savent de plus en plus les solliciter et en faire usage avec discernement[1]...

La pratique semble ainsi suivre les institutions, comme le confirment, à un niveau plus global, certains épisodes majeurs qui ont jalonné notre histoire depuis les horreurs de la dernière guerre mondiale. Nul doute que le tribunal de Nuremberg a construit un précédent notable en établissant qu'un individu a l'obligation de transgresser les lois de son État si celles-ci sont fondamentalement contraires aux valeurs humaines. L'allégeance citoyenne n'est plus une excuse et nul ne peut plus se prévaloir du principe de souveraineté attribué à l'autorité dont il dépend pour dégager sa responsabilité individuelle en matière de crime contre l'humanité[2]. Au contraire, en cas de conflit entre les lois de l'État et les valeurs humanitaires fondamentales, celles-ci affirment clairement leur supériorité : la souveraineté n'est donc plus cette puissance ultime et absolue qui fondait sa définition; elle prend sa place dans une chaîne complexe d'autorités dont elle n'est même plus le premier maillon.

Certes, une fois de plus, la souveraineté a été sauvée ou mise en sursis par la Guerre froide. Seules des circonstances exceptionnelles ont parfois permis la résurgence très sélective et limitée d'une communauté internationale sanctionnant l'un de ses membres ayant manqué gravement aux lois fondamentales.

---

1. Sur le rôle de la Cour européenne des droits de l'homme et de la Cour de justice des communautés européennes, cf. C. Wihtol de Wenden, «Migrations et droits de l'homme», in B. Badie et C. Wihtol de Wenden, *Le Défi migratoire*, Paris, Presses de la Fondation nationale des sciences politiques, 1994, p. 167 *sq.*; cf. aussi V. Guiraudon, «Multiculturalisme et droit des étrangers dans l'Union européenne», in R. Kastoryano dir., *Quelle identité pour l'Europe?*, Paris, Presses de Sciences-Po, 1998, p. 145 *sq.* et p. 156, qui montre aussi les limites de cette protection.
2. D. Held, *Democraty and the Global Order*, Londres, Polity Press, 1995, p. 101.

L'initiative ne concerna ni le pays du Goulag, ni celui de l'«Archipel oublié[1]», ni le Chili de Pinochet, ni l'Argentine de Videla, ni les colonels ou les généraux de là ou d'ailleurs : à chaque fois, au contraire, une savante dialectique rappelait, de part et d'autre du Mur et du Rideau, que la menace extérieure impliquait que la capacité des États demeurât intacte, au prix même des entorses les plus graves faites aux droits de l'homme. Autrement dit, la souveraineté repassait en tête... Si la Rhodésie et l'Afrique du Sud firent exception et que des sanctions économiques purent être prises par les Nations unies à leur encontre, c'est parce que les États mis en accusation n'occupaient que la périphérie du système international et que la nature de la pression exercée sur le plus puissant des deux ne risquait pas de mettre sérieusement à mal la capacité de ses dirigeants. Il fallut, de fait, attendre les derniers mois d'une bipolarité évanescente pour qu'apparaissent des changements significatifs en Afrique du Sud : alors que le représentant de Pretoria fut expulsé des Nations unies en 1974, c'est le 4 septembre 1989 que Frederik De Klerk annonça la fin de l'apartheid et le 2 février 1990 qu'il décida de libérer Nelson Mandela. On retiendra enfin que, dans un cas comme dans l'autre, ce sont des États qui furent ici la cible des Nations unies et de la communauté internationale, et encore furent-ils à l'époque condamnés en raison des principes qu'ils affichaient et non des pratiques de leurs gouvernants : le droit de regard était ainsi doublement limité et la souveraineté doublement protégée puisque oubliant Nuremberg, la responsabilité des individus n'était pas engagée au-delà des États, tandis que les actes de gouvernement n'avaient pas à être jugés dès lors qu'ils étaient officiellement conformes aux beaux principes proclamés.

La nouveauté qui s'amorce avec la dernière décennie du siècle fait songer à des ruptures que nous avons repérées dans d'autres domaines : les droits de l'homme chez les autres deviennent peu à peu le quotidien de la vie internationale, indépendamment de la concurrence idéologique qui enlevait autrefois leur crédibilité et leur sérieux aux discours lénifiants et totale-

1. J.-L. Domenach, *L'Archipel oublié*, Paris, Fayard, 1992.

ment inefficaces dénonçant la paille qu'on repérait dans l'œil de l'adversaire. Fondamentalement, une politique des droits de l'homme devenait possible dès lors qu'elle n'était plus instrumentalisée par la concurrence bipolaire. De façon significative, la CSCE, qui fut créée en son temps à la gloire d'une conception cynique de la souveraineté, proclamait solennellement en 1992, dans sa déclaration d'Helsinki, que le domaine des droits de l'homme devait concerner tous les États et «ne rel[evait] pas seulement de leurs affaires intérieures[1]». Officiellement, chaque État ou presque emboîtait le pas : la doctrine américaine du «multilatéralisme engagé» se réclamait de la promotion de la démocratie et de la libre entreprise, tandis que la France entrait dans l'âge postbipolaire en magnifiant le devoir d'ingérence…

Pourtant, on devine déjà les pièges. Qu'une voie soit tracée pour créer un vaste espace public dans lequel la question des droits de l'homme sera débattue par tous et en tous lieux est une incontestable révolution tranquille : celle-ci est à la jointure d'une culture postbipolaire qui renoue avec l'esprit de Nuremberg et d'une formidable mutation technologique qui permet de tout médiatiser et d'interdire au bourreau de massacrer dans l'intimité de sa souveraineté. Aussi le sentier qui se trace est-il frayé par la densité des réseaux d'associations humanitaires, de journalistes et de témoins, de récompenses et de sanctions privées. La grande difficulté tient néanmoins à la façon dont les États, porteurs de leur rationalité, s'adaptent à un jeu qui n'a jamais été vraiment le leur. Le paradoxe est clair : le contexte nouveau les oblige à tenir compte d'un paramètre qu'ils avaient cru, jusqu'à présent, pouvoir ignorer au nom du principe de la non-ingérence et dont ils ne faisaient qu'un usage prudemment rhétorique à l'égard de leurs rivaux; en même temps, ils ont très vite appris à ruser avec cette contrainte nouvelle, à la manipuler et souvent à s'en distraire, selon des pratiques qui aboutissent à de bien curieux résultats.

Le «multilatéralisme engagé» a permis aux États-Unis de lancer de nouvelles croisades qui ont affermi, au moins pour un temps, leur *leadership*. Combattre Saddam Hussein au nom d'un «nouvel ordre international» exhumé de la tradition

---

1. D. Held, *op. cit.*, p. 105.

wilsonienne, restaurer un président haïtien démocratiquement élu ou sauver le peuple somalien de la famine redonne à la puissance une légitimité dont elle pouvait être privée par défaut d'ennemi. Pourtant le jeu a son coût et la rencontre entre le principe de puissance et l'effet agrégatif des demandes d'ingérence issues d'un espace public en pleine formation devient vite détonnante. La politique américaine a été très tôt sélective : peu regardante des manquements aux droits de l'homme dont l'État israélien se rend coupable à l'égard des Palestiniens, allant jusqu'à légaliser le droit à la torture[1], approbatrice de la politique russe de répression en Tchétchénie lorsque Warren Christopher proclama qu'«Eltsine a[vait] fait ce qu'il avait à faire[2]», elle s'est montrée beaucoup plus exigeante à l'encontre des États arabes, Libye et Irak tout particulièrement.

La diplomatie restaure inévitablement l'argument d'opportunité, pourtant inconciliable avec la défense des droits de l'homme. Le gouvernement chinois fut amnistié des massacres de Tien An Men dès que les États-Unis eurent besoin de l'abstention du représentant de Pékin au Conseil de sécurité pour que la fameuse résolution 678 pût être adoptée et que l'opération «Tempête du désert» pût se dérouler normalement. De même, le discours de La Baule restait du verbe face à la «nécessité» de conforter les régimes autoritaires togolais, camerounais ou centrafricain et de ménager, au nom du principe très réaliste de la «stabilité», les régimes musclés du Gabon, de la Côte d'Ivoire ou du Zaïre. Mieux encore, une lecture rigoureusement internationaliste et souverainiste des premiers balbutiements du conflit rwandais conduisit directement François Mitterrand à soutenir le régime d'Habyarimana et à ignorer sa propension au génocide pour dénoncer et endiguer l'«agression» de l'Ouganda contre le Rwanda...

Toutes ces touches successives font apparemment désordre, dans la mesure où les États sont contraints de combiner la célé-

---

1. Sur cette légalisation, cf. *Le Figaro*, 20 novembre 1996; *Le Monde*, 21 mai 1998, p. 3.
2. Cité *in* F. Jean, «Tchétchénie : la résistance à l'oppression», in *Populations en danger, op. cit.*, p. 136.

bration des droits de l'homme et la protection des principes réalistes de leur diplomatie. Aussi trouvent-ils des excuses faciles dans leur impuissance sélective : il est vrai qu'à défaut de compromettre leurs propres ressources et de faire preuve d'opiniâtreté comme dans les dossiers irakien ou libyen, le droit international et la routine diplomatique ne leur laissent que peu de moyens décisifs et conséquents face à des dictateurs audacieux. Très tranquillement, Bill Clinton avouait, le 2 avril 1998 à Dakar, qu'il était totalement impuissant face à la junte nigériane et que son propre gouvernement était lui-même divisé face à la conduite à tenir : «Toutes les approches que nous avons essayées pour régler le problème posé par le gouvernement du général Abacha, ajoutait-il, se sont révélées décevantes pour nous[1].» Il faut dire que, quelques mois auparavant, la France défendait devant les Quinze, à Bruxelles, une politique d'allégement des sanctions adoptées en décembre 1995 après l'exécution de l'écrivain Saro-wiwa[2]... Ni le prix Nobel décerné en 1986 à Wole Soyinka, ni les actions courageuses déployées par celui-ci, ni les efforts des ONG, d'Amnesty International ou de Reporters sans frontières n'eurent ainsi raison d'un jeu diplomatique banal fait de concurrence entre États nourrissant des ambitions africaines et dont aucun finalement ne tira réel avantage : la France obtint certes d'importants contrats en faveur de la compagnie Total ou de Gaz de France, comme elle avait enlevé naguère des marchés au bénéfice de la compagnie Elf[3]; elle ne parvint pas aux mêmes fins sur le plan politique, échouant dans ses tentatives de mobiliser le soutien du Nigeria en faveur de ses projets de régionalisation de la sécurité en Afrique, sèchement critiqués et condamnés par le gouvernement d'Abuja en mars 1998 lors des grandes manœuvres franco-africaines organisées au Sénégal[4]. Tout comme, en son temps, Paris fut déçu de constater que la cour assidue menée auprès de l'ayatollah Khomeyni, réfugié à Neauphle-le-Château, ne lui valut ni marché persan, ni

1. *Le Monde*, 4 avril 1998, p. 3.
2. *Ibid.*, 21 novembre 1997, p. 3.
3. *Ibid.*, 15-16 février 1998, p. 4.
4. *Le Figaro*, 5 mars 1998, p. 3.

récompense diplomatique, ni préférence d'aucune sorte. La France fut, au contraire, une des premières cibles de la mobilisation anti-occidentale de la République islamique.

Si les États-Unis arrachèrent, pour leurs entreprises, de juteux contrats que leur consentit Kabila à mesure qu'il progressait vers Kinshasa, la Maison-Blanche n'obtint du nouveau maître du Congo (ex-Zaïre) aucun amendement à sa politique de répression et de prévarication. Dans la même déclaration qui confessait son impuissance à l'égard du Nigeria, Bill Clinton faisait part du désenchantement que lui inspirait son protégé d'hier, se contentant, avec la même modestie, d'indiquer qu'«il essayait de voir qu'elle [était] la meilleure manière de travailler avec lui [...] et de l'influencer[1]»... À peine deux semaines s'écoulèrent avant que le secrétaire général des Nations unies, Kofi Annan, dût décider de mettre définitivement un terme à la mission d'enquête que l'ONU avait dépêchée dans l'ex-Zaïre pour faire la lumière sur les massacres des réfugiés hutu rwandais en République démocratique du Congo. Le gouvernement de Kabila fut clairement accusé d'obstruction systématique à l'égard d'une mission qu'il n'avait jamais véritablement acceptée, dont il avait déjà obtenu la totale recomposition alors que le Conseil de sécurité en avait auparavant unanimement décidé la création. Pourtant, en son temps, Mary Robinson, commissaire des Nations unies aux droits de l'homme, s'était engagée à «être ferme», alors que le président de l'Association de défense des droits de l'homme de la République démocratique du Congo (Azadho), Guillaume Ngefa, avait affirmé, dès septembre 1997, que la situation était «pire» qu'elle ne l'était du temps de Mobutu, que «petit à petit un régime de terreur» s'installait dans le pays où «l'usage du fouet [était] légalisé» et où «les militaires [avaient] la gâchette facile»[2]... L'association fut dissoute par Kabila le 3 avril 1998 alors que le président Clinton était en pleine tournée africaine.

Kabila et Abacha sont-ils pour autant des exemples probants d'une souveraineté qui tiendrait sa revanche face aux imprécations d'un discours sur les droits de l'homme se voulant

1. *Le Monde*, 4 avril 1998, p. 3.
2. *Ibid.*, 21-22 septembre 1997.

en même temps transcendant et universel ? Rien n'est moins sûr : durant la dernière décennie, la souveraineté a continué à marquer le pas face aux progrès accomplis par la thématique des droits fondamentaux. Le discours diplomatique a dû s'habituer à intégrer ce nouveau langage que le wilsonisme avait appelé de ses vœux, sans en faire réellement usage, et que la perspective réaliste rejetait résolument et sans état d'âme. On a vite appris à faire une place, plus ou moins grande et plus ou moins formelle, à des considérations critiques et incantatoires sur la politique intérieure des États avec lesquels on traite. Cette touche nouvelle qui fait entrer les données internes dans un espace public international observé et entendu de tous est déjà un fait inédit et significatif. Un président en visite dans un État qualifié d'autoritaire demandera banalement à rencontrer un dissident et s'inquiétera du sort de telle ou telle victime dont l'existence sera ainsi connue de l'opinion internationale. En cela déjà, nous vivons dans un autre monde, de souveraineté amputée et de responsabilité accrue.

La vraie question est, en revanche, celle des résultats. À la marge, ils sont rarement négligeables : la libération du dissident chinois Wei Jingsheng, puis celle de Wang Dan, obtenue en prémisses à la venue à Pékin de Bill Clinton, se mêlent à celles qui ponctuèrent l'histoire diplomatique soviétique de l'ère brejnevienne et postbrejnevienne. Que ces exemples concernent les États les plus dotés et les plus craints suggère d'ailleurs qu'à ce niveau la puissance n'intervient que très peu : ce n'est pas sur son compte qu'on mettra la déroute franco-américaine face au général Abacha ni celle des Nations unies et des États-Unis face à Kabila. En fait, l'explication est beaucoup plus complexe et va même au-delà des fantaisies et des faiblesses de diplomaties promptes à faire cavalier seul dans le but d'arracher quelques miettes et de compenser par quelques avantages unilatéraux leurs infidélités à la cause des droits de l'homme.

Fondamentalement, nous touchons du doigt l'un des éléments sensibles du thème que nous abordons tout au long de ce livre : s'il n'y a plus de secteur intérieur protégé dans la vie d'un État, il est éminemment difficile pour ses homologues de trouver le chemin qui les conduira à modifier de manière décisive et radicale les travers qu'ils dénoncent chez les autres. L'action diplomatique, dans ce qu'elle a précisément de traditionnel, est mal équipée pour accomplir cette mission et pour agir de façon efficace sur les tissus extrêmement complexes qui trament les vies politiques et sociales. La démocratisation ou l'extension des libertés ne se décrètent ni d'en haut ni de l'extérieur, comme le fameux discours de Robespierre devant la Législative en avait la prescience. Elle implique aussi un jeu d'interactions fortes avec des acteurs locaux capables de mobiliser ressources et soutiens, et à leur tour menacés et fragilisés par le soupçon qu'entretient un appui extérieur trop visible : les bonnes intentions de la diplomatie des droits de l'homme risquent ainsi de créer la dissidence plutôt que l'opposition, des contre-gouvernements d'exil comme ceux qui jalonnent l'histoire irakienne contemporaine, plutôt que des mobilisations de masse, parfois même des auréoles suspectes qui magnifient les champions de causes promptement qualifiées d'«antinationales» ou de «blasphématoires», comme dans les affaires Salman Rushdie et Taslima Nasreen.

La diplomatie a-t-elle aussi ses surprises et ses équivoques ? Pas vraiment : elle reste, au demeurant, fidèle et égale à elle-même puisqu'en promouvant les droits fondamentaux, elle les étatise, les nationalise, en fait inévitablement un instrument de puissance qui suscite non seulement des susceptibilités mais aussi des stratégies symétriques. En se nationalisant à son tour, le discours de réplique s'offre un début de légitimité nationale et le piège se referme sur le dissident isolé : Salman Rushdie serait bel et bien un ennemi de l'islam puisque les États occidentaux en font un instrument privilégié de contestation de la République islamique...

La revitalisation des acteurs locaux devient ainsi l'enjeu majeur d'une responsabilité effective en matière de droits de l'homme. On notera en même temps que la défection des acteurs individuels explique déjà la plupart des échecs essuyés par les États redresseurs de tort. Les embargos les plus généreux et les plus justes décrétés contre des «États délinquants» (*rogue states*) par des États puissants sont couramment contournés par les ressortissants de ceux-ci à des fins égoïstes : ni l'embargo sur les armes dans le conflit irano-irakien ni surtout celui qui devait frapper le programme nucléaire irakien n'auront été vraiment respectés, tant s'en faut, en particulier par les entreprises allemandes et américaines[1]! Bel exemple de paradoxe : la souveraineté de l'Irak a été en partie sauvée par le défaut de souveraineté exercée sur leurs sujets par les États qui entendaient mettre Bagdad au pas... C'est précisément ici que la vision interétatique la plus classique vient faire faillite : l'ingérence n'est pas efficace si elle est seulement frontale et si elle épouse le mode traditionnel d'action d'un État contre son semblable. En pratiquant cette politique un peu partout, et notamment en Irak, les États-Unis ont échoué : l'Unscom (Commission spéciale des Nations unies pour le désarmement irakien) qu'ils contrôlaient a précisément démontré qu'aucune inspection n'était possible sans un minimum d'acceptation, voire de complicité de la part des autorités locales, tout comme la mission d'enquête au Congo n'a pas pu aboutir faute d'une bonne volonté minimale de la part du gouvernement Kabila. Sont-ce les signes d'une souveraineté préservée en Irak ou au Congo? On en est bien loin quand on mesure, tout compte fait, la faible capacité de Bagdad de mener de façon ultime son programme d'armement ou celle de Kinshasa d'occulter des massacres connus aujourd'hui de tous. On est, tout simplement, dans le langage banal d'une diplomatie très ordinairement restaurée par la prise en charge étatique de dossiers dont le premier glissait trop vite des Nations unies vers les États-Unis et le second du domaine humanitaire vers celui de l'enquête politique...

Le piège est-il pour autant total? Les États sont-ils condamnés à abandonner toute diplomatie des droits de l'homme? Nous avons déjà vu les vertus très positives et novatrices de la simple énonciation : les États contribuent activement à créer un espace public des droits de l'homme qu'ils entachent plus ou moins des effets capricieux de la sinuosité de leurs propres égoïsmes diplomatiques. La difficulté s'inscrit en revanche dans le prolongement de cette ouverture que réclament autant l'efficacité que l'éthique : sa méthode est décisive, déjà dans la

1. A. et A. H. Chayes, *The New Sovereignty : Compliance with International Regulatory Agreements*, Boston, Harvard University Press, 1995, p. 14.

présentation qu'elle donne de l'acte d'ingérence et de son éventuelle image hégémonique; elle est cruciale quant à son fond, c'est-à-dire la manière dont elle structure et organise l'action. Les ONG jouent, de ce point de vue, un rôle majeur qui réclame leur étroite association à cet espace de promotion des droits de l'homme. L'Association des juristes nigérians (*Civil Liberties Organization*) a obtenu des succès significatifs dans la libération des prisonniers politiques, notamment à la fin des années 1980, bien supérieurs à ceux remportés par la pression des États. À partir de 1975, les ONG ont réalisé un énorme travail de pression et d'information à l'encontre de la junte chilienne, qui a conduit notamment plusieurs d'entre elles à témoigner devant la Commission des droits de l'homme des Nations unies de manière particulièrement efficace et décisive, dénonçant la DINA (*Dirección de Inteligencia Nacional*), de sinistre mémoire, et ouvrant la voie à sa dissolution en 1977[1]. La même remarque vaudrait à propos des deux dernières décennies de l'URSS, lorsque l'articulation du Comité des droits de l'homme présidé par Andrei Sakharov aux différents réseaux d'organisations transnationales promouvant les mêmes objectifs fit probablement plus que les jeux subtils et contradictoires des diplomaties d'État.

L'Algérie des années 1990 révèle, de la même façon, le rôle moteur des ONG dans l'assistance à un peuple sinistré. Face à des États tétanisés et inévitablement maladroits, pris au piège d'une rhétorique souverainiste qui a valeur de tabou dans l'un des pays qui ont le plus souffert pour accéder à l'indépendance, les ONG peuvent seules se parer des vertus de l'efficacité : l'Organisation mondiale contre la torture, la Commission internationale des juristes se sont mobilisées sans restriction lors de la 54e session de la Commission des droits de l'homme de l'ONU tenue à Genève en avril 1998, pour divulguer et dénoncer les exactions que taisent les gouvernements et pour réclamer l'envoi d'un rapporteur spécial[2]. Amnesty International, la Fédération internationale des Ligues des droits de l'homme, *Human Right Watch* et Reporters sans frontières

---

1. *Ibid.*, p. 255-256.
2. *Le Monde*, 22 avril 1998, p. 3.

dénoncèrent publiquement, le 15 avril, « un cercle infernal de la violence et de l'impunité », exprimant le lien logique qui unit des États tenus en même temps par leurs intérêts pétroliers et la crainte du terrorisme à un « État » algérien redoutant moins l'ingérence comme telle que la divulgation des rapports complexes qu'il entretient avec la violence. En juillet de la même année, Alger dut pourtant s'expliquer devant, cette fois, le Comité des droits de l'homme de l'ONU, organisme issu du Pacte sur les droit civils et politiques.

Ce n'est donc pas tant la fierté souverainiste qui résiste que la volonté de gérer tranquillement au quotidien ce qui reste du vieux monopole de la violence légitime qui faisait jadis le droit régalien des États. Ce n'est pas seulement le cynisme ou l'égoïsme qui retient les États tiers dans leur croisade pour les droits fondamentaux : c'est aussi une combinaison subtile de complicité à l'égard de son semblable mis en accusation, de présomption d'illégitimité, de crainte souvent justifiée d'aggraver les choses et de peur réelle de recevoir les contrecoups d'une violence qui n'obéit plus à l'ordre bien réglé des rapports interétatiques. Toutes ces considérations se rejoignent pour mettre en évidence la réalité d'un « club des États » dont les valeurs, les normes, les solidarités, les règles apprises et les coutumes intériorisées empêchent chacun de ses membres d'aller très loin dans l'édiction d'un jeu nouveau par lequel il se ferait le surveillant et le censeur des dérapages ou des crimes de son voisin.

Les États peuvent-ils ainsi se consoler à bon compte de leur indifférence ? Certainement pas : les États vivent désormais dans cet espace public des droits de l'homme que leur discours a construit et que le travail quotidien des ONG fait vivre et prospérer. Une double responsabilité nouvelle s'en dégage. Tout d'abord, l'État qui cherche à y échapper s'en trouve dénoncé : chacun peut apprécier, à la face du monde, ce que valent des contrats passés par Total avec le Nigeria ou la République islamique d'Iran, ce que signifient les abandons de mémoire par les États-Unis à l'encontre des victimes de la place Tien An Men ou les contournements, au travers de la République dominicaine, de l'embargo qui devait prendre en étau la junte haïtienne qui renversa le président Aristide. Par ailleurs, la responsabilité se fait sélectivement plus précise : il est clair que, dans les cas extrêmes, seule la capacité coercitive des États peut prolonger efficacement les efforts des acteurs non étatiques. La responsabilité qui se dessine devient alors négative : elle accable les États qui ne sont pas intervenus pour arrêter le génocide rwandais, pour ne pas endiguer les épurations ethniques et, peut-être demain, pour ne pas mettre fin à d'autres massacres...

Ces responsabilités nouvelles s'apprécient comme celles d'États qu'oblige une société civile mondiale en voie de composition, qu'aiguillonne un réseau dense d'ONG, que sollicite une opinion publique internationale, qu'informe une production médiatique de plus en plus intense, qu'encadre le jeu souvent brouillon et narcissique des intellectuels. La souveraineté ne résiste déjà plus à cette nouvelle domination et à cette responsabilité sans règles strictes qui en dérive. En même temps, cette innovation forte qui bouscule le jeu international à la manière d'un séisme de moyenne intensité demande énormément à l'État, jusqu'à parfois son autonégation, ou en tout cas l'abandon de quelques siècles de tradition et de dogme réaliste. Peut-être est-ce pour cette raison que les États ont finalement plutôt peur des ONG spécialisées dans ce domaine, comme l'atteste la prudente marginalisation dont elles ont été l'objet à Vienne en 1993, lorsqu'elles furent tenues à l'écart de la commission des résolutions de la Conférence internationale sur les droits de l'homme.

Deux exemples révèlent ces embarras. Exposés à ces nouveaux impératifs, les États ont longtemps peiné pour élaborer, ou plutôt bricoler, une diplomatie des droits de l'homme à l'égard de la Chine. Le vaste marchandage autour de la résolution 678 du Conseil de sécurité, autorisant l'opération «Tempête du désert», avait déjà permis de solder les comptes de Tien An Men : l'abstention chinoise ouvrait en même temps la voie aux flux commerciaux trans-Pacifique et aux flux militaires à l'intérieur du Golfe. Personne ne s'étonnera que le séisme dont nous parlions épargne les quartiers de la planète où la réalité interétatique est la plus bétonnée... Au fil des conjonctures nationales et internationales, l'Empire céleste sait même jouer de ses capacités de résistance, opposant alors aux incantations américaines des amabilités à l'égard de l'Europe et une resucée du discours souverainiste, voire carrément anti-impérialiste qui, pêle-mêle, dénonce la «décadence des Occidentaux», prône les valeurs asiatiques, renvoie quelques dissidents en prison, relance la répression au Tibet... À telle enseigne que, lors de la tenue du forum de l'APEC à Manille en novembre 1996, Warren Christopher dut admettre que les relations entre Pékin et Washington «ne devaient plus être dominées par aucun dossier particulier», tandis que Jiang Zemin notait avec satisfaction que les États-Unis avaient renoncé à utiliser l'arme commerciale «pour s'ingérer dans les affaires intérieures chinoises[1]». Quelques années auparavant, le candidat Clinton avait pourtant fait campagne contre George Bush en lui reprochant notamment d'avoir traité avec les «bouchers de Tien An Men»...

En mars 1997, la France annonça son intention de ne plus s'associer aux États qui réclamaient chaque année, depuis les massacres de 1989, la condamnation de la Chine par la Commission des droits de l'homme des Nations unies. Washington et certains États de l'Europe du Nord attendirent l'année suivante pour s'aligner sur la position de Paris. Enviant l'Allemagne qui avait précédé le mouvement, le ministre français du Commerce extérieur avait eu à l'époque une formule directe et franche : «Tien An Men a coûté 1 % de parts de marché en Chine[2].» De même la visite en Chine du vice-président américain Al Gore en mars 1997 fut-elle précédée de l'achat par Pékin de cinq avions à la compagnie Boeing et d'une usine à la General Motors : aussi fut-elle accompagnée de propos apaisants, le responsable américain faisant notamment valoir que la Chine était «plus attentive en matière de démocratie[3]»...

Certes, Pékin sut donner des gages sur le plan du multilatéralisme : en signant (sans la ratifier) la convention des Nations unies sur les droits économiques, sociaux et culturels, en ouvrant certaines de ses prisons à des experts de l'ONU, en

---

1. *Le Figaro*, 25 novembre 1996, p. 5; cf. aussi les analyses de J.-L. Domenach, *L'Asie en danger*, Paris, Fayard, 1998, p. 281 *sq.*
2. *Le Monde*, 3 avril 1997, p. 3.
3. *Ibid.*

recevant Mary Robinson, commissaire des Nations unies pour les droits de l'homme[1]. Nul doute que la Chine a cherché consciemment à consolider sa présence sur la scène internationale en intégrant peu à peu les éléments d'un droit international dont elle demeurait éloignée, tant culturellement que politiquement, au nom d'une célébration presque sacralisée de la thématique de la souveraineté.

Pourtant il est difficile de ramener cette normalisation désirée par les diplomaties occidentales à une rupture significative de la politique chinoise en matière de droits de l'homme : tout juste pourrait-on plaider, à perte de vue, la thèse de la bouteille à moitié pleine contre celle de la bouteille à moitié vide... Ce dosage incontestablement voulu par Pékin ne suffit pas à expliquer l'évolution des comportements internationaux qui s'apprécie, pour l'essentiel, à l'aune d'un bilatéralisme subtil : la Chine a su, dans cette affaire, susciter des stratégies de cavalier seul, suffisamment gratifiées pour perdurer et s'élargir progressivement aux États occidentaux initialement les plus rétifs, mais assez contenues pour que précisément le jeu de la concurrence ait encore un sens et que, face aux perspectives ouvertes par le marché chinois, les États occidentaux se jalousent entre eux et rivalisent d'initiatives. Bel exemple, suggérant clairement qu'en jouant des souverainetés individuelles, on peut limiter la promotion des biens collectifs et réduire directement l'effet de pression tenté au bénéfice des droits de l'homme.

Est-ce à dire que la Chine s'illustre par la capacité de maintenir sa souveraineté, alimentant au gré de ses choix les déceptions, les espoirs, les humiliations et les attentes de ses partenaires occidentaux ? L'affirmation serait évidemment excessive : ce bilatéralisme reconstruit n'est qu'un élément, certes fondamental, d'un dispositif en fait très complexe. Outre qu'il s'allie à des concessions très mesurées sur le plan multilatéral, il s'inscrit surtout dans un ensemble beaucoup plus vaste où la souveraineté chinoise s'étiole alors de façon significative : l'intégration progressive de la Chine au sein du marché mondial et, surtout, du marché régional a des effets qu'on a déjà répertoriés comme bouleversants. L'essor des zones écono-

1. *Ibid.*, 28 février 1998, p. 5.

miques spéciales, la démultiplication des espaces de coopération interrégionale, la prolifération des «territoires économiques naturels», celle des flux d'investissement, des flux humains et commerciaux ont fait davantage pour desserrer l'étau du totalitarisme que les subtilités diplomatiques des chancelleries : l'individu chinois est davantage touché, en tout cas en milieux urbains et surtout côtiers, par cette insertion progressive dans la société civile mondiale que par les rhétoriques d'assemblées interétatiques ou par les prises de position en demi-teinte des acteurs de la politique internationale. C'est peut-être ici que le jeu étatique subit le plus nettement cet effet d'encerclement qui limite son efficacité : en dessinant un espace de négociation réduit et formel sur les droits fondamentaux, il est aussitôt contraint par une pression au contraire décisive, issue des logiques de mondialisation. À ignorer délibérément cette dualité, l'URSS s'est effondrée ; en en jouant de manière rusée, l'Empire chinois a réussi à maintenir une vitrine politique, directement monnayable sur le plan diplomatique.

Le cas birman permet d'aller plus loin dans la découverte de certains effets pervers d'une diplomatie des droits de l'homme mal maîtrisée. Jeu de puissances oblige, les États-Unis n'ont pas abordé la question des droits de l'homme au Myanmar (Birmanie) avec la même agilité que celle dont ils tentèrent de faire preuve à l'égard de Pékin : le traitement réservé à Aung San Suu Kyi, prix Nobel de la paix, les manquements évidents aux causes de la démocratie et des libertés publiques révélèrent l'inefficacité des prises de position de la Commission des droits de l'homme des Nations unies et l'insuffisance des mesures de suspension, dès 1989, des aides multilatérales. Constat qui conduisit l'administration américaine à décider d'une véritable politique d'embargo à l'encontre de Rangoon, faite de restrictions drastiques dans la délivrance des visas (octobre 1996), de sanctions économiques et d'interdictions de nouveaux investissements formalisées par la loi Cohen-Feinstein adoptée par le Congrès en juillet 1996. Parallèlement, les pressions de l'opinion publique, mobilisée depuis 1994, avaient permis le retrait total de Pepsico qui quitta le Myanmar dès le 31 mai 1996, suivie d'Apple, Kodak, Motorola et Walt Disney notamment. Plusieurs États de l'Union emboîtèrent le pas et parfois même précédèrent le mouvement : le Massachusetts, le Connecticut, auxquels se joignirent des villes de Californie, du Colorado ou du Wisconsin sont allés jusqu'à bannir de leurs marchés publics des compagnies américaines ou étrangères en relations d'affaires avec la Birmanie ou l'Indonésie de Suharto[1]. Cette logique qui rappelle les dispositions des lois Helms-Burton et Kennedy-d'Amato a vite été interprétée comme un véritable diktat restreignant la liberté de choix des entreprises européennes, à l'instar d'Ericsson menacée de perdre, à San Francisco, un marché de quelque quarante millions de dollars, faute de renoncer à ses activités en Birmanie[2]. De nouveau, le refus du multilatéralisme crée des divisions qui, en l'occurrence, affaiblissent la cause défendue, indisposant les États européens ainsi que les acteurs économiques du Vieux Continent, irritant le Japon et ramenant de manière suspecte la défense de valeurs fondamentales à un jeu essentiellement hégémonique.

En outre, les rigueurs de l'embargo américain eurent pour principal effet de créer les conditions favorables à un axe Rangoon-Pékin. Tout en redoutant certaines de ses conséquences et, notamment, une revitalisation du PC birman, la junte dirigée par le général Than Shwe a signé, ces dernières années, plusieurs accords militaires avec la Chine, tandis que, depuis 1988, la fameuse «route de Birmanie» reprend son importance d'antan, parcourue de commerçants et de techniciens chinois, encombrée de marchandises de toutes sortes et notamment d'armes modernes qui transitent ainsi à travers le pays Shan et se regroupent à Mandalay grâce à des ponts construits à la hâte sur le fleuve Shweli, affluent de l'Irrawady. L'échange opéré était clair : contre une aide économique et militaire au régime de Rangoon, la Chine obtenait un accès à l'océan Indien et notamment aux bases navales birmanes comme celles de Sitwe ou de Great-Coco[3]. Il est facile, en même temps, d'imaginer que l'ouverture de telles routes, couplée avec la modernisation

1. *Le Figaro*, 26 février 1997, p. II.
2. *Ibid.*
3. M. Maung, «On the Road to Mandalay», *Asian Survey*, XXXIV, 5 mai 1994, p. 447 et 450.

de l'aéroport de Mandalay qui s'inscrit dans le même axe de coopération, permit de réorienter et d'amplifier toute une série de flux mafieux faits de trafic de drogue, d'armes et de commerces illégaux de pierres précieuses, notamment de jade. En même temps s'enclencha un important flux migratoire venu du Yunan, investissant les commerces et les logements que les populations autochtones durent ainsi vendre à de riches commerçants chinois[1]. Le processus en devint fortement paradoxal : choisissant de résister de façon souveraine aux pressions exercées par les États-Unis pour modifier le contenu de leur régime, les princes birmans durent recourir à une alternative porteuse d'une autre forme de régression souveraine, faite de dépendance et de sinisation forcée des terres et des biens, laissant seulement intacte la nature autoritaire de leur régime.

Un enchaînement périlleux dont l'inquiétant spectacle conforte providentiellement l'éternel jeu du cavalier seul, à l'instar de celui mené par le gouvernement français soucieux de protéger l'important contrat obtenu par la compagnie Total pour construire un gazoduc à travers la Birmanie. Du même coup, plusieurs États européens suivirent volontiers la doctrine dite de l'«engagement constructif», promue par les États membres de l'ASEAN qui acceptèrent de signer, dès juillet 1995, un traité d'amitié et de coopération avec la junte birmane, amorçant ainsi un processus qui conduisit, deux ans plus tard, à l'admission du Myanmar comme membre de plein droit de leur association. Dès la conférence régionale consacrée aux droits de l'homme qui se tint à Bangkok en mars 1993, quarante États d'Asie signèrent une déclaration affirmant de façon solennelle que «les pays développés ne devaient pas subordonner leur aide à la question des droits de l'homme, devaient respecter le droit souverain des États d'organiser [ces droits] à l'intérieur de leurs frontières et ne devaient pas promouvoir de tels droits en imposant des valeurs incompatibles avec celles de l'Asie[2]». Le Japon lui-même figurait parmi les signataires, s'étant contenté quelques années auparavant de subordonner

1. *Ibid.*, p. 453.
2. A. Weissink, «A Concerted Approach towards Myanmar», Leyde, *IIAS Newsletter*, 11, hiver 1997, p. 22-23.

son aide financière à la réalisation d'une libéralisation économique effective que la junte s'empressa de réaliser dès le début de l'année 1988. Cette aide fut juste suspendue suite à la sanglante répression des émeutes d'août 1988 qui fit quelque 3 000 victimes, mais rétablie dès l'année suivante ; lorsque, en 1990, les généraux birmans refusèrent de tenir compte du succès de l'opposition démocratique aux élections législatives, Tokyo, sous la pression internationale, dut de nouveau revoir sa politique de coopération, qui reprit progressivement à partir de 1992 pour l'emporter sur toutes les autres à la fin de 1994. Il était dans ces conditions facile et peu coûteux au Premier ministre Hashimoto de mettre formellement en garde les pays de l'ASEAN, en mai 1997, contre l'adhésion que la Birmanie devait contracter quelques semaines plus tard[1]...

Cette situation éclaire un autre aspect du dossier : elle révèle comment la junte de Rangoon sait jouer efficacement et à son profit des rationalités interétatiques de manière à endiguer l'effort de promotion des droits de l'homme. En utilisant, avec plus ou moins de mesure, la carte chinoise, elle place l'ensemble de la communauté internationale, et notamment les autres pays d'Asie, face à un dilemme sévère : la crainte que suscite l'extension de l'influence chinoise jusqu'à l'océan Indien vaut bien de fermer les yeux sur des atteintes aux droits de l'homme qui pourtant ne sont pas minces, incluant, outre la suspension des élections, des milliers d'arrestations arbitraires. Face à cette obsession géopolitique, le discours de substitution est tout prêt : respect de la souveraineté des États et de la «spécificité» des valeurs asiatiques, refus du diktat américain, nécessité d'une approche pragmatique vantée par Tokyo, «engagement constructif» popularisé par l'ASEAN au prétexte que l'abandon de la Birmanie à son propre sort la refermerait davantage et isolerait encore plus son opposition démocratique...

Assiste-t-on pour autant à un sursaut de souveraineté birmane ? Il faudrait déjà corriger pour parler plutôt d'une résistance de la junte au pouvoir et noter que cette capacité ne repose sur aucune ressource en propre, mais s'alimente d'un

1. *Le Figaro*, 29 mai 1997.

jeu politico-diplomatique qui ne lui donne que l'illusion d'exister. Celle-ci fut d'ailleurs entretenue par un mode complexe d'insertion de la Birmanie au sein de l'économie mondiale et régionale qui donne à Rangoon une très curieuse allure, son urbanisme étant organisé autour d'un camp militaire central paraissant imprenable, d'un deuxième cercle où prolifèrent les immeubles modernes abritant les banques et compagnies issues pour la plupart de l'Asie du Sud-Est, de la Chine ou du Japon, et d'un troisième où se situent hôtels et sites touristiques... Contrairement à ce qui s'impose à propos de la Chine, il est pourtant douteux que cette «ouverture» économique soit fructueuse et dispose d'un effet d'entraînement érodant la carapace politique dont la junte peut se parer : l'essentiel des revenus a été utilisé en achat d'armes (pour 1,4 milliard de dollars de 1988 à 1997, l'armée passant alors de 185000 à 350000 hommes), tandis que les dépenses de nature sociale stagnaient à moins de 10 % du budget; en même temps, la patrimonialisation quasi caricaturale du régime oriente l'essentiel des flux financiers vers la corruption, les dépenses personnelles et somptuaires[1]... Quand on atteint ainsi un tel niveau d'autoritarisme, de patrimonialisme et de corruption, une action politique cynique peut effectivement restaurer un ersatz de souveraineté qui résiste réellement aux effets corrosifs de la mondialisation et probablement demain à ceux de la régionalisation. On en veut d'ailleurs pour preuve la sévérité de la crise qui frappe le Myanmar à la suite de la tourmente financière ayant affecté l'Asie à l'automne 1997 : la chute record de la monnaie (le kyat a plongé de 100 % en l'espace d'un mois) et l'inflation qui s'élève à 40 % pour 1997 révélèrent l'artifice du développement économique entrepris et ont conduit la junte à rétablir une autarcie sans concessions, qui s'est traduite notamment par la fermeture des frontières indienne et thaïlandaise, une restriction drastique des importations, un contrôle des exportations qui désormais se limitent aux seules sociétés d'État, tandis que seulement deux banques publiques ont le droit de détenir des devises[2]... À la marge du système

1. *Le Monde*, 27-28 avril 1997.
2. *Le Figaro*, 21 avril 1998, p. x.

international, la Birmanie se distingue ainsi clairement du modèle chinois pour reproduire des pratiques d'ailleurs plus autarciques que souveraines et qu'elle paye, par l'intermédiaire de son peuple, de son bas niveau de développement social et économique, en adoptant un statut de dissidence et de semi-exclusion permanente...

La forte volatilité qui caractérise ainsi la diplomatie des droits de l'homme conduit les ONG militantes, les acteurs politiques insatisfaits et des segments non négligeables de l'opinion publique à revendiquer la création d'institutions nouvelles capables de fixer des pratiques efficaces. Cette attente a été en partie satisfaite : dans l'espace régional européen, comme nous l'avons vu, mais aussi à l'échelle du monde, avec notamment la création d'un haut-commissariat des Nations unies aux droits de l'homme. Cette nouvelle institution est pourtant plus symbolique que contraignante : il est significatif qu'à la fin du millénaire l'essentiel du débat porte sur la mise en place de tribunaux pénaux internationaux qui laissent entrevoir l'accès à une étape nouvelle. Derrière cette hypothèse, tous les aspects de la souveraineté occupent le devant de la scène : l'idée d'une juridiction supranationale, la remise en cause de fait de la compétence territoriale des États, l'hypothèse d'un droit pénal international supérieur aux lois nationales, l'effacement de la qualité de ressortissant, l'apparition d'une capacité de sanction et peut-être même d'exécution du jugement par des autorités internationales...

Le débat est à la mesure de la crise qui affecte aujourd'hui l'idée de souveraineté : il était impensable hier, dès lors qu'on tient pour évidemment exceptionnels les tribunaux de Nuremberg et de Tokyo qui constituaient d'ailleurs aussi une justice des vainqueurs. Il est significatif qu'il fût amorcé par le retour des génocides et des épurations ethniques et qu'il conduisît le Conseil de sécurité à décider, conformément au chapitre VII et dans le cadre de son mandat de protection de la paix, la création de deux tribunaux spéciaux : celui de La Haye (résolution 808 du 22 février 1993), pour juger des crimes commis dans l'ex-Yougoslavie depuis 1991 (TPI), et celui d'Arusha (résolution 955 de novembre 1994), pour connaître du génocide opéré au Rwanda (TPR).

Les difficultés rencontrées par l'une et l'autre de ces juridictions sont déjà révélatrices d'une partie des problèmes posés[1] : la compétence de ces tribunaux est limitée *ratione materiae, ratione personae, ratione loci.* Dans la pratique, le TPI fut accusé par un ministre français de se livrer à «une justice spectacle». Même si tous les États sont juridiquement tenus de coopérer avec ces tribunaux et que la France l'a admis dans sa législation depuis 1995, il fallut attendre mars 1998 pour que le gouvernement français autorisât ses responsables militaires à figurer, uniquement comme témoins, au cours des interrogatoires publics[2]... On sait, par ailleurs, l'incroyable complexité des problèmes soulevés par l'arrestation des principaux protagonistes des massacres, et notamment Radovan Karadzic. Le TPR n'est pas mieux loti : tandis que les tribunaux rwandais ont commencé, dès janvier 1997, à juger assez sommairement 90000 personnes soupçonnées de génocide et se sont livrés ensuite à de nombreuses exécutions capitales, le TPR basé à Arusha n'avait un droit de regard que sur les crimes commis durant la seule année 1994 et n'avait inculpé qu'une vingtaine de «génocidaires», dont certains se trouvaient emprisonnés au Cameroun et d'autres hors d'Afrique, ce qui soulevait déjà des problèmes complexes de transfert. Parallèlement proliféraient les accusations de népotisme, de discrimination envers les non-Africains et même de harcèlement sexuel[3]... Il est clair, en outre, que le TPR n'a pas cessé de souffrir du refus de l'État rwandais de coopérer, Kigali préférant «faire justice» elle-même et directement, de façon plus expéditive aussi...

L'hypothèse d'une Cour criminelle internationale permanente (ICC) a mûri dans les esprits, précisément pour surmonter ces obstacles et neutraliser en fait des scories souverainistes manipulées le plus souvent à des fins douteuses. Les travaux préparatoires révèlent de manière très claire les lieux et les modalités de résistance. Ils suggèrent, en même temps, combien une attitude explicitement hostile est difficile à tenir et à

---

1. L. Neil, «Échecs et compromis de la justice pénale internationale», *Études internationales*, XXIX, 1, mars 1998, p. 96-97.
2. *Le Monde*, 14-15 décembre 1997, p. 2; *Le Figaro*, 18 mars 1998, p. 3.
3. *Ibid.*, 12-13 janvier 1997, p. 4.

justifier. Face au comportement actif et militant d'un grand nombre d'ONG humanitaires et une pression croissante de certains secteurs de l'opinion publique, le piège ne peut que se refermer sur les partisans d'un souverainisme sourcilleux qui risquent, à tout moment, d'apparaître comme hostiles à toute sanction punissant les crimes contre l'humanité. Le camp est néanmoins fourni : les États-Unis, la France, mais aussi le Japon, la Chine, l'Inde, le Brésil ou l'Indonésie ont dans un premier temps fait connaître leurs réserves. Il est significatif pourtant que les pays issus de l'ancien tiers-monde aient laissé aux deux puissances occidentales le devant de la scène, pour adopter une attitude beaucoup plus prudente et discrète, très en retrait si l'on compare ce débat à celui qui prit corps autour du thème de la clause sociale. Il est révélateur que le gouvernement Jospin qui reprit d'abord à son compte les positions hostiles du gouvernement Juppé dût infléchir sérieusement ses options quelque neuf mois plus tard, lorsque le Premier ministre français déclara à Genève, devant la Commission des droits de l'homme des Nations unies : «Dans le domaine de la prévention et de la répression, je place beaucoup d'espoir dans la mise en place de la Cour criminelle internationale [...] Il est indispensable que les responsables de crimes contre l'humanité soient jugés pour leurs forfaits[1].» Cette marche forcée vers une cour internationale dont on peut déjà prévoir, bien sûr, les risques de blocage et les effets multiples de neutralisation est bien le signe d'un temps nouveau où le dogme souverainiste n'est plus assez rigoureux pour arrêter l'essor d'une juridiction qui transcenderait les instances nationales et où le principe de responsabilité est assez construit pour poser l'idée que le crime contre l'humanité concerne bien la communauté internationale dans son ensemble. Plus encore, par rapport aux TPI et TPR, apparaît l'idée que la Cour criminelle internationale ne vise pas seulement la restauration de la paix et de la sécurité internationales, mais la sanction de l'acte criminel, indépendamment des considérations de nature intergouvernementale qui dérivent de la mise en application du chapitre VII de la charte par les membres du Conseil de sécurité. Ce contour-

---

1. *Le Figaro*, 18 mars 1998, p. 3.

nement du «filtre» politique constitue, dans les principes, un pas de géant qui nous éloigne sensiblement du profil habituel des institutions onusiennes...

À partir de là ont surgi les questions classiques qui contribuent à décomposer la notion même de souveraineté : cette nouvelle juridiction oblige-t-elle les États et est-elle notamment supérieure aux juridictions nationales ? Est-elle indépendante, dans son fonctionnement, de la volonté des États concernés ? Applique-t-elle une loi distincte de celle des États ? Peut-elle mettre en accusation des gouvernements et donc des politiques, intervenant ainsi dans des choix en principe souverains ? Les États peuvent-ils s'opposer au transfert de leurs nationaux ? Une criminalité transnationale se distingue-t-elle d'une criminalité nationale ? Comment s'opère l'exécution des décisions de la Cour ?

De ce point de vue, les modalités de la contre-offensive sont significatives. Devant les différents comités préparatoires réunis à New York entre avril 1996 et avril 1998, les délégations françaises et américaines ont d'abord insisté pour que la saisie de la Cour soit décidée par le Conseil de sécurité, ouvrant ainsi la voie à une possibilité de veto, et réinscrivant le fonctionnement de la Cour dans le cadre très politique et intergouvernemental de l'instance permanente des Nations unies. L'autre ligne de défense pratiquée consistait à soumettre la saisie de la Cour à un triple consentement : celui des États sur le territoire desquels le crime avait été commis, celui des États dont étaient ressortissantes les victimes et celui des États dont étaient ressortissants les suspects[1]. Ce blindage étatique dévaluait de beaucoup la valeur transnationale du projet : il apparut suffisamment conservateur pour mobiliser l'hostilité et les critiques, bien sûr des ONG, mais aussi de bon nombre d'États occidentaux, à l'instar de la Suisse, de l'Allemagne, du Canada, de l'Autriche, auxquels s'est jointe la Grande-Bretagne après l'arrivée au pouvoir de Tony Blair. Réétatisation qui pouvait, à la limite, signifier, comme a pu le remarquer Richard Dicker, l'un des dirigeants de *Human Rights Watch*, que Saddam Hussein ou Pol Pot eussent dû «donner leur accord pour que la Cour puisse juger les crimes

---

1. *Le Monde*, 6 avril 1996, p. 6 ; 5-6 avril 1998, p. 5.

qui leur sont imputés[1]»... Le compromis final élaboré à Rome en juillet 1998 fut de facture délicate, mais protégea la nouvelle Cour du contrôle des États et du Conseil de sécurité, au prix de quelques mécanismes correcteurs et de l'édiction d'un statut transitoire pour les crimes de guerre.

*
*   *

Tous ces débats ne sont pas seulement imputables aux effets d'un souverainisme frileux. Ils évoquent l'une des contradictions majeures que dissimule mal la rhétorique de la responsabilité. Les États les plus réticents sont précisément aussi ceux qui sont les plus prompts à intervenir : bras séculiers, délégués intéressés de la communauté internationale, ils expriment en même temps les craintes inspirées par les risques de l'intervention et l'inquiétude moins légitime de devoir rendre compte des modalités de leur action. Crispation assez nette dans certains milieux militaires français où l'on redoute de «glisser du statut de témoin à celui de complice», comme le notait la revue *L'Armée aujourd'hui*[2]. Idée exprimée d'une autre manière par David Scheffer, chef de la délégation américaine auprès des comités préparatoires, qui notait que «des procès frivoles pourraient inhiber les États-Unis dans la mise en œuvre de leurs responsabilités dans le monde[3]»... Se mêlent ici des arguments nobles mettant en évidence qu'un contrôle juridictionnel pourrait décourager, par ses risques d'approximation, toute volonté politique d'assistance ou d'implication, pour favoriser la passivité ou un nouvel isolationnisme, et des considérations beaucoup moins morales avançant implicitement que de tels contrôles réduiraient ainsi la part de rétribution et de libre arbitre que revendique le bras séculier pour solde de ses efforts...

Aussi est-ce bien, à travers tout ce dossier, l'incohérence de certains aspects de la responsabilité qui se trouve soulignée. Les États prennent en même temps conscience de l'obligation

---

1. *Ibid.*
2. *Ibid.*, 6 septembre 1996, p. 6.
3. *Ibid.*, 5-6 avril 1998, p. 5.

de solidarité et des avantages unilatéraux qui peuvent s'en dégager, de la nécessité d'octroyer leur aide et de la possibilité de le faire de manière souveraine, du besoin de construire un espace public mondial et de l'aptitude des plus puissants à le placer de façon extravagante sous la tutelle de leurs intérêts privés, de l'urgence de célébrer l'interdépendance en la faisant briller des feux de la dépendance, de l'exigence d'agir au nom de catégories universelles en leur donnant une incarnation particulariste. Le débat devait devenir explicite : ce qu'il avait d'intenable se révélait ainsi de manière forte et directe. Ce piège que tendait la ruse à la raison renouvelait encore la configuration du nouveau système international, suggérait que les États étaient de plus en plus contraints de choisir entre un approfondissement de l'idée de responsabilité et le retrait, la passivité, voire le splendide isolement.

Par cette expérience nouvelle, la cause des droits de l'homme se trouve d'une certaine manière consolidée : si l'Holocauste n'a pas empêché de nouvelles épurations ethniques au Proche-Orient, en Afrique ou dans les Balkans, ni des génocides, comme dans la région des Grands Lacs, cette sinistre accumulation a définitivement discrédité les vieux principes souverainistes, les mirages du dogme de la non-ingérence qui, d'absolu encore hier, paraît de plus en plus ambigu et cynique aujourd'hui. Sordide addition qui a pu empêcher les États de se reposer sur des accotoirs juridiques afin de plaider qu'ils n'étaient pas concernés, mais qui a eu aussi la vertu de rappeler que les États seuls ne pouvaient pas faire grand-chose. L'action déployée par le jeu interétatique est souvent perverse : si l'ingérence est de bonne foi, elle peut être mal interprétée, tandis que le simple discours de condamnation morale risque d'apparaître comme un insupportable paternalisme... Peut-être ne reste-t-il aux États «vertueux» qu'à «convaincre» les autres, comme le suggérait récemment un chef de gouvernement européen[1] : il leur appartient aussi de s'ouvrir aux éléments d'une société civile mondiale, faite d'acteurs non étatiques, de communication et d'opinion pour dépasser leurs propres limites, au risque de compromettre leur identité...

1. *Ibid.*, 19 mars 1998, p. 4 : déclaration de Lionel Jospin.

CHAPITRE VIII

Un monde déréglementé ?

Le principe de souveraineté donnait jadis à la vie internationale l'illusion de l'ordre et de la cohérence. Son caractère fictif et ses ambiguïtés ménageaient certes une place appréciable à la surprise, au piège et souvent même au mensonge. Néanmoins, le principe ne nous trompait guère sur trois données essentielles : les États étaient les seuls acteurs du jeu international, même s'ils devaient aussi composer à la marge avec quelques autres, Église ou grandes compagnies maritimes ; l'opposition entre l'interne et l'externe faisait sens, même si elle était parfois dévoyée, à l'occasion notamment des grandes révolutions ; l'État était, dans son action diplomatique, rivé à un objectif de puissance qui s'évaluait surtout en termes militaires. Aujourd'hui, rien de tout cela n'est officiellement aboli : le droit international et les institutions qui en dérivent continuent à célébrer la primauté et les privilèges régaliens de l'État ; la non-ingérence dans les affaires des autres demeure la règle affichée et majoritairement réclamée ; la diplomatie et ses mœurs continuent à officier. Pourtant un monde pousse l'autre, sans le faire disparaître : la souveraineté est, dans la pratique, dépassée et, dans la théorie, devient inutile, sous les tirs croisés de la mondialisation et du retour de la tradition ; les acteurs internationaux non étatiques prolifèrent et, sur ces décombres, s'installe un jeu subtil qui conduit les États les plus puissants à se faire à leur tour les agents du postmodernisme, pour prêcher l'ingérence quand ils y trouvent leur compte ou quand la pression de l'opinion se fait trop forte.

Ce qui se passe ainsi au milieu du gué, entre un monde interétatique finissant et un monde «multi-centré» en gestation[1], est précisément fort instructif : l'État n'est pas plus libre, ni plus fort dans cette transition qui semble déréglementée ; il n'est pas non plus agonisant ni mutant. Il est, au contraire, en transaction permanente avec d'autres acteurs ; il vit au quotidien les vertus de l'interdépendance et les vices de la compromission ou du marchandage avec des rationalités qui ne sont pas de son monde : c'est certainement ici que la noble souveraineté est bel et bien morte. Rien de tout cela n'est pourtant mécanique ni déterminé : dans cet univers de transactions, l'État garde une marge de choix qui prépare, jour après jour, la configuration du monde de demain.

L'État apprend maintenant la modestie de devoir composer, sur la scène mondiale, avec d'autres partenaires qui n'avaient jadis que l'honneur des vestiaires. Cette homologation de nouveaux acteurs s'est faite de manière empirique, à mesure que s'imposait l'évidence que l'individu était désormais convoqué sur la scène internationale par le truchement de trois appels différents[2]. Le premier reste de nature citoyenne : il évoque la tradition westphalienne, le droit et les institutions publiques, le lien d'allégeance prioritaire qui unit à l'État et qui autrefois autorisait à titre exclusif l'individu à pénétrer dans l'espace international, muni de son passeport ou de son livret de mobilisation. L'essor des techniques de communication et la banalisation croissante de la mondialisation ont peu à peu autorisé et popularisé un deuxième type d'appel, cette fois de nature transnationale, insérant les individus dans un ensemble très complexe de réseaux multiples, de nature économique, associative, culturelle, médiatique ou migratoire, et dont la principale caractéristique est de se construire, en contournant la souveraineté des États, sur une rationalité de type strictement utilitaire. Force est d'admettre que ces deux appels n'épuisent pas pour autant les capacités de mobiliser les indivi-

1. Cf. J. Rosenau, *Turbulence in World Politics*, New York, Harvester, 1990, p. 97-98.
2. B. Badie, «Le jeu triangulaire», *in* P. Birnbaum. dir., *op. cit.*, p. 447-462.

dus sur la scène mondiale puisqu'ils coexistent de façon de plus en plus nette avec un troisième, cette fois de nature identitaire, réactivant les comportements particularistes, valorisant l'appartenance perçue ou vécue comme primordialiste et communautaire, récusant le contrat, sacralisant l'«entre-soi» et l'exclusion de l'autre au nom de la religion, de la langue, voire de la race. Cet appel ne flatte ni le lien civique ni le lien utilitaire, mais l'imaginaire ethnique de l'individu frustré ou déçu par les contre-performances de l'État ou de la mondialisation.

Ces trois appels sont actifs dans la vie internationale d'aujourd'hui qui met ainsi en relation trois types d'entrepreneurs (les États, les acteurs transnationaux et les entrepreneurs identitaires), trois formules de mobilisation (de nature civique, utilitaire et communautaire) et trois modes de représentation des individus (politique, fonctionnel[1] et ethno-culturel). Leur concurrence est vive, puisque leur rationalité ne s'accorde que difficilement : l'appel citoyen et l'appel identitaire se contredisent, puisque le premier est politique et contractuel, tandis que le second récuse les idées de communauté politique et de contrat pour leur préférer les solidarités *a priori* et non négociables, exclusives, fermées et promptes à la «purification»; l'appel citoyen et l'appel transnational ne peuvent pas s'accorder, puisque le premier suppose le contrôle souverain et le second vise précisément à parfaire l'autonomie des acteurs internationaux non étatiques; enfin l'appel identitaire et l'appel transnational s'opposent géométriquement, puisque celui-ci vante l'inclusion tandis que celui-là valorise l'exclusion. Bien des tensions internationales, des ambiguïtés de notre monde et des impasses du jeu diplomatique s'expliquent par référence à ces contradictions. Celles-ci révèlent, très clairement, la multiplicité des défis auxquels se trouve confrontée la souveraineté qui ne peut se conjuguer ni avec l'autonomie croissante des acteurs transnationaux ni avec les entreprises d'ethnicisation

---

1. La représentation fonctionnelle est une forme de représentation non démocratique, qui investit les représentants par référence non pas au mode de dévolution de leur mandat mais par la nature des intérêts et des utilités dont ils sont les défenseurs et les promoteurs. Cf. D. Apter, «Remarques préliminaires à la théorie de la représentation non démocratique», *in* id., *Pour l'État, contre l'État*, Paris, Economica, 1988, p. 99 *sq.*

du monde qui détruisent les communautés politiques, transpercent les frontières et remodèlent à l'infini les territoires par essence inaptes à se conformer aux lois identitaires sauf à admettre l'épuration ethnique ou le génocide.

La souveraineté est pourtant dérangée d'une autre manière : les États, pour survivre, composent aussi avec ces rationalités concurrentes, dénaturant leurs propres principes et accommodant la rigueur souveraine aux caprices des transactions utilitaires, comme aux exigences de l'intolérance identitaire. Ce marchandage nie la souveraineté dans ses valeurs fondamentales de puissance ultime et absolue. Il est pourtant courant. D'un côté du triangle, l'État érode sa souveraineté en banalisant son partenariat avec les acteurs transnationaux. Sur le plan économique, la pratique est bien connue : les États asiatiques les plus autoritaires laissent les firmes et les flux d'investissement refaire la carte de l'Asie, tandis que toutes les grandes réalisations régionales, en Europe ou ailleurs, se font banalement à deux, à l'initiative des États et des entreprises. Les États évaluent même de plus en plus leur propre sécurité, bastion traditionnel de leur prétention souveraine, à l'aune des incertitudes qui pèsent sur l'avenir de leur politique commerciale. Aussi des coalitions viennent-elles se former quotidiennement entre États et firmes selon une grammaire qui ne peut plus distinguer entre intérêts publics et intérêts privés. Au-delà même, il s'écrit aujourd'hui un chapitre confus des nouvelles relations internationales, évoquant à tâtons les relations faites de méfiance et de début de complicité, entre les États et les ONG. Celles-ci ont acquis en quelques années une crédibilité et une légitimité qui ne permettent plus aux gouvernements de les ignorer, tant dans les domaines du développement que dans ceux de l'action humanitaire : il en dérive un jeu de rivalité et de coopération particulièrement sinueux, dont découle de plus en plus une division du travail de fait introduisant à une vie internationale qui ne se résume plus à une juxtaposition de souverainetés et à une confrontation de puissances. Les nouveaux conflits internationaux, dans les Balkans, en Afrique ou ailleurs, révèlent comment les États vont chercher auprès des ONG, de façon plus ou moins discrète, l'accomplissement de fonctions qui défient leur rationalité d'origine, tétanisée ou impuissante face à ces nouveaux acteurs belligérants, face à cette «autofinalisation» de la guerre[1], à ces enjeux flous où la culture remplace la politique, à ce chevauchement incertain de l'interne et de l'externe, aux milices qui remplacent les armées, et aux massacres qui se substituent aux combats : bref, face à ce que d'aucuns appellent la «désinvention de la guerre[2]»...

L'autre côté du triangle, qui relie les États aux entrepreneurs identitaires, laisse apparaître les mêmes confusions. Dans cette relation officiellement hostile et antagoniste, les compromis se banalisent jusqu'aux compromissions, comme si le risque de perdre conduisait de plus en plus les gouvernants à brader la souveraineté afin d'ethniciser l'État et de revigorer ainsi une légitimité quelque peu affaiblie. Nous avons vu que l'entrée dans l'ère de la mondialisation avait paradoxalement accéléré le rythme de création des «États ethniques» et des «politiques de ghetto». La réflexion peut être prolongée en prenant en compte la redécouverte par l'État du lien du sang qui vient modérer la loi du sol, là où elle était appliquée : à l'heure des flux transnationaux, les États se plaisent à faire entrer dans leur législation des considérations particularistes qui atténuent la nature politique et contractuelle de leur communauté nationale, rendant incertaine la référence à leur propre histoire souveraine. Comme par effet de retour, les diplomaties se trouvent de plus en plus ligotées par des solidarités identitaires et culturelles qui déterminent par avance leurs alignements : panslavisme, panturquisme, panislamisme ou asiatisme organisent le jeu diplomatique, reléguant d'autant les choix souverains et balayant auprès des décideurs l'argument de rationalité. Tolérés ou manœuvrés par les États, les réseaux ethno-confessionnels se voient gratifiés du statut implicite d'acteur international, autorisant un chaînon de prêcheurs ou de mosquées, des associations humanitaires islamistes, des organisations transnationales plus ou moins clandestines à exercer, en interaction avec les États d'accueil, d'origine ou de

---

1. Cf. *supra*; cf. aussi J. Davis éd., *Security Issues in the Post-Cold War World*, Brookfield, Elger, 1996.
2. Cf. C. Coker, art. cit.; cf. D. Bigo dir., « Troubler et inquiéter : les discours du désordre international», *Cultures et Conflits*, 19-20 juin 1996.

transit, une véritable action diplomatique. Ce même jeu d'asso-
ciés-rivaux se retrouve entre certains États, l'Église romaine,
les nouveaux mouvements religieux, certaines sectes, des associations de pensée et bien d'autres encore[1]...

On en retiendra que la scène mondiale suscite aujourd'hui
un nombre presque infini de coalitions possibles qui peuvent se
croire gagnantes – unissant certes des États souverains, même
là où on ne les attendait pas et où leur alliance fit la force,
comme en témoignèrent la capacité de blocage des États non
maritimes... dans les négociations sur le droit de la mer ou la
réelle pression exercée par l'association des micro-États insu-
laires menée par le Vanuatu sur les négociations concernant le
climat mondial[2]. Ces coalitions peuvent surtout, de façon de
plus en plus courante, lier internationalement des États à des
acteurs non étatiques – firmes, réseaux, entrepreneurs identitaires – pour déstabiliser alors l'idée de souveraineté. Elles
peuvent enfin réunir sur la scène mondiale des acteurs non étatiques pour effacer alors complètement toute logique souverainiste. Ce dernier type de coalition peut autant intégrer des
acteurs transnationaux que des acteurs communautaires : le
jeu, à l'occasion complice de ces deux pôles, peut même aboutir à d'étranges alliances, parfois très fortes lorsque les entrepreneurs économiques et les entrepreneurs identitaires mettent
leurs ressources en commun, à l'instar de certaines confréries
musulmanes en Afrique, des diasporas les plus puissantes (chinoise, vietnamienne, indienne ou libanaise), mais aussi de nombreux réseaux religieux (Églises évangélistes, télévangélistes,
Opus Dei, etc.). Dans un autre domaine, la puissance complexe
des réseaux mafieux révèle la pertinence internationale des
coalitions les plus inattendues...

Dans cet univers de transactions, l'État perd sa souveraineté davantage que sa puissance. La première est non seulement malmenée par la démultiplication de compromis douteux

1. Cf. A. Colonomos dir., *Sociologie des réseaux transnationaux*, Paris,
L'Harmattan, 1995, ainsi que sa thèse pour le doctorat de l'Institut
d'études politiques de Paris, 1996 ; cf. aussi Rudolph S. Hoeber et J. Pisca-
tori éd., *Transnational Religions and Fading States*, Boulder, Westview
Press, 1997.
2. A. et A. M. Chayes, *op. cit.*, p. 6-7.

ou d'alliances régénérantes, mais encore disqualifiée par l'effet corrosif d'une interdépendance croissante qui pousse la transaction jusqu'à l'extrême, pour en faire un besoin permanent de l'action internationale de l'État. La puissance, en revanche, demeure : dans bien des domaines, les États continuent à en accumuler les ressources qu'ils ne cessent de monnayer dans leur œuvre de transaction. Pourtant cette puissance change à son tour : elle n'est plus, comme jadis, mesurable à l'aune de la seule capacité militaire, mais se diversifie, intégrant, comme naguère, les paramètres économiques, puis, maintenant, les ressources de nature technologique, culturelle, voire religieuse ou démographique. Cette diversification est elle-même source de coalitions, suggérant que l'État peut en disposer à condition de ne plus agir de façon souveraine et solitaire, mais en s'alliant aux acteurs porteurs de ces ressources nouvelles. Elle est, d'un certain point de vue, gage de choix et peut-être de liberté, puisqu'elle renouvelle les conditions de production de l'action politique.

Dans ce contexte incertain, l'État choisit l'usage qu'il convient de faire de la puissance, au sein d'un univers qui n'est plus celui de la souveraineté. Il se détermine le premier, puisqu'il a l'ordre et le droit pour lui et que la mémoire des relations internationales le place en son centre. Son arbitrage le conduit de manière incessante à osciller entre les deux définitions que nous avons données de la responsabilité : le fait d'admettre simplement le principe d'imputabilité, c'est-à-dire que le rayonnement de ses actes dépasse le seul domaine de l'intimité souveraine; le fait d'accepter l'obligation morale de faire ou de réparer.

La première de ces définitions ouvre une nouvelle aventure à la puissance qui fait nécessairement place au calcul égoïste et aux délices de la responsabilité. Elle installe tranquillement une nouvelle diplomatie de la puissance sur le socle d'une interdépendance désormais plus forte que la souveraineté. Celle-ci n'est plus un obstacle à l'intervention, soit parce que le collapsus de certains États la rend dérisoire, soit parce que les exigences d'une morale mondialisée la transforment en alibi honteux. À défaut d'être encadrée par le droit, cette interprétation est libre, laissée à la discrétion de ceux qui en ont les moyens. Elle surgit à l'occasion de certaines catastrophes humanitaires, mais pas de toutes, elle est sollicitée lorsqu'elle arrange les uns, même si elle dérange les autres. Elle s'insère aussi, insidieusement, dans les jeux internationaux économiques et commerciaux, à coups de boycottages, de clauses spéciales ou d'embargos. Elle a un relent d'unilatéralisme fortement camouflé derrière un discours vigoureusement universaliste se référant volontiers à la paix, aux droits de l'homme, aux biens communs ou au développement. Elle n'est pas pour autant gagnante, même quand elle est forte : à s'y essayer, certaines diplomaties ont dû consentir des replis stratégiques, proclamant les vertus du désengagement ou celles de la régionalisation, comme le suggèrent notamment l'évolution des politiques américaine et française à l'égard de la sécurité en Afrique, mais aussi la tendance nouvelle dont font preuve un peu partout les puissances à l'égard des nouveaux conflits internationaux.

La seconde posture se rapproche du modèle de l'acte désintéressé puisqu'elle articule l'idée de responsabilité à celle d'obligation morale, donc au projet de faire le bien. La perspective n'est pourtant pas angélique, ce qui lui confère une crédibilité politique non négligeable : le bien ainsi défini ne dérive pas d'un traité de morale, il résulte d'une prise de conscience effective et progressive que la survie de l'humanité passe par la construction d'une interdépendance réelle entre les unités qui la composent et une solidarité forte entre les générations. En bref, c'est l'acte politique qui tend insensiblement à changer d'échelle, récusant la pertinence de l'unité territoriale souveraine, comme celle de la rationalité à court terme. Telle est la signification que l'on peut conférer à la mise sur l'agenda international de questions de plus en plus variées : droits de l'homme, développement, écologie, démographie, habitat... Cette prise de conscience est d'autant plus déterminante qu'elle est clairement fondée en raison : très rares seraient les experts qui plaideraient que ces problèmes puissent être réductibles à la rationalité à court terme des États souverains, alors qu'il y a quelque vingt ans, le débat n'était même pas amorcé. La même remarque vaudrait pour le thème de l'assistance humanitaire : la prolifération récente des nouveaux conflits, la

banalisation des massacres, génocides et transferts de populations comme modes d'action guerrière rejoignent le même
impératif de changement d'échelle de l'action internationale
dans l'espace et dans le temps.

L'argument de raison ne suffit cependant pas à lui seul pour
enclencher l'action. Si la rationalité de l'action étatique se
redéploie théoriquement dans l'espace et dans le temps, celle
des gouvernants reste assez profondément ancrée dans le court
terme et au sein de l'unité territoriale nationale, ne serait-ce
que parce qu'en dépendent leur légitimité et l'essentiel de leur
soutien. De leur côté, les acteurs transnationaux, attachés à leur
autonomie, cherchent à promouvoir d'abord leur propre
espace d'intérêt ainsi que la temporalité propre à chacune de
leurs entreprises. Les entrepreneurs identitaires enfin, s'ils
agissent en fonction de temporalités multiples, opèrent dans le
cadre d'une représentation spatiale extrêmement rigide. Dès
lors, l'action publique tend de plus en plus à se développer dans
une très forte confusion spatiale et temporelle : elle se
construit, en même temps, au sein de l'État et entre États, à
l'initiative des acteurs politiques ; au sein d'un monde de
réseaux, à l'initiative des acteurs transnationaux ; au sein d'espaces culturels ou culturalisés, à l'initiative des entrepreneurs
identitaires ; elle peut aussi se concevoir au sein des espaces
régionaux d'intégration ou sur une scène mondiale globalisée
où peuvent se retrouver ces trois types d'acteurs. De même
peut-elle viser des gains immédiats (quand une diplomatie agit
en espérant «décrocher» un contrat), des gains dans le moyen
terme (par exemple l'obtention d'une influence politique) ou
dans le long terme (promotion d'un bien collectif dont bénéfi-
cieront les générations futures)...

Cette gamme d'options suggère que les possibilités de choix
offerts aux décideurs sont apparemment et, avec la fin de la
bipolarité ainsi que l'essor de la mondialisation, de plus en plus
variées. Dans le même temps s'exercent sur eux des incitations
de plus en plus nombreuses et pressantes. Le renforcement des
entrepreneurs identitaires déporte les États qui y sont sensibles
vers une construction culturelle de l'espace, significative tant
dans le monde musulman que dans les Balkans ou le Caucase.
La montée en puissance des acteurs transnationaux incite aussi

les gouvernants à valoriser les espaces d'intégration transnationale et régionale, comme on peut le constater en Europe, en Amérique (du Nord et du Sud) ou en Asie orientale. Certaines entreprises autoritaires peuvent conduire à réhabiliter l'espace stato-national jusqu'à l'autarcie, comme nous le révélait l'exemple birman, tandis que des formes plus subtiles d'autoritarisme savent combiner, à l'instar du Nigeria d'Abacha, ou de la Chine d'aujourd'hui, la valorisation de l'espace stato-national et l'usage instrumental des espaces régionaux et transnationaux… Pour autant, la gratification à court terme, voire à moyen terme, peut être mauvaise conseillère : détourner (ou remodeler) l'intervention humanitaire pour renforcer la puissance économique ou l'influence politique de celui qui s'ingère conduit souvent à un double égarement. D'une part, la rationalité globale est couramment perdue de vue : les Kurdes qui devaient bénéficier de la résolution 688 furent vite oubliés au profit de subtilités du jeu diplomatique régional. D'autre part, cette rationalité globale peut être niée, occultée ou dénaturée, dès lors que l'incitation à agir est faible ou inexistante, comme lors de la crise des Grands Lacs, ou clairement négative, dans le cas de l'Algérie ou du Nigeria. Ce même conflit de rationalités se retrouve à propos des autres biens communs, expliquant notamment l'irruption de stratégies de cavalier seul, comme celle des États-Unis à Kyoto sur les thèmes écologiques ou naguère à propos du droit de la mer, comme celle encore de certains pays musulmans au Caire, à l'occasion de la conférence sur la démographie ou à Pékin lorsqu'il s'agissait de débattre du droit des femmes…

On notera pourtant que la gestion de ces incitations et la réalisation de ces choix sont de moins en moins souveraines. La rationalité à long terme et la construction mondiale de l'espace gagnent sans cesse du terrain et sont de moins en moins faciles à ignorer, comme en témoigne déjà l'évolution même du discours des acteurs politiques et *a fortiori* de celui des autres acteurs internationaux. On plaidera surtout que la prolifération et la diversification des acteurs de cette dernière catégorie créent au moins la trame d'une société mondiale qui tend à aiguillonner les États, à orienter leurs choix et à les inciter à dépasser les canons de la *Realpolitik* d'antan. On peut, sans risquer de se tromper, avancer l'hypothèse que, sans les éléments de cette société mondiale, la pression des ONG et des opinions publiques, les États n'auraient pas eu le même regard sur les questions soulevées par le non-respect des droits de l'homme hors de chez eux et n'auraient probablement pas été aussi prompts à s'emparer, par le biais des grandes conférences internationales, des différents dossiers afférents aux biens communs de l'humanité. Ni l'opération *Restore Hope* en Somalie ni la très modeste opération «Turquoise» au Rwanda n'auraient probablement été envisagées ni encore moins menées si elles ne correspondaient pas aux attentes pressantes des réseaux associatifs et de certains secteurs de l'opinion mondiale : elles n'ont pas été inutiles, même si elles ont été largement reconstruites en fonction des intérêts politico-diplomatiques des États qui eurent à les accomplir.

Ainsi la notion de responsabilité vient-elle s'éclairer et doit-elle être clairement distinguée tant d'une lecture juridique que d'une interprétation morale. Elle n'existe en droit international que dans un sens restreint et précis, au demeurant corollaire de la souveraineté et non comme substitut à celle-ci[1]. Comme principe moral, il serait illusoire de penser qu'elle anime la volonté des gouvernants et qu'elle puisse même progressivement repousser les exigences propres au jeu politico-diplomatique classique[2]. En revanche, elle se construit quotidiennement, de manière empirique, et sous l'effet de la répétition sans fin d'interactions nombreuses et fournies liant entre eux, et de plus en plus, les acteurs internationaux. Cette découverte de l'interdépendance érode la souveraineté et révèle à tous les acteurs, mais d'abord aux États, la puissance qui en dérive et les gratifications qui les accompagnent : la banalisation de ce constat a bien été le premier stade de cette quête nouvelle. Mais son approfondissement va au-delà : l'interdépendance rebâtit le temps et l'espace,

1. Sur la responsabilité en droit international, cf. Société française de droit international, *La Responsabilité dans le système international*, Paris, Pedone, 1991.
2. Sur ce débat, cf. S. Guzzini, «Maintenir les dilemmes de la modernité en suspens : analyse et éthique poststructuralistes en relations internationales», *in* K.G. Giesen dir., *L'Éthique de l'espace politique mondial*, Bruxelles, Bruylant, 1997, p. 247-285.

révèle la fonction du long terme, comme la pertinence de cette dialectique savante et moderne entre le global et le local; la pression interactive qui organise peu à peu cette vaste société civile mondiale contrôle aussi de plus en plus les usages de l'interdépendance, contient les risques d'avantages unilatéraux, civilise quelque peu l'intervention[1]. Cette surveillance réciproque des acteurs qui se déploient de façon visible au sein d'un espace public mondial ne suffit certes pas à abolir la domination : elle est en passe néanmoins d'être assez forte pour inciter à agir là où le calcul cynique recommande la passivité, et pour limiter l'action égoïste quand elle devient caricaturale, à l'instar des lois Helms-Burton et Kennedy-d'Amato qui firent long feu ou de la politique américaine dans le Golfe, lorsqu'elle vint à épouser trop étroitement ce que Mme Albright dut appeler «les intérêts nationaux des États-Unis». Cette œuvre d'interaction tend ainsi à rendre ductiles les comportements internationaux, et notamment les politiques étrangères, à leur donner un début de signification globale : entrant sur la scène internationale par la porte de service, par le biais des intérêts repensés et d'un jeu interactif encore timide, le principe de responsabilité est pourtant bien là, encore incertain et fragile, mais organisant l'obligation empirique de faire ou de ne pas faire, c'est-à-dire d'intervenir hors de l'unité territoriale souveraine et au-delà du court terme, pour consolider l'espace public mondial, lui donner un sens, veiller à sa stabilité et à son bien-être.

Face à ces mutations, les États peuvent être frappés d'anomie : comme ils sont mal préparés par leur histoire, leur droit et leur pratique à se concevoir comme des acteurs responsables, leurs performances s'en ressentent, tandis qu'ils sont de plus en plus frappés de conservatisme. Celui-là est pourtant la réponse la plus faible à la réalité des enjeux nouveaux : savoir reconstruire le contrat social et les communautés politiques tout en cessant de réclamer l'exclusivité de l'allégeance citoyenne et tout en acceptant cette nouvelle volatilité identitaire qui s'ins-

---

1. Cf. A. Colonomos dir., *op. cit.*; T. Weiss et L. Gordenker éd., *NGOs, the United Nations and Global Governance*, Boulder, Lynne Rienner, 1996; R. Rotberg et T. Weiss éd., *From Massacres to Genocide : the Media, Public Policy and Humanitarian Crisis*, Washington, Brookings, 1996.

crit banalement dans la mondialisation; accepter de coopérer et de passer coalition avec des acteurs internationaux qui ne sont pas des États; consentir à agir dans des espaces variables qui ne sont plus figés dans l'unité territoriale souveraine; composer avec des flux transnationaux de plus en plus denses, et non plus seulement matériels, mais aussi humains; adhérer à un espace mondial qui se trouve structuré selon plusieurs modes et qui obéit à des temporalités multiples.

Conclusion

Le débat en lui-même n'aura étonné personne : s'interroger aujourd'hui sur le sens de ce qui se dit souverain, c'est-à-dire supérieur, en fait ultime et absolu, est tout à fait normal. Le monde postbipolaire, celui de la globalité et des échanges, supporte mal la hiérarchie et les bornages tout comme les pratiques monotones et le formalisme qui en dérivent. Les acteurs internes regardent de plus en plus vers l'extérieur, les États optent pour des coalitions complexes avec des partenaires nouveaux qui les détournent du bel ordonnancement des alliances de jadis, les frontières réunissant plus qu'elles ne séparent, et le monde semble appartenir à ceux qui se déplacent, qui savent vaincre la distance, construire des réseaux et s'y insérer. L'autonomie et l'interdépendance deviennent des valeurs recherchées, supplantant l'indépendance et la coopération.

Est-ce à dire que plus rien n'est supérieur et qu'il n'y a plus d'absolu à cultiver ? La fin de la souveraineté, si elle fait sens, pourrait le suggérer, en évoquant même le retour à l'état de nature. La jérémiade aujourd'hui répertoriée ne convainc que les nostalgiques de la belle époque du réalisme et les intégristes de l'État-nation. Les acteurs internationaux contemporains ne sont pas les loups de Hobbes : on a du mal à voir cette autre face de notre monde où prolifèrent les échanges, les connivences, les solidarités utilitaires ou affectives, d'une microscopique relation de face-à-face jusqu'à un flux transnational massif. Empiriquement, la remarque glisse, comme une banalité qu'on ne fixe pas.

En revanche, sur le plan théorique, rien ne se produit ou presque : cet autre monde verse dans l'oubli, l'accessoire ou l'anecdotique, parce qu'on préfère encore l'unité souveraine, calculatrice et rationnelle à une construction interactioniste permettant de traquer tous les effets régulateurs, novateurs mais aussi conflictuels de ce nombre infini de relations ouvertes qui s'opèrent chaque jour sur la scène mondiale.

Ce privilège donné à l'interaction n'est pas une façon d'opter pour la naïveté consensualiste et de substituer docteur « tant mieux » à professeur « tant pis ». Comme on le sait, depuis George Simmel, l'interaction conduit autant au conflit qu'à sa solution, elle évoque autant l'hostilité que la solidarité[1]. En même temps, dans ce monde où l'on ne s'est jamais autant parlé, où l'on n'a jamais autant transigé ni autant bougé, cette infinité d'interactions crée une kyrielle de micro-régulations qui n'ont plus rien de souveraines, qui érodent les États tout en confortant les performances dans de multiples registres, dont les gouvernants ont finalement besoin, même s'ils y perdent quelques droits régaliens.

On imagine où nous mène ce paradigme de l'interaction : vers la distinction et l'étude d'un monde fait d'autonomies multiples, d'une complexité croissante et d'une hétérogénéité toute simmelienne. L'autonomie est celle de ces cohortes d'acteurs non étatiques qui demandent à jouer avec les États, sur la scène mondiale. La complexité tient à leur nombre et donc à la pluralité des processus qu'on nommera internationaux. L'hétérogénéité est celle d'un monde qui non seulement se retrouve pluriculturel[2], mais aussi constitué, comme nous l'avons vu, de rationalités multiples et d'espaces désordonnés. Ce monde-là ne peut plus être souverain et ceux qui l'observent doivent changer leurs matériaux conceptuels, troquer Clausewitz et Morgenthau contre Durkheim ou Simmel, enfin réconciliés avec l'international.

Si cette mutation ne conduit ni à la fin de l'Histoire ni au retour à la pré-Histoire hobbesienne et à l'état de nature, elle

---

1. G. Simmel, *Le Conflit*, Strasbourg, Circé, 1992 ; « The Sociology of Sociability », *American Journal of Sociology*, LV, 3, nov. 1949, p. 254-261.
2. P. Katzenstein éd., *op. cit.*

ne nous entraîne pas de force vers un nouveau relativisme. La critique de la souveraineté alliée à la découverte de l'hétérogénéité pourrait effectivement menacer le domaine des valeurs et marquer la victoire de la technique et de l'utilitaire, amendée d'une réhabilitation des cultures qui prendraient ainsi leur revanche sur les communautés politiques. La dérive est certaine, jusqu'à devenir évidemment une tendance forte de la vie internationale contemporaine : elle n'est pas fatale, surtout si l'on prolonge jusqu'à son terme la réflexion que nous livre le paradigme de l'interaction. Des interdépendances multiples naît aussi la prise de conscience des vertus de l'interdépendance, c'est-à-dire de la réalité d'une société mondiale qui se crée au quotidien, de la pertinence des biens communs qu'elle reçoit en gérance et de la responsabilité qui en découle pour les acteurs qui y participent. L'universalisme qui s'en dégage n'est plus construit par le philosophe, mais par l'acte quotidien, sans qualification particulière, de celui qui communique, échange, consomme ou se déplace, découvrant par conviction ou par intérêt la solidarité, l'assistance, le droit à la paix et au respect.

La part d'angélisme revient à celui qui aurait une lecture linéaire de ces changements et qui oublierait que l'interaction fait jouer des rationalités multiples et des mondes porteurs d'historicités distinctes. Non seulement l'énonciation souveraine demeure, comme comportement de protection ou de protestation, mais elle sert encore d'instrument plus ou moins efficace à des États en quête d'alibis pour défendre leur indifférence, d'emblème pour cultiver leur différence, ou de bouclier pour se prémunir des appétits des autres. Surtout, tout ce qui ne relève pas de la souveraineté ne saurait être spontanément rangé dans la catégorie de l'universel : prolifèrent en effet les intérêts privés, les logiques d'exclusion obéissant à d'autres découpages, les hymnes au primordialisme et au ghetto. Ce monde métasouverain est aussi celui du cynisme des multinationales, des ruses et des égoïsmes, des intolérances et des génocides, des épurations ethniques et des élus des dieux... La puissance s'y retrouve, dispensée même de l'obligation de se parer d'une légitimité souveraine. La cautèle, la feinte et la rouerie encombrent les interstices qui séparent la souveraineté de la responsabilité.

Pourtant celle-ci progresse grâce à un atout majeur : dès qu'elle est posée comme hypothèse, elle ne s'efface plus. Elle est de plus en plus réclamée aux États dont on débusque publiquement les dissidences, tandis que les gouvernants découvrent au moins partiellement les vertus amères, c'est-à-dire les avantages certains, d'une responsabilité mesurée, mâtinée de puissance et de ruse. Entrant dans ce jeu, les autres acteurs confrontent inévitablement leurs égoïsmes ou leur primordialisme au regard de l'Autre, pour y gagner, à leur tour, des parts certes souvent minimes d'universel. C'est en forçant ce possible destin que la souveraineté sera peut-être dépassée par la responsabilité.

Table des matières

Troisième partie
ENTRE RESPONSABILITÉ ET PUISSANCE

Cet ouvrage a été composé en Times Ten corps 10,5
et mis en pages par In Folio, à Paris

www.ingramcontent.com/pod-product-compliance
Lightning Source LLC
Chambersburg PA
CBHW060149280326
41932CB00012B/1692